KB150708

아렌트의 정치

아렌트의 정치

한나 아렌트의 정치이론과 한국사회

권정우 · 하승우 지음

ARENDT

한티재

한나 아렌트

Hannah Arendt, 1906~1975

1906년 독일 하노버에서 독일계 유대인 부모 사이에서 태어난 한나 아렌트는 전체주의의 피해를 직접 받았다. 1933년, 아렌트는 어머니와 함께 나치의 유대인 차별과 억압이 심해지던 독일을 떠나 프랑스 파리로 망명했다. 그러나 제1차 세계대전의 영향을 받으며 파리에서도 독일인을 배척하는 분위기가 퍼지기 시작했고, 아렌트는 체포되어 귀르 수용소에 갇힌다. 아렌트는 혼란을 틈타 석방문서를 훔치고 수용소 소장의 서명을 위조해서 탈출에 성공한다. 아렌트는 어머니와 남편 하인리히 블뤼허(Heinrich Blucher)와 함께 1941년 뉴욕으로 건너간다.

뉴욕에서 아렌트는 아우슈비츠 대학살 소식을 전해 듣고 큰 충격을 받았다. 아렌트는 이런 일이 일어난 이유와 무엇이 문제인지를 알고자 했다. 전체주의의 피해자이자 유대인인 아렌트에게 전체주의는 어쩌면 벗어날 수 없는 굴레이자 내려놓을 수 없는 짐이었을 것이다. 그래서 이를 해명해야 한다는 사명을 느꼈을지도 모르겠다. 아렌트는 도서관을 뒤지며 테러와 반유대주의, 제국주의에 관한 기록과 책들을 읽었다. 이런 아렌트의 노력은 1951년에 출간된 첫 번째 저작 『전체주의의 기원』을 통해 드러난다. 이 책에서 아렌트는 전체주의의 등장과 얽힌 사건들과 인물들을 언급하는데, 특히 강제수용소에 대한 아렌트의 분석은 전체주의를 이해하는 중요한 열쇠이다.

1958년에 출간된 『인간의 조건』과 1961년에 출간된 『과거와 미래 사이』는 전체주의의 원인을 밝히려는 노력과 더불어 인간이 전체주의라는 최악의 상황을 맞지 않을 수 있는 방법을 찾으려 했다. 그녀의 대답은 정치였다. 아렌트는 정치적인 것을 복원하고 자유의 의미를 다시 정의해서 외로운 섬처럼 존재하는 인간들 사이의 끊어진 다리를 이어야 한다고 봤다.

이후 아렌트는 『예루살렘의 아이히만』(1963), 『혁명론』(1963), 『공화국의 위기』(1972) 등 주요 저작들을 연이어 출간했다. 특히 아렌트가 『뉴요커』의 요청을 받고 나치 전범 아이히만의 예루살렘 재판에 관해 정리한 책인 『예루살렘의 아이히만』은 유대인들 사이에 많은 논란을 일으켰다. 그녀는 이 책에서 사유하는 능력과 말하는 능력을 잃어버린 아이히만을 '악의 평범성'이라는 개념으로 설명하려 했다. 이러한 아렌트의 결론은 악의 화신이어야 했던 아이히만에게 면죄부를 주었다며 맹렬한 비난을 받았다. 그로 인해 그녀의 동료와 정치적 동지들은 아렌트에게서 등을 돌렸고 학교에서 하던 강의가 중단되기도 했다.

그러나 사유하지 않고 판단하려 하지 않는 아이히만의 악한 행위는 아렌트에게도 굉장한 충격을 주었고 사유와 판단이라는 문제에 천착하게 했다. 그녀는 사유·의지·판단을 다루는 3부작을 기획하고 학교 강의를 진행했는데, 이 책은 마지막 판단 부분이 완성되지 못한 채 『정신의 삶 1: 사유』(1978)란 제목으로 아렌트 사후에 출간되었다. 이 미완의 3부는 『칸트 정치철학 강의』(1982)로 대체되었다. 그 외에도 아렌트가 남긴 글들은 『이해의 에세이』(1994), 『정치의 약속』(2005), 『판단과 책임』(2005)으로 각각 출간되었다.

일러두기

1. 인용된 모든 책들의 출간 연도는 원서가 출간된 해를 기준으로 삼았다.
2. 아렌트의 책에서 인용한 부분은 원서를 기준으로 삼고, 번역본이 있는 경우 이를 참조해 옮겼다.
3. 인용된 원문에서 [ ]로 묶은 것은 이해를 돕기 위해 글쓴이들이 삽입한 말이다.

| 추천사 |

한국사회의 폭력성을
비추는 거울

여러 해 전, 베트남에 처음 갔을 때의 일이다. 나는 하노이의 외항이라 할 하이퐁에서 베트남 사회과학한림원과 독일의 가톨릭 구호기관인 미세레오르misereor가 공동으로 주최했던 학회에 참가하고 있었다. 주제가 세계화 시대의 연대성Solidarity의 문제였던 것으로 기억되는데, 주제가 주제였던지라 학회장에는 세계화 때문에 베트남에서 일어나는 온갖 불의한 일들에 대한 비판과 성토가 넘쳐났다.

그런데 첫날, 호치민 시 그러니까 옛 사이공 시에서 온 젊은 여성 사회학자가 베트남에 진출한 한국 기업의 폭력적인 노동탄압을 격앙된 목소리로 성토했을 때, 나는 한국인의 한 사람으로서 그 문제에 대해 사과했다. 다음날, 이번에는 또 다른 연구자가 한국에 결혼 이주한 베트남 여성들이 한국 남편들에게 어떤 폭력을 당하고 사는지를 분노에 차서 발표했을 때, 나는 다시 한 번 한국 남성으로서 여러 나라에서 모인 학자들 앞에서 진심으로 사과한다는 말을 해야만 했다.

　　아무도 강요하지 않은 사과를 두 번씩이나 했기 때문일까, 학회가 끝나고 참가자들이 하이퐁의 조선소를 방문하기 위해 같이 움직이던 길에, 전날 한국을 그렇게 분노에 차서 성토하던 그 젊은 학자가 내게 조금은 미안한 표정으로 진지하게 말을 걸었다. 자기는 정말로 궁금해서 묻는 것인데, 한국 남자들이 원래 그렇게 폭력적이냐는 것이었다. 그렇게 우리는 예상치 않았던 곳에서 타인의 거울, 아니 거울로서의 타인을 만나게 된다. 하지만 그렇게 마주한 거울 앞에 선다고 해서 우리가 언제나 자기에게 정직해지는 것도 아니고, 자기를 제대로 인식하게 되는 것도 아니다.

　　한국 사람이 원래 그렇게 폭력적인 사람들일까? 다른 나라와 비교하지 않고 그 자체로서만 보자면, 나는 한국이 폭력에 중독된 사회라고 생각한다. 그것은 대다수 한국인들이 폭력을 거부할 수 있는 주체적인 의지도 능력도 상실한 상태에 놓여 있다는 것을 의미한다. 아니 거부할 의지나 능력이 없는 정도가 아니라, 폭력을 미화하고 폭력을 숭배하는 것이 한국사회인 것이다. 이즈음 한국에서 많은 사람들이 이웃 일본이 집단 자위권을 골자로 한 안보법안을 통과시킨 것을 두고 일본의 전쟁 준비를 염려하지만, 우습지 않은가. 세상에 다른 나라에서도 한국처럼 인간을 학대하는 군대 체험을 매일같이 텔레비전 방송에서 오락거리로 미화해 보여주기도 하는가? 이렇게 물으면 문득 나는 다른 나라 사정을 모르니 한국이 특별히 더 폭력적인 나라인지 아닌지 단정적으로 말하는 것을 주저하게 된다. 듣기로는 독일에서는 어린이들에게 장난감 소총을 판매하는 것도 법으로 금지되어 있다고 한다. 하지만 미국에서는 여섯 살 여자아이가 자동소총을 쏘다가 교관을 죽이는 사건도 일어나지 않는가? 이런 생각들을 이어가다 보면 텔레비전에서 군대 체험을 오락거리로 보여주는 나라가 더 폭력적인 나라인지, 아니면 여섯 살 여자아이에게 부모가 총 쏘기를 가르치는 나라가 더 미친 나라인지 판단이 되지를 않는다. 다만 분명한 것은 한 가지, 우리는 아직도 우리 사회의 폭력성에 대해 아무런 성찰도 제대로 하지 않고 있다는 것이다.

이 책이 그냥 한나 아렌트를 소개하는 책이었더라면 나 같은 문외한이 추천사를 쓰는 것은 부적절한 일이었을 것이다. 그러나 이 책이 아우슈비츠에서 전체주의에 이르기까지 제도화된 폭력을 성찰하는 책이고, 더 나아가 단지 서양의 폭력이 아니라 한국사회의 폭력성을 아렌트라는 거울을 통해 되돌아보는 책이라면 내가 몇 마디 말을 보태는 것도 주제넘은 일은 아닐 것이다.

이 책에서도 소개된 20세기 한국의 사상가 함석헌은 태평양전쟁에서부터 한국전쟁까지 그토록 많은 사람들이 전쟁으로 희생된 나라에서 전쟁과 군사문화에 반대하는 평화주의 운동이 전혀 일어나지 않는 것을 개탄했다. 그 마음은 나도 다를 것 없지만, 평화주의 운동 이전에 한국사회의 폭력성에 대한 반성 자체가 없는 것이 나는 훨씬 더 끔찍하다. 제주의 서남쪽 끝 모슬포에서부터 거창의 산골마을을 거쳐 고양의 금정굴까지 전 국토가 학살터인 나라, 1948년 4·3부터 1980년 5·18까지 시민을 지키라고 만든 군대가 시민을 공격하고 학살하는 것이 일종의 습속이 되어버린 나라가 우리가 사는 대한민국이라는 나라이다. 6·25가 터지자마자 남한 정부가 제일 처음 한 일 가운데 하나가 반체제 인사로 분류해 둔 이른바 국민보도연맹원들을 아무런 재판도 없이 학살한 일이었다. 보도연맹에 속했던 사람들의 수가 30만 명에 달했다 하는데 그 가운데 학살된 사람이 몇 만인지 몇 십만인지 우리는 모른다. 다만 분명한 것은 그런 반인륜적 학살이 처벌되지 않았고, 그런 까닭에 앞으로도 얼마든지 반복될 수 있다는 사실이다. 그런 나라에서 병영 체험을 보며 희희낙락하는 것이 제정신이라면 어떻게 가능할까? 병을 고치려면 스스로 병들었다는 사실 자체를 자각해야 한다. 하지만 한국사회가 얼마나 폭력적인 사회인지에 대한 인식 자체가 없는데 어떻게 평화주의 운동이 가능하겠는가?

그런 의미에서 이 책의 가치는 우리에게 한국사회의 폭력성을 되돌아보게 하고 물음을 던지게 한다는 데 있다고 나는 생각한다. 이 책은 아우슈비츠만이 아니라 한반도 자체가 수용소라는 사실을 우리에게 인식시키고, 그 제도화된 폭력의 다양한 양상과 근본적 구조를 열어 보여준다. 내 편에서 보자면 한반도의 끔찍한 현실에 비하면 이 책의 논조는 한나 아렌트 때문에 부질없이 너무 고상한가 싶기도 하고, 더러는 문맥에 어긋나는 것 같기도 하다. 하지만 고상함은 이론의 숙명일 수도 있고, 아렌트가 타자라고는 하나 도리어 그 때문에 우리를 비추어주는 거울일 수도 있으니, 어쩌면 그래서 이 책의 접근 방식이 훨씬 더 설득력이 있을 것 같기도 하다. 뿐만 아니라, 이 책

은 한나 아렌트뿐만 아니라 한국의 학자들을 호명하여 한국의 현실
과 대질시킨다는 점에서도 특별한 가치를 지니고 있는 책이다. 그런
점에서 이 책은 서양 학문의 수동적 수용에서 벗어나 한국의 자생적
학문 공간을 열기 위한 학문적 몸부림이라는 점에서도 가치 있는 책
이라고 생각한다.

두 분 저자들은 전부터도 남다른 열정으로 한국의 현실을 학문적
으로 분석하고 성찰해 온 분들이다. 그런 열정이 다시 하나의 결실을
거둔 것을 축하하며 이 책이 야만적인 한국사회를 밝히는 작은 등불
이 되기를 간절히 소망한다.

2015년 7월

김상봉 전남대 철학과 교수

아렌트,
수용소와 전체주의에서
탈출할 방법을 찾다

한나 아렌트는 국내외의 이런저런 자리에서 많이 인용되는 사상가이다. 철학자로 불리기도 하지만 아렌트는 자신을 정치학자로 소개하고 싶어했다. 진리를 다루는 철학자가 아니라, 제각기 다른 독특한 사람들이 말과 행위로 만드는 다양한 파장인 정치를 다루는 사람이고자 했다. 뛰어난 학자였으나 유대인이라는 이유로 독일 대학에서 거부를 당했고 나치즘을 피해 프랑스로 가서 유대인들을 망명시키는 일을 도왔다. 독일이 프랑스를 점령하자 수용소에 잠시 갇혔고 그 뒤 미국으로 망명해서 자신의 사상을 하나씩 정리했다. 특히 자신이 몸소 겪기도 했던 전체주의와 수용소에 관한 분석은 논란의 대상이 되기도 하지만 분석의 탁월함은 인정을 받고 있다. 마가레테 폰 트로타 감독은 아이히만 재판 시기의 아렌트를 다룬 〈한나 아렌트〉(2014년 제작)라는 영화에서 생각 없는 세상에 맞서는 사상가의 고뇌를 보여주기도 했다.

그런데 한국에서 아렌트의 사상을 직접 접하는 건 쉽지 않은 일이다. 아렌트의 언어와 사상이 낯설기도 하거니와 국내에 소개된 번역서들이 낯섦과 어려움을 더한다. 그리고 사상이란 현실과 치열하게 대면하면서 생명력을 얻는데, 아렌트의 사상이 나오게 된 맥락은 책으로만 봐서는 쉽게 이해되기 어렵다. 마찬가지로 아렌트의 개념들을 한국사회의 현실과 어떻게 맞닥뜨리게 해야 할지 막막한 면도 있다. 어려운 책을 읽다 보면, 아렌트를 공부하는 게 지금 우리 현실을 이해하는 데 얼마나 도움이 될까, 하는 생각도 든다.

이 책은 아렌트를 이해하는 것이 지금 우리 현실을 이해하고 '다른 정치'를 준비하는 데 많은 도움을 준다고 믿고 이를 공유하고자 한다. 아렌트가 지금 우리에게 던지는 화두는 다섯 가지로 정리될 수 있다.

첫째, 한국사회에서 정치는 항상 부정적인 것으로 묘사되고 이해되는데, 아렌트에 따르면 정치는 인간이 인간으로서 살아가기 위한 가장 기본적인 조건이다. 인간은 뜻하는 바를 모두 이룰 수 있는 신도 아니고 동일한 필요와 욕구를 갖고서 서로 먹고 먹히는 동물도 아니기에 정치가 중요하다. 아렌트에게 정치는 독특함과 고유함을 가진 인간이 같이 살기 위해서 의견을 조율하고 협의하는 다양한 과정들이고, 인간은 정치에 참여하면서 자신의 색깔을 찾고 자유를 실현하며 명예를 얻는다. 그러니 정치가 없다면 개인의 자유도, 공동체의 평화도, 인간이 서로 공유하는 세계도 없어진다. 힘이 아니라 설득을 통해 공동의 사안을 결정하는 것이 정치이고, 인간은 타고난 권리가 아니라 말과 행위로 공론장에 참여하면서 시민이 된다. 정치 없이는 시민도 없다. 아렌트 식으로 보면, 정치를 포기하면서 우리는 점점 동물이 되어가고 있다.

아렌트는 권력도 부정적인 것으로 보지 않는다. 아렌트는 권력과 폭력을 구분하면서 서로 자유롭게 만나는 사람들이 권력을 구성하고 사람들이 흩어지면 권력도 사라진다고 봤다. 즉 권력은 다수의 모여 있는 존재에서 생기고 이 권력은 특정 개인의 폭력을 막는다. 각기 다른 개인들이 하나의 공동체에서 살아갈 수 있는 건 각자의 평등을 보장받고 각자의 목소리를 존중하도록 요구할 수 있는 권력이 있기 때문이다. 권력과 폭력이 구분되지 않는 현대사를 경험한 탓에 우리는 까마귀 노는 곳에 백로야 가지 말라고 말하지만, 아렌트는 적극적으로 권력을 구성해야 정치가 지속될 수 있다고 봤다. 다만 권력은 사람들 사이에서 구성되는 것이기에 장악하거나 행사하는 게 아니라 구성하고 누리는 것이다. 이런 아렌트의 주장은 정치와 권력에 관한 우리의 고정관념을 되짚어볼 수 있게 한다.

둘째, 아렌트의 사상은 지금 현재의 한국을 분석하는 데 도움을 준다. 민주화의 성과를 자랑했던 한국의 역사가 어느 순간부터 뒤로 후퇴하는 느낌을 준다. 박근혜 정부의 등장은 그 느낌을 현실화시켰다. 단지 독재자의 딸이라서가 아니다. 이 정부에는 기존의 분석이 적용되지 않는다. 중요한 사건이 터져도 정부의 대처는 너무 늦거나 효과적이지 않은데, 사건을 책임져야 하는 대통령은 정부를 비판하고 국회를 비난한다. 한국에서 가장 강력한 권한을 가진 정책결정권자가 정부를 비난하는 이 상황을 어떻게 이해해야 할까? 유체이탈화법이라 부르기도 하지만 이런 현상은 대통령만이 아니라 중요한 자리를 차지한 다른 인물들에게서도 드러난다.

그리고 미국 대사의 쾌유를 기원한다며, 동성애를 반대한다며 광장에 모여 부채춤을 추고 절규하는 사람들의 모습은 뭔가 시대착오적이다. 밀실에서 비밀스럽게 결정되는 일들이 잦아지고 경찰과 국가정보원은 시민들의 뒤를 캐고 입을 막는다. 지나친 애정과 과도한 충성이 빚어낸 일시적인 현상일까? 저런 모습은 우연일까? 아렌트는 이런 현상을 분석하는 데 많은 시간과 노력을 들였고 이런 현상을 '전체주의'라 이름 붙였다. 아렌트의 사상이 지금 우리의 현실을 이해하는 데 도움을 주리라 믿는다.

셋째, 한국의 많은 정치인이나 시민들은 자신과 반대되는 입장을 다르다고 보지 않고 틀렸거나 악이라고 본다. 그리고 그런 입장을 '의견'으로 이해하지 않고 그 사람의 '의지'로 이해하기 때문에 사람을 통제하려고 한다. 그래서 차이가 차별을 부르고 때로는 폭력으로 다스려진다. '빨갱이'나 '종북'이라는 호칭이 대표적이다. 국가기관, 언론이 그렇게 부르는 순간 당사자는 그의 생각과는 무관하게 사회의 악으로 규정되고 이 사회에서 제거되어야 할 대상이 된다. 단지 생각이나 사상이 다르다는 이유만으로, 나와 다른 입장을 취했다는 이유만으로 상대는 악마가 된다. 악과 공존할 수 없듯이 상대는 멸종시켜야 할 대상이 된다. 안타깝지만 이런 사유는 기득권층만이 아니라 소위 진보진영 속에도 자리를 잡고 있다.

아렌트는 이런 생각을 적극적으로 반대했다. 이런 사고방식이 바로 전체주의를 부르기 때문이다. 제아무리 이성적이고 똑똑한 사람이라도 그의 인식은 그가 살아온 현실을 뛰어넘지 못한다. 제아무리

헌신적이고 치열하게 살아온 사람이라도 그의 삶은 그 현실 속에 있다. 똑똑하지 않다는 게 아니라, 치열하지 않다는 게 아니라, 그 삶은 언제나 어떤 한계 속에 있을 수밖에 없다. 그래서 우리는 서로 의견을 주고받아야 하고, 이 과정은 궁극의 진리를 찾는 과정이라기보다는 정치적인 합의를 모으는 과정이다. 상대와 논쟁하고 다툼을 할 수 있지만 어느 누구에게도 상대방을 죽일 권리도, 상대방을 매장시킬 이유도 없다. 이 선을 넘어서면 공존은 불가능하다. 아렌트의 사상은 정치를 진리나 선악에서 빼내 다양성, 다원성으로 가져온다.

넷째, 주권자 없는 정치는 불가능한가? 촛불시위를 거치면서 주권이란 말이 자주 등장했다. 대한민국의 주권은 국민에게 있다. 그렇다, 아렌트는 주권을 부정하지 않는다. 주권은 함께 결합한 다수의 사람들이 만든 것이고 그렇기에 집단으로 행사되는 권리이다. 나라를 세우고 주권을 확립하는 과정은 정치공동체를 세우고 자유의 공간을 만드는 중요한 과정이다. 다만 문제는 이렇게 혁명 과정에서 구성되는 주권이 혁명 이후에도 지속될 방법을 찾는 것이 매우 어렵다는 점이다. 혁명 이후에 공동체를 찾아오는 사람, 혁명 이후에 공동체에서 태어나는 사람들에게 주권은 무엇일까? 이들도 주권을 구성했던 사람들과 동등하게 대우받고 자유롭게 살 수 있을까?

그런 점에서 주권은 필요하지만 다루기 어려운 것이기도 하다. 공동체의 구성원들이 자유롭고 평등하게 말하고 행동할 수 있는 공론장이 있다면 주권은 문제를 일으키지 않겠지만, 그렇지 않다면 주권은 지배의 도구로 변할 수도 있다. 그런 점에서 아렌트는 풀뿌리 차원에서 끊임없이 정치를 활성화시켜야 한다고 말하고 평의회를 중요한 장치로 봤다. 주권을 반복해서 요구하고 주장하는 것보다 우리 삶에서 내 옆의 사람과 손을 잡고 정치를 활성화시키는 과정이 중요하다. 아렌트의 사상은 죽은 주권을 살아 있는 정치로 전환시키는 데 도움을 준다.

다섯째, 거짓말을 하는 정부를 어떻게 해야 하나? 거짓말이 정치의 수단으로 묵인되고 공개적으로 내건 약속[公約]이 빈말[空約]이 되어도 묵인되는 한국사회에서 정치가 과연 제 몫을 할 수 있을까? 공권력을 말하지만 시민에게 노골적인 폭력을 행사하는 정부는 진정 권력일까? 자신을 뽑아준 시민에게 거짓말을 하고 약속을 깨는 정부가 시민에게 권력을 행사할 수 있을까? 그리고 시민이 그 정부의 법과 명령을 따라야 할까? 한국에 살다 보면 이런 질문을 던져야 할 때가 종종 있다.

아렌트도 이런 물음을 던져야 할 때가 있었다. 1960년대 말 아렌트는 미국정부가 통킹만 사건을 조작해 베트남전쟁을 일으키고 기밀을 내세워 의회와 국민을 속이거나 정보를 은폐하는 현실을 목격하면서 시민불복종 운동의 중요성을 강조했다. 부패한 정부가 시민을 속이고 헌법을 파괴한다면, 현 권력에 대한 시민들의 암묵적 동의가 철회될 것이기에 나라를 바로 세우려는 시민불복종이야말로 헌법정신을 실현하는 과정이다. 아렌트는 지금 우리가 무엇을 해야 할지에 관해서도 도움을 준다.

결국 아렌트가 주장하는 정치는 '인간'과 다양한 인간들이 살고 있는 '세계'에 초점이 맞춰져 있다. 사람 냄새가 나는 사회, 각자가 가진 다양한 향기가 인정되고 충분히 섞일 수 있는 사회, 누군가의 목소리에 귀를 기울이고 기꺼이 함께 연대하는 사회가 그런 세계이다. 당연히 그런 사회는 그냥 자연스럽게 만들어지지 않는다. 아렌트는 그런 의미에서 교육과 정치가 밀접한 연관을 가지고 있다고 봤다. 교육은 단순한 지식의 전달이나 기능의 습득이 아니라 각자에게 내재된 진리를 드러내고 상기시키는 과정이다. 그렇기에 이 과정은 서로 간의 대화를 통해 구성되어야 한다. 지금 우리가 갈망하는 것도 이런 것이 아닐까?

이 책은 아렌트에 대한 관심에 답하려는 시도이다. 아렌트가 궁금한 사람과 아렌트를 활용하고픈 사람 모두에게 말을 걸어보고 싶었다. 그리고 아렌트에 관한 여러 이야기를 나누고 싶었다. 그래서 1부와 2부로 나눴는데, 관심에 따라 1부와 2부를 읽는 순서를 바꿔도 좋다. 아렌트의 사상을 조곤조곤 읽으며 이해하고 싶은 사람은 1부부터, 아렌트의 관점으로 한국사회의 현실에 대해 어떤 이야기를 할 수 있을지 궁금한 사람은 2부부터 읽어도 된다. 따로 읽어도 될 만큼 아렌트에 관한 기본적인 내용들을 설명하면서 글을 쓰려 노력했으니, '두 가지 맛 파스타' 또는 '짬짜면' 정도로 생각하면 되겠다. 물론 한쪽의 '깊은 맛'을 느끼려고 하는 사람에겐 미흡할지 모르겠으나, 어느 걸 선택할지 망설이는 사람에겐 고민을 덜어줄 수 있으리라 기대한다.

1부는 수용소와 공론장이라는 아렌트 사상의 고갱이를 다루고, 2부는 아렌트가 평생을 걸고 맞섰던 전체주의라는 화두에 주목하면서 그 문제의식을 한국사회에 투영시켜 본다. 아렌트에게 수용소와 전체주의는 평생을 따라다닌 악몽이었다. 그 악몽을 끄집어내는 것은 우리가 겪고 있는 현실의 악몽이 이와 다르지 않을 거라는 생각 때문이다.

수용소에 갇힌 사람들은 '무슬림'이라 불렸다. 아랍 사람이나 이슬람 교도를 가리키는 말이 아니라, 삶의 의지를 잃어버리고 엎드려 기도하는 듯 사는 사람들을 가리키던 수용소의 은어였다. 수치심마저 잃어버린 채 마치 물건처럼 취급되는 사람들, 우리는 그런 사람들을 보면 측은함과 동정심을 느끼겠지만, 우리 자신은 그것과 다른 삶을 살고 있을까? 정치로부터 도피해서 개인적인 생활에만 관심을 가지고, 그래서 주어진 질서에 수동적으로 복종하며 살고 있지는 않은가? 권력을 구성할 용기나 의견이 없으면서도 내가 주권자라며 공허한 호기만 부리는 건 아닐까? 사람들도 자주 만나고 다양한 관계를 맺고 있다고 생각하지만, 실제로는 '같은 편'끼리 똘똘 뭉쳐서 비슷한 각도로만 세상을 재단하고 어긋난 부분에 대한 불만만 쏟아내는 건 아닐까? 나도 당당한 주체라며 자신을 내세우지만, 우리가 공통의 세계를 구성하고 있다는 사실을 망각하고 서로 공유하는 감각을 잃어버린 채 혼자 우두커니 서 있는 건 아닐까? '고립'되어 있으면서 '고독'한 척 위선을 부리는 건 아닐까? 수용소는 물리적인 공간이기도 하지만 우리가 타자와 만나고 헤어지는 방식을 규정하는 장소이기도 하다. 우리는 지금 어디에 있을까? 1부는 이런 물음들에 대한 답을 고민할 수 있도록 아렌트의 사상을 재구성했다.

그리고 전체주의는 단순히 독재자가 지배하는 상황을 뜻하지 않는다. 전체주의는 비공식 조직이 공식기관의 힘을 대체하고, 누가 권력을 행사하는지, 어떤 일에 대한 책임이 누구에게 있는지를 도통 알 수 없게 만드는 지배구조이다. 시민들의 일상생활을 감시하면서 내부의 적을 만들어내고, 불안을 자극하며, 결국에는 서로가 서로를 고발하도록 만드는 비밀경찰이 암약하는 체제이다. 실제 현실이 아니라 조작된 이데올로기로 세상을 바라보도록 만들고, 우리 자신도 이미 규정된 지위로만 이해하도록 강요하는 것이 바로 전체주의이다.

이 책을 쓰는 동안 한국사회에서 큰 비극이 발생했다. 바로 세월호 참사이다. 295명의 승객이 사망했고 9명이 아직도 바닷속에 잠겨 있다. 제주도로 수학여행을 떠난 안산시 단원고의 학생들과 먹고살기 위해 배에 올랐던 사람들이 이 참사로 떼죽음을 당했다. 놀라운 사실은 이 참사에 책임을 진 정치인이 아무도 없다는 점이다. 그리고 무엇이 원인인지, 왜 사고가 참사로 이어졌는지 진상조차 제대로 파악되지 않고 있다. 정부는 자신을 믿고 맡겨달라고 하지만, 사실을 은폐하고 유가족들의 요구를 무시하면서 공정하고 투명한 절차를 마련하지 않고 있다. 이런 정부 앞에서 유가족과 시민들은 다시 한번 극심한 무기력을 경험하고 있다. 이런저런 소문만 무성할 뿐 정확한 정보가 없는 상황에서 시민들은 어떻게 판단해야 할까? 자식과 가족, 이웃을 잃어버린 사람들의 절규와 몸부림에 가만히 있으라고, 교통사고일 뿐이라고, 정치적인 선동이라고 비난하는 이들과 우리는 정말 같은 세계에 살고 있는 걸까? 시민들이 선출한 정부가 시민들에게 거짓말을 하고 시민들에게 폭력을 행사할 때, 시민들은 어떻게 대처해야 할까? 끔찍한 세계전쟁과 정부의 거짓말, 폭력이 난무했던 20세기를 겪었던 아렌트는 이런 경우에 어떤 이야기를 할까? 2부는 이런 물음들에 대한 답을 고민할 수 있도록 한국의 현대사를 되짚어본다.

아렌트를 읽으며 우리는 이런 질문을 던져볼 수 있다. 1987년 민주화나 1993년 문민정부의 수립, 1997년 국민의 정부, 2003년 참여정부의 수립은 시민이 새로이 정치를 시작할 수 있는 세계를 부활시켰을까? 만일 그러하다면 왜 아직도 우리에게 정치는 부정하고 타락한 것이거나, 내가 어찌할 수 없는 무기력한 것으로만 느껴질까? 어디서 무엇이 잘못되었기에 한국의 정치는 이렇게 지지부진할까?

글쓴이들은 이런 물음들에 조금이라도 실마리를 주고자 노력했다. 글쓴이들은 길잡이로서 정치의 부활을 모색하는 이 흥미로운 여행에 앞장선다. 혹시 몰라 두 명이 지도를 함께 그렸고, 그래도 글쓴이들의 지도가 완벽한 것이라 장담할 수는 없기에 최대한 돌다리를 두들겨 보며 가려 했다. 그래서 가급적이면 아렌트의 원문에 바탕을 두고 논의를 이끌어가려 했다. 가능하면 위태롭고 험난한 길을 피하려고 했지만, 그 길을 지나지 않으면 다음 길로 이어지지 않는 곳도 있으니 힘들어도 같이 손을 잡고 지나갈 수밖에 없다. 각 장의 마지막에 'INSIDE BOOK'을 둔 것은 우리와 손을 잡고 함께 가고 있다는 사실을 독자들이 확인할 수 있는 장치이다. 물론 때로는 길잡이를 따르지 않고 내키는 대로 무작정 걸어보는 것도 여행을 즐기는 묘미일 수 있다. 그러니 길잡이에게서 여행의 모든 재미를 찾으려고 하지는 말기를……. 다만 글쓴이들이 길잡이로서의 역할에 충실했는지를 헤아리는 일은 독자들의 몫이다.

이 책은 아렌트에 관한 하나의 해석이고, 아렌트가 강조했듯이 다양한 소리들이 모여 하나의 화음을 이뤄가는 '합주action-in-concert', 두 사람의 합주이다. 이 합주가 얼마나 성공적일지는 합주를 듣는 독자들이 평가할 몫이다. 그리고 합주를 들으며 또 다른 합주를 만들어 가는 것 역시 독자들의 몫이다. 깊은 바다에 홀로 들어가는 건 두려운 일이기에 이 책은 작은 불빛만 밝혀 놓았고, 직접 들어가 텍스트를 건지는 작업은 독자들의 몫이다. 이렇게 독자들에게 많은 몫을 미뤄 놓는 무책임한 저자들이 있을까 싶겠지만, 우리는 그렇게 아렌트에 접근하는 것이 좋다고 생각한다. 모쪼록 즐거운 여행이 되길 빈다.

글을 쓰는 두 사람은 학교에서 아렌트 세미나를 함께 하기도 했고, 땡땡책협동조합에서 아렌트에 관한 독서회를 같이 진행하기도 했다. 이 책은 두 사람이 처음 호흡을 맞춰본 결과물이자, 충청북도 옥천군으로 이사 와서 간간이 고민도 나누고 밥도 나누며 이루어낸 성과이다. 지역출판의 불씨를 지피고 있는 도서출판 한티재에서 이 책을 내게 되어 또 기쁘다. 모두 고마운 일이다.

2부 전체주의와 풀뿌리

1부
수용소와 공론장

ARENDT

지금 우리는 어디에 살고 있을까?

지금 우리는 일종의 수용소에서 살고 있다. 사방이 벽으로 가로막힌 곳에서 옴짝달싹 못하게 우리를 압박하는 감시자의 지배와 명령 아래에서 살고 있다. 이렇게 말하고 나니 갑갑하기도 하고 힘이 빠진다. 아니라고 말하고 싶지만, 그런 것도 같다. 수용소를 빠져나가고 싶지만, 수용소 바깥엔 아무것도 없다고 남들은 수군거린다. 다른 이들도 여기 있으니 나도 남겠다고 마음먹는다. 그래도 여기선 굶어 죽진 않을 테니 다행이라고 여긴다.

아렌트의 생각은 다르다. 인간은 '공론장'에서만 자유롭고 행복할 수 있다. 각자 고립되어 먹고사는 데만 열중하는 것은 인간이 아니라고 아렌트는 말한다. 뭉쳐 있는 것 같지만 각각이 혼자일 수밖에 없는 것은 서로 공유하고 있는 공적인 장이 없어서이니, 정치로부터 도피해 버린 이들이 살게 되는 곳은 죄다 수용소라고 힐난한다.

맞는 말인 것도 같지만, 먹고사는 게 얼마나 중요한지 모르니 저런 거라며 생각하고 만다. 그러던 어느 날, 남쪽 바다 한가운데에서 배가 침몰했다. 선장은 "가만있으라"는 말만 남기고 구조선으로 떠나 버리고 선실에 남아 있던 이들은 바닷속으로, 침몰하는 배와 함께 가라앉아 버렸다. 구조하러 온 이들은 수지타산을 따지며 시간을 허비해 버렸고, 정치인들은 자신의 알리바이만 떠들고 있었다. 시간이 지날수록 배가 침몰한 이유나 사실은 점점 더 미궁 속으로 빠져들고 있고 유가족들은 보상금이나 타먹으려는 파렴치한 이들로 매도당하고 있다. 책임을 묻고 원인을 따지고 싶지만 이미 우리는 낱낱이 홀로인지라 할 수 있는 일이 아무것도 없었다. 이게 사람이 사는 세상인가? 만일 공론장이 있었더라면, 지배자에게 권리를 양도한 채 정치에서 멀어지지 않았더라면, 그들을 구할 수 있었을까? 설령 구하지 못했다 하더라도 거짓을 일삼는 자들에게 책임을 묻고 시시비비를 가릴 수 있지 않았을까? 최소한 배가 가라앉고 사람들을 구하지 못하더라도 그 와중에 아무것도 할 수 없는 하찮고 쓸모없는 존재라는 생각에서는 벗어날 수 있었을 것이다. 함께였다면, 하루하루 삶의 무상함과 무의미만을 쌓아가고 있지는 않았을 것이다.

그런 점에서, 아직은 살아 있지만, 우리는 서서히 물속으로 가라앉고 있는 건지도 모른다. 물속에 잠긴 줄도 모르고, 이곳이 수용소가 된 줄도 모르고 근근이 버티고 있는 상태. 이 책 Ⅰ부는 고립된 존재로 살아가는 익사 직전의 사람들에 대한 이야기이다. 그들은 상황과 장소에 따라 '무슬림'이 되기도 하고 '아이히만'이기도 하다가 '대중'이라는 이름을 얻기도 한다. 여러 이름들 중에서, 현실을 사는 쓸쓸한 자신의 모습을 확인한다면 이 책은 역할을 다한 것이다.

수용소와 무슬림

인류의 역사에서 전례가 없는, 그야말로 전대미문의 사건이 벌어졌다. 그 사건은 폴란드 남부 작은 공업도시, 아우슈비츠를 세계에서 가장 유명한 곳으로 만들었다. 절멸의 수용소, 시체의 제조, 조직적인 망각의 공간이라고 불린 그곳이 단순히 희생자의 숫자가 많아서 악명을 떨친 것은 아니었다. 아우슈비츠에서 일어난 일이 전대미문의 사건이 된 것은 희생자들이 인간으로서 살았고 인간답게 죽었다는 흔적을 전혀 찾아볼 수 없었기 때문이다. 그들은 수용소 이전의 삶과 자신의 터전에서 내몰려 감금당했고, 이름 대신 번호로 불리며 강제노동을 강요당했다. 그곳에서 그들은 자기 뜻대로 살 수도 죽을 수도 없었다. 심지어 그들은 자신이 죽음을 맞이하게 될 가스실로 줄을 지어 들어가야만 했다. 아직 죽지 않은 자들은 가스실에서 죽은 시체들을 소각로로 옮기고 다 타버린 재들을 비우고 말끔히 청소해야만 했다.

이들에게 인간이란 어떤 의미였을까? 그리고 전체주의는 왜 이렇게도 잔혹한 짓을 벌였을까? 한나 아렌트의 답을 간단히 요약하면 이렇다. 수용소는 전체주의 권력이, 도무지 믿을 수 없는 인간을 완전하게 지배하기 위한 장치였다. 믿을 수 없는 자, 인간의 얼굴을 하고 있지만 나와는 다른 그 속을 알 수 없는 타자는 두려움의 대상이다. 특히 권력을 가진 이들에게, 속속들이 알 수 없는 타자가 있다는 것은 골칫거리였다. 인간들의 돌발적인 행동, 불쑥불쑥 터져나오는 다양한 목소리는, 지배자들이 늘 통제하기를 원하지만 마음대로 되지 않는 무엇이었다. 그래서 오랫동안 지배자들은 사람들을 강한 처벌을 통해 다스리거나, 교육을 통해서 가르쳐야 할 대상으로 보았다. 그러나 그런 시도들에도 인간들의 말과 행위를 지배자들의 입맛대로 만들어내는 데 늘 실패했다. 사람들은 어느새 새로운 세계를 꿈꾸었고, 반란을 일삼았으며, 모여서 웅성웅성 떠들고 행동하기 시작했다. 튼튼해 보였던 왕국도, 광활한 땅을 거느리던 제국도 결국 사람들에 의해서 무너져버렸다.

전체주의는 이러한 인간들의 돌발적인 말과 행위를 통제하길 원했다. 그들은 사람들을 '전체'라는 단일한 틀 안에 가두고 싶어했다. 사람들이 지도자의 뜻에 한목소리로 응답해야만 체제를 완성할 수 있다고 믿었기 때문이다. 그러지 않고서는 과거의 제국들과 마찬가지로 역사 속으로 사라질 게 뻔했다. 이를 위해서 무엇보다 인간을 완전히 지배하는 것이 필요했다. 그러나 모든 사람들의 일거수일투족을 촘촘히 감시하고 관리할 수는 없는 노릇이었다. 그래서 전체주의는 강제수용소를 고안해낸다.

수용소는 '총체적 지배'를 위한 전체주의의 실험실이었고, 수용소에 갇힌 자들은 실험 대상이었다. 그곳에서 그들은 삶과 죽음이라는 인간의 근본적인 조건을 빼앗겨 버린다. 주는 대로 먹고, 입고, 일하는 복종의 일상을 반복하면서 그들은 점점 동일한 자극에 같은 반응을 보이는 실험동물로 전락한다. 인간을 실험동물로 만들고 나서야 전체주의 지배자들은 안심한다. 그들은 더 이상 위협적이지도 않고 마음대로 떠들지도 않으며 반란을 꿈꾸지도 않을 것이기 때문이다.

1
인간에 대한 완전한 지배는 가능한가?

지배자들은 그렇다손 치더라도 왜 사람들은 전체주의라는 광기 어린 체제에 빠져들었을까? 그때 그 사람들은 자신들이 처해 있었던 전쟁, 실업, 굶주림과 같은 문제들이 왜 유대인 때문이라고 생각했을까?

지금에 와서 보면 전체주의 동조자들은 터무니없이 어리석어 보인다. 독일의 대중들은 히틀러의 거짓 선동에 어이없이 휘말려 잔인한 일들을 서슴없이 저질러 버린 게 아닌가 하는 생각이 들기도 한다. 과연 대중은 어리석었던 것일까? 아니면 그저 거부할 수 없는 흐름에 휘말려버렸던 것일까? 혹시 전체주의라는 체제에 사람들을 사로잡는 대단한 무언가가 있었던 것은 아닐까?

사실 그랬다. 전체주의에는 뭔가 특별한 것이 있었다. 그 새롭고 특별한 무언가가 사람들을 사로잡았다. 폭력과 테러로 사람들을 겁주어 복종하게 만든 것만은 아니었다. 아렌트는 『전체주의의 기원*The Origins of Totalitarianism*』(1951년 출간)에서 전체주의가 철저히 세계정복 혹은 영구혁명을 향한 '운동'으로 이루어졌고 끝까지 운동을 밀고 나갔다는 점에서 특별한 점을 찾아냈다. 전체주의는 하나의 완결된 이론이라거나 세세하게 정의할 수 있는 체제가 아니라 전체주의 '운동'으로 생명력을 이어나갔다는 점에서 특이한 것이었다. 운동은 조직이나 공동체가 자신의 목표를 달성하기 위해 취하는 방식이다. 운동은 철저하게 그 과정 안에서 작동하며 목표를 이루는 순간 사라진다. 전체주의는 마치 절대로 멈추지 않을 것처럼 운동에 집착했고 운동의 영역을 넓히는 데에만 관심을 가졌다. 사람들은 멈추지 않고 계속 움직이는 전체주의운동의 에너지에 열광했다. 전체주의운동은 사람들이 분노하고 미워하는 대상을 향해 나가고 도전하도록 했다. 운동은 사람들에게 묘한 카타르시스를 맛보게 했고, 자신의 나약한 힘으로는 어찌할 수 없었던 낡았지만 강력한 질서를 파괴하도록 도왔다. 예를 들어 자신들을 전쟁으로 내몬 정치인들, 여전히 고귀한 척하는 귀족들, 자본을 휘두르는 부르주아지와 그들을 대표하는 유대인들, 부패한 관료들 말이다. 또한 파괴를 위해 작동하는 힘의 속도는 어찌나 빨랐던지 정신없이 사람들을 휘몰아쳤다.

하지만 운동으로 시작한 모든 정치적 결사체들은 언젠가 멈추어야만 했다. 아렌트는 "한 나라 안에서 통치 권력과 폭력의 모든 수단을 소유하는 것이 전체주의운동의 순수한 축복은 아니"(『전체주의의 기원』, 391쪽)라고 말했다. 전체주의가 국가기구라는 일련의 체계를 세우게 되었을 때, 지금껏 전체주의를 가능하게 했던 운동은 안정을 고민하게 될 것이 분명했다. 특히 근대 국민국가라는 체계는 다른 국가에 대해 영토territory, 헌법constitution, 국민nation-people이라는 배타적이고 제한적인 권리로 만들어졌기 때문이다. 반면 '세계정복', '영구혁명'이 라는 목표를 향해 가는 전체주의운동은 배타적인 국가를 인정하는 순간 끝이 난다. 실제로 파시스트 프랑코가 점령한 스페인은 정권을 잡고 난 이후 반대 정당을 인정하고 언론에 대한 부분적인 자유를 용 인하는 등 독재로 변모한 바 있다.

운동과 정지라는 딜레마를 전체주의는 어떻게 돌파했을까? 전체 주의는 정권의 안정보다는 운동을 계속하는 것을 선택했다. 그들은 운동을 그만두는 순간 자신들의 거짓 선동, 허황된 이데올로기가 만 천하에 드러날 것이라는 점을 너무나 잘 알고 있었기 때문이다. 그래 서 내세운 논리가 '실험실'이었다. 보다 먼 미래에 찾아올 세계정복을 위한 전초기지이자 아직 실험중인 것으로 국가를 사용했던 것이다.

헌법, 영토, 국민이라는 근대국가의 안정적인 경계를 전체주의가 어떻게 돌파하는지를 살펴보자. 우선 헌법은 그냥 무시해 버렸다. 헌 법을 개정하거나 새로운 헌법을 만들려는 시도를 나치는 전혀 하지 않았다. 나치는 법적인 수단이나 규제 따위에는 별 관심이 없었다. 그 들은 비공식적인 방법들, 숙청·테러·비밀경찰과 같은 수단을 통해 정국을 장악해 나갔다. 나치는 자신들이 위기에 처해 있다고 여기는 순간 숙청을 시작했고 유대인에 대한 테러를 일삼았다. 그리고 상시 적으로 비밀경찰은 적들을 만들어냈고, 그 적을 통해 내부의 단결을 강요했다. 그러다 보니 헌법은 아무짝에도 쓸모없는 종이 쪼가리에 지나지 않게 되었다.

헌법과 마찬가지로 정부조직, 관료제도도 무시로 일관했다. 넓은 지역을 다스리기 위해서는 관료가 필요하고 그들의 전문성에 기댈 수밖에 없다. 그러다 보면 관료들의 권한이 강해지고 점차 안정화, 제도화로 접어들게 된다. 나치는 관료제도에 대해 관직의 중복이라는 방법으로 대응한다. 예를 들어 한 지역을 관리하는 관직과 관료를 그대로 두고 '당'에서 또 다른 관리자를 파견한다. 얼마 후 '친위대'의 지시를 받은 자가 그 지역에 새로이 관리자로 내려온다. 새로 온 자는 지도자에 더욱 밀접한 위치에 있는 사람이라 기존 관료의 권위를 깡그리 무시해 버린다. 사람들은 새로이 임명된 관료가 히틀러의 직접적인 명령에 더욱 가까이 있다는 사실에 안심한다. 또한 모든 명령이 반드시 실행될 것이라는 절대적인 확실성을 이자가 보장해줄 것이라 믿는다. 이런 방식으로 관료제도는 운동을 정지시킬 수도 방해할 수도 없었다.

제도에 길들여지지 않는다는 점에서 아렌트는 전체주의 체제를 실체가 없는, 정해진 모양이 없는 체제라고 불렀다. 실체가 없다는 것은 신속함, 속도전에 최적화되어 있다는 뜻이다. 기관들이 어떠한 체계도 없이 확장되거나 중첩되어 있고, 명령이 전달되는 통로도 다양하다 보니 명령전달자의 경우 자신의 부하들에게 의존하지 않고 운동 방향을 신속하게 바꿀 수 있었다. 또한 관료들의 이합집산 등의 어떠한 파벌도 허용하지 않는 구조, 다양한 견해가 생기는 것이 가능하지 않은 구조는 나름의 효율을 가지고 있었다. 이렇게 신속한 방법과 구조가 전체주의 이전에는 존재하지 않았다.

아렌트는 "평범한 전제 군주라면 미치지 않고서야 뒤를 생각하지 않은 채 먼 미래에나 가능할지 모를 [세계정복, 영구혁명과 같은] 막연하고 순전히 허구적인 현실을 위해 제한적이며 지역적인 모든 이익—경제적·민족적·인간적·군사적 이익—을 포기하지 않는다"(412쪽)고 말한다. 왜냐하면 현실에서 가장 큰 힘을 가지고 있는 가치가 '이익', '효율'이기 때문이다. 즉 최대다수의 최대행복이라는 공리주의적 가치관은 근대를 이루는 중요한 세계관이었다. 국가는 개인의 행복을 위해 일해야 하고 개인은 자신의 이익을 추구하는 자유를 보장받는다. 이런 근대적 공리주의의 효율 추구를 전체주의는 따르지 않는다.

전체주의는 헌법과 관료기구라는 국민국가의 배타적 제한들은 관직의 중복과 같은 방법으로 돌파해 나갔다. 남은 것은 제한적인 영토와 국민이다. 영토의 경우 전체주의는 세계정복과 같은 운동의 목표를 그대로 밀고 나가기만 하면 문제될 것이 없었다. 그들의 목적은 세계정복이었으며, 그 속에서 국제법과 같은 규제들은 무력 앞에 무기력했다. 다만 남은 것은 여전히 완전한 지배에 이르기가 쉽지 않은 인간, 인간들뿐이었다.

인간들을 통제하기 위해서 전체주의는 지속적인 이데올로기적 선전·선동에 돌입한다. 그럼에도 모든 사람들을 자신들의 뜻대로 움직이는 것은 쉬운 일이 아니었다. 전체주의는 맘대로 되지 않는, 믿을 수 없는 인간들에 대한 통제를 위한 장치로 비밀경찰을 적극 활용한다. 물론 비밀경찰이 전체주의하에서만 있었던 것은 아니다. 전체주의 이전에도, 이후에도 정권은 외부의 위협을 막고 자신의 안전을 도모하기 위해 비밀경찰을 활용해 왔다. 다만 전체주의가 비밀경찰을 활용한 것은 외부의 위협을 없애기 위해서가 아니라 내부에 적이 있다는 공포를 퍼뜨리기 위해서였다.

비밀경찰의 수사 대상인 '객관적인 적'은 실체가 없기에 언제든 만들어낼 수 있고 상황의 변화에 따라 발견되기도 한다. 객관적인 적은 과거 행적에 의심스러운 점이 있다거나 범죄를 저지른 사실이 있어서 감시받는 것이 아니다. 객관적인 적으로 지목된 자는 마치 질병을 퍼뜨리는 것처럼 어떤 성향이나 경향을 전파하는 자이다. 보통은 범법 행위를 저질렀다는 사실이 확인되어야만 처벌할 수 있는데, 객관적인 적의 범주에서는 마음속에 불순한 생각을 품는다거나 정권에 위협이 되는 경향을 가지고 있다는 것만으로 처벌을 받을 수 있다. 영화 〈마이너리티 리포트〉에서처럼 범죄를 예견해 사건이 일어나기 전에 경찰은 피의자를 체포한다. 그래서 객관적인 적은 모든 인간을 잠재적인 적으로 만드는 효과를 가진다. 누구라도 적이 될 수 있다는 것은 누구도 믿을 수 없다는 뜻이기도 하다. 내가 아닌 타자들이 언제든 적으로 돌변할 수 있는 세계를 전체주의는 만들어낸다. 그리고 그러한 상호의심으로 전체주의는 작동된다.

아렌트는 비밀경찰을 통해 전체주의의 성격이 적나라하게 드러난다고 말한다. "생각할 수 있는 인간의 능력 때문에 용의자가 되며, 이 의심은 모범적인 행동을 한다 해도 없어지지 않는다. 왜냐하면 인간의 생각하는 능력은 자신의 마음을 바꿀 수 있는 능력이 되기 때문이다."(430쪽) 타인의 마음을 확실하게 알 수 없다는 것은 인간이 처한 답답한 조건이다. 예컨대 범죄를 저질렀다고 의심받는 인물은 그의 마음속을 들여다볼 수 없기 때문에 증거가 불충분하다면 무죄가 된다. 그러나 전체주의하에서 이런 인물은 범죄를 저지를 경향이 있기 때문에 적이 될 수 있다. 그런 점에서 서로 의심하는 것이 일상적인 사회는 전체주의 사회를 닮았고 비밀경찰은 더욱 큰 힘을 갖게 된다. 씁쓸하지만 한국의 현실에도 이러한 비밀경찰의 객관적인 적 만들기는 존재한다. 조용하다 싶으면 터지는 안기부/국정원의 간첩 사건은 사람들의 마음속에 간첩이 몰래 활동하고 있다는 공포를 심어 놓는다.

객관적인 적을 찾으려는 비밀경찰의 업무는 결국 사람들의 마음속을 속속들이 알아야만 가능하다. 그러므로 비밀경찰은 지도를 만들려고 한다. 인간들의 마음속 지도 말이다. 누가 불순한 생각을 갖고 있는지, 위험한 사상을 유포하는지, 사람들을 위험도에 따라 수치화하고 한눈에 알아볼 수 있도록 도표를 만들려 한다. 사실 이런 일은 현실에서 이미 벌어지고 있다. 빅 데이터big data라고 불리는 방대하고 다양한 데이터를 분석하는 학자는 인터넷을 통해 유통되는 수많은 데이터를 통해 사람들의 성향을 분석할 수 있고 심지어 예측할 수 있다고까지 공언한다. 빅 데이터 속의 인간은 단지 성향이나 경향으로 나타나고 분석을 통해 간략한 표로 정렬된다. 비밀경찰이 알고자 했던 것, 빅 데이터가 보여주는 것은 결국 인간들이 가진 생각을 지도처럼 펼치고 관리하는 것이다. 이 지도는 인간에 대한 완전한 지배를 꿈꾸는 자들의 욕망을 반영한다. 인간의 생각을 일목요연하게 정리하여 읽을 수 있는 것으로 만든다는 것은 인간에 대한 완전한 지배의 목적이며 본질이기도 하다.

2
수용소에서는 무슨 일이 벌어졌나?

'위험한 생각'들에 대한 통제가 전체주의의 욕망이자 오늘날 우리의 욕망이기도 하다는 점은 부인하기 어렵다. 비밀경찰로 인해 확산되는 '객관적인 적'이라는 애매모호하고 불분명한 이미지는 사람들을 서로 의심하게 만들고 두려움에 휩싸이게 했다. 그렇지만 적을 가려내려는 비밀경찰의 노력에도 인간을 완전히 지배하는 것은 가능해 보이지 않는다. 인간이 가진 가장 인간다운 조건인 다원성plurality, 개성uniqueness, 자발성spontaneity은 인간 스스로도 알 수 없는 때에 아주 우연적인 장소에서 불현듯 등장하기 때문이다. 그러므로 인간을 완전히 지배하기 위해서는 다원성, 개성, 자발성이 발휘되는 것을 막아야만 했다.

이러한 목적을 실현하기 위해 전체주의가 고안해낸 것이 수용소였다. 인간의 다원성, 개성, 자발성을 철저하게 통제하는 공간, '총체적 지배'를 위한 장소로서 수용소는 전체주의의 실험실이었다. 실험실에서는 현실에서 불가능한 것들이 가능하다. 모든 실험체는 동일한 조건 속에서 다루어지며, 배를 가르고, 굶기며, 온갖 약물을 투여해도 상관없다. 이러한 실험은 실험실 밖의 세계에 적용하기 위해 허락된다. 쥐에게 약물을 주입하는 것은 실험실 밖의 인간에게도 유용한 것인지 알기 위해서이다. 수용소가 실험실이라면, 수인들은 실험체로서 다루어진다. 같은 것을 먹고, 같은 것을 입으며, 똑같은 노동을 강요받는다. 수용소의 관리자들은 동일한 조건 속에서 이들이 일정한 자극을 주었을 때 어떤 반응을 보이는지, 어떻게 하면 순종적이 되는

지를 알고자 했다. 그곳에서는 모든 것이 가능했다. 실험체가 된 수인들은 인간이 아니었기에 인권이나 인격 같은 것은 허락되지 않았다. 그리고 그들에게서 얻은 유용하고 유의미한 결과들은 장차 수용소 밖의 인간들을 지배하기 위해 쓰일 것이었다. 아니 수용소라는 시설 자체가 수용소 밖의 사람들에게 보내는 메시지였다.

실험체가 된 인간에게 다원성, 개성, 자발성이라는 것은 찾아볼 수 없다. 같은 자극에 동일한 반응을 하는 존재가 된 인간은 동물과 유사한, 아니 오히려 동물보다 못한 존재가 되었다. 인간에게서 인간 특유의 개성과 자유롭게 행동하고 말할 수 있는 자발성을 빼앗는다면 그것이 인간이라 할 수 있을까? 명령에만 따르고 복종하며 다만 생존을 위한 필요조건만을 갈구하는 것이 과연 인간일까? 전체주의의 총체적 지배는 결국 인간의 총체적 파괴에 다름 아니다.

수용소에 대해 말하기 전에 먼저 인간이란 무엇인가 하는 질문을 던져보아야 할 것 같다. 그래야만 수용소가 파괴한 인간의 근원적 조건이 무엇인지 이해할 수 있기 때문이다.

인간의 근본적인 조건은 다른 무엇보다도 태어나서 언젠가는 죽는다는 점이다. 그렇다면 인간이 살아 있다, 혹은 죽었다는 표현은 어떤 의미일까? 다양한 설명이 가능하겠지만, 아렌트가 바라보는 인간의 삶과 죽음은 '기억'과 연관되어 있다. 또한 '자유'와 관련이 있다. 한 인간을 다른 인간이 기억한다는 것은 삶과 죽음을 초월하게 만드는 작용을 한다. 흔히 죽음은 삶의 반대 의미로 받아들여지지만, 인간은 죽은 후에도 오래도록 살아 있다. 죽어버린 육신을 살아 있게 만드는 것은 이른바 '추모'라는 의례, 혹은 '기억'이라는 형식이다. 누군가에게 기억되고 불리는 순간 죽어버린 사람도 살아 있게 된다. 기억되는 인간은 또한 자유로운 존재여야 한다. 기억은 타인의 것이기 때문에 그가 타인에게서 분리된 자유로운 존재가 아니라면 기억되지 않는다. 인간이 자유롭다는 것은 스스로 생각하고 판단하며 결정하는 것을 말하며 타인과 다른 존재로 인정받는 것을 의미하기 때문이다.

전체주의와 강제수용소가 추구하는 총체적 지배의 가장 중요한 골자는 '인간'의 조건, 근거, 형식을 완전히 지배(혹은 파괴)하는 것이다. 아렌트는 "수용소란 인간을 말살하고 인간의 품위를 떨어뜨릴 목적으로만 만들어진 것이 아니"(『전체주의의 기원』, 438쪽)라고 말했다. 수용소는 앞서 말한 '기억'과 '자유'를 파괴하려 든다. 수용소에서의 인간은 피가 흐르는 육체를 가졌지만 영혼은 파괴된 '산송장the living dead'이다. 이들은 살아 있지만 죽었고, 죽었지만 죽지 못한 자들이다. 즉 사는 것도, 죽는 것도 허용되지 않은 자들이다. 수용소에서 인간은 죽은 것이 아니라 완전한 소멸, 절멸絶滅, Shoah의 상태에 처한다. 왜냐하면 그가 죽었다는 것을 아무도 기억하지 못하도록 만들었기 때문이다.

그리고 수용소에 갇힌 자들은 범법자들을 가두는 것과는 전혀 다른 대우를 받는다. 적어도 범죄자들은 왜 자신들이 감옥으로 보내졌는지 알고 있고, 그것이 법적인 처벌의 결과임을 어느 정도 인정하고 있다. 반면 수용소에 갇힌 자들은 국적을 말소 당하고 법적 보호를 받을 수 있는 모든 자격을 빼앗긴다. 그들은 완전한 무죄인 상태에서 어떠한 죄의 인과관계도 없이(있다면 유대인이라는 이유) 수용되어야 하고, 이름 없이 완전한 절멸에 이른다. 그래야만 그들은 실험체가 될 수 있다.

실험체가 된 수인들은 인간적 존엄의 마지막 자유인 '자살'마저 선택할 수 없다. 수용소는 인간이 스스로의 자유를 추구할 수 있는 어떠한 조건들도 허용하지 않기 때문이다. 죽기 직전에 인간이 죽음을 순종적으로 받아들이거나 강하게 저항하는 것은 죽는 순간을 자기의 것으로 만들려는 아주 인간적인 시도이다. 때로는 그런 시도가 죽음을 극복하는 의미를 가지기도 한다. 예를 들어 순교와 같은 것이 그러하다. 그러나 수용소에서의 죽음은 아무런 의미를 가질 수가 없었다. 무엇보다 스스로 죽을 수 있는 권리조차 없었기 때문이다. 아렌트는 이러한 전체주의 수용소의 행태는 완전히 새로운 형태의 죽음이라고 말한다. "전쟁에서 자신이 살해한 적들에게도 기억될 수 있는 권리는 주어졌으며 '기억'은 그가 인간이었다는 것을 분명하게 인정하는 것이었다"(452쪽)고 아렌트는 말한다. 그러나 수용소는 어떤 의미에서 삶의 완성인 죽음마저 익명으로 만들며 완전하고 조직적인 망각 체계를 형성했다.

삶과 죽음의 근본적인 조건을 빼앗긴 수인들에게 마지막으로 행해진 것은 개성을 파괴하는 것이었다. 사실 개성을 파괴한다는 것은 쉬운 일이 아니다. 인간은 서로 다르다는 전제 속에서 '인간'이라는 이름을 획득한다. 그러므로 다르다, 유일무이하다는 인간의 독특함은 권리를 파괴하는 것으로는 사라지지 않는다.

수용소가 개성을 파괴하기 위해 행한 것은 인간을 동물로 만드는 것이었다. 수용소에서는 일단 수인들을 굶주리게 한다. 날씨가 추워져도 추가로 여벌의 옷을 제공하지 않는다. 줄을 맞춰 걷지 않으면 심한 매질을 가한다. 규율을 어기는 자는 독방에 감금한다. 이러한 일들이 예외 없이 반복되면 수인들은 빵 한 쪽, 옷가지 하나에도 아귀다툼을 벌이고 명령에 순응하게 된다. 아렌트는 "개성을 파괴하는 것은 자발성을 파괴하는 것이기 때문에 인간 스스로의 근원에서부터 무언가 새로운 것을 시작할 수 있는 인간의 능력, 즉 환경과 사건에 대한 반응에 기초하는 것으로 설명할 수 없는 무언가를 시작할 수 있는 능력을 파괴하는 것"(455쪽)이라고 말했다. 수용소와 전체주의가 그 힘을 파괴하면서 만들어낸 인간은 "인간의 얼굴을 한 무시무시한 꼭두각시 인형"(455쪽)이었으며, 먹고 자고 배설하는 일차원적인 욕망에 단순히 반응하는 '파블로프의 개'였다. 아렌트는 이것이 시스템의 진정한 승리라고 말했다.

이러한 '시스템의 승리'가 아무 곳 어느 시간대에나 가능한 것은 아니다. 수용소에 건설된 죽어가는 자들의 사회는 인간을 완전히 지배할 수 있는 유일한 형태의 사회였다. 지배의 결과는 완전한 파괴였다. 파괴된 인간은 전체주의 국가의 국민이 되고, 인간은 어떤 자극에 대해 같은 방식으로 반응하는 존재들에 지나지 않게 되었다. 아니 그래야만 살아남을 수 있었다. 아렌트는 인간이 인간으로서 살 수 있는 동시에 죽을 수 있는 조건들을 파괴하는 것, 자극에 대해 같은 방식으로 반응하는 실험체로 만들어버리는 것이 인간에 대한 완전한 지배이며 총체적 지배라고 말한다. 수용소와 전체주의가 이루고자 한 목표는 이런 점에서 분명해진다. 수용소라는 실험실에서 실험으로

증명하고자 한 것은 인간을 철저히 파괴해야만 완전한 지배에 이를
수 있다는 가설이었다.

수용소라는 실험실에서 자행된 완전한 지배에 대한 실험은 수용
소 밖과 연결되어 있다. 근대 자본주의 세계와 근대 정치는 인간에
대한 완전한 지배를 꿈꿔 왔다. 특히 근대 정치는 우연적이고 불확실
한 것들을 배제하고, 인간의 합리성을 끝까지 밀고 나갔다. 합리성에
기초해 법칙을 발견하고 그 법칙들을 통해 세계를 해석하고 재편한
다. 정치가 결국은 지배의 논리라면, 인간에 대한 이해와 인간의 본질
에 대한 해석은 지배하기 수월한 방법들을 마련하기 위한 지식-권력
의 작용일 뿐이었다. 근대 정치와 자본주의는 이미 수많은 대상들을
자신들만의 방식으로 재편해 왔다. 숲 속의 나무들은 돈이 되는가에
따라 '잡목'이나 '목재'로 구분되었고, 공간 역시 효율과 관리, 순환의
원리에 의해 분할되었다. 근대의 학문인 통계학은 이 모든 재편들의
학문적 기반이자 통일의 원칙이 되어 예외를 허락하지 않는다. 정치
는 지배를 위한 기능이자 장치일 뿐이다.

전체주의는 근대와의 단절이 아니라 근대가 낳은 최악의 이데올로
기이자 장치이다. 자신을 둘러싼 외부 세계를 변화시킨다거나 시스템
의 혁명적 변화를 추구하는 것이 아니라 전체주의는 인간의 조건을
변화시키려고 했다. 인간을 지배하기 위한 합리성과 효율성의 극단적
인 추구는 결국 전체주의적 이상과 만나게 되어 있다. 이른바 공리주
의적 효율이 절대시되는 사회가 도달하는 곳은 완전한 지배를 달성
하려는 전체주의 사회였다. 그런 점에서 제레미 벤담Jeremy Bentham이
고안한 일망감시체제인 파놉티콘panopticon은 감옥의 죄수들을 효율

적으로 감시하기 위한 장치라기보다는 인간 전체에 대한 가장 효과적인 감시망을 구축하는 것이었다. 공리주의적 사고는 그것이 무엇이든 상관없이 정권이 잘 돌아가고 개인들이 배불리 살 수 있다면 용인할 수 있다는 몰가치적인 요소를 포함하고 있다.

수용소가 없었다면 전체주의는 어쩌면 잠깐의 에피소드에 불과했을지도 모른다. 운동은 일상생활이라는 고요하면서도 거대한, 거스르지 못할 안정화의 길을 걸어 결국에는 스스로 소멸했을 터였다. 그러나 수용소의 존재는 전체주의를 더욱 극단으로 몰아붙였다. 수용소에 갇히지 않은 사람들은 그곳에 대해 침묵했으며 무관심한 태도를 이어나갔다. 그것은 공포에 직면한 이들이 어쩔 수 없이 가져야만 했던 생존 본능이었고, 사람들은 자신이 그 대상이 아니라면 아무래도 좋았다. 그런 생각이 만연하게 되었다는 것은 지배자들에게는 더할 나위 없이 좋은 것이었으며 자신들의 운동을 밀어붙일 수 있는 무언의 동력이 되었다. 전체주의는 누구의 예측에도 들어맞지 않은 채, 심지어 히틀러조차 알 수 없는 곳으로 떠밀려 나갔다.

한 개인의 신념과 확신, 의견이라는 것은 전체주의에 있어서 가장 위험스러운 것으로 여겨진다. 사람들 간의 우정이나 신뢰라는 것 역시 자발성이라는 것을 일깨울 수 있다면 제거되어야 하는 것으로 간주되었다. 인간이 단순한 동물적 반응과 기능 이상의 무언가를 원하거나 그러한 행동을 한다면, 그는 숙청과 제거를 맞이하게 된다. 즉 자발적인 누군가와 개성을 드러내고 싶은 자들은 전체주의 정권에는 전혀 필요가 없는 존재이다. 인간에 대한 완전한 지배는 결국 인간을 아무짝에도 쓸모없는 존재로 만들어버리는 것에 지나지 않았다.

3
왜 인간은 제 발로 가스실에 들어갔나?

나이, 사회적 지위, 출신, 언어, 문화와 습관이 전혀 다른 수천 명의 개인이 철조망 안에 갇힌다. 그곳에서 그들은 규칙적으로 되풀이되고 통제당하는, 만인에게 동등한 삶, 그 어떤 욕구도 충족되지 않는 삶에 종속된다. 이 삶은 생존을 위한 투쟁 상태에 놓인 인간이라는 동물의 행동에서 본질적인 것이 무엇인지, 후천적으로 습득되는 것이 무엇인지를 입증하기 위해 만들어낼 수 있는 가장 정확한 실험장이다.

— 『이것이 인간인가』, 132쪽

아우슈비츠 생존자인 프리모 레비Primo Levi는 저작 『이것이 인간인가 Se questo è un uomo』(1957년 출간)에서 자신이 있었던 곳은 실험장이었다고 증언했다. 무슨 이유로 여기에 왔는지, 내가 과거에 어떤 사람이었는지는 전혀 중요하지 않다. 수용소에 들어오는 순간 그는 이름을 빼앗긴다. 그리고 옷, 신발, 심지어 머리카락까지 가져가 버린다. 자신의 소소한 생활습관이나 말투까지도 통제당한다. 수용소에서는 서로 간의 차이도 의미가 없으며 다만 완전히 벌거벗은 평등, 아무런 욕구도 충족되지 않는 완전한 고립 속에 각각이 실험체로 존재한다.

그 속에서 실험을 진행하는 이도 실험을 당하는 사람들도 자신 안에 도사리고 있는 즉물적이고 처절한 동물성을 들여다보게 된다. 인간적이라고 믿어 왔던 수많은 감정들, 연민, 동정, 증오, 분노, 그리고 믿어 의심치 않았던 이성조차 '생존' 앞에 누추해진다. 쓰레기통을 아무런 부끄러움 없이 뒤지고 타인의 벗어 놓은 신발 밑창을 뜯어 자신의 신발 안에 구겨 넣는다. 남이 먹던 죽그릇에 묻은 건더기를 혀로 핥는다. 간혹 동물이 되지 않겠다는 개별 인간들의 각오는 규칙적으로 되풀이되고 통제당하는 일상에 점점 무너진다.

이반 데니소비치는 감옥과 수용소를 전전하면서 내일은 무엇을 어떻게 할 것인가, 내년에 또 무엇을 어떻게 할 것인가 하는 계획을 세운다든가, 가족의 생계를 걱정한다든가 하는 버릇이 아주 없어지고 말았다. 그를 위해서 모든 문제를 간수들이 대신 해결해주는 것이다. 그는 오히려 이런 것이 훨씬 마음 편했다.

— 『이반 데니소비치의 하루』, 53쪽

솔제니친Alexandr Isayevich Solzhenitsyn의 책 『이반 데니소비치의 하루 *Odin den'Ivana Denisovicha*』(1963년 출간)의 주인공 슈호프는 죽 한 그릇을 속여 더 먹게 된 그날 밤 아주 운이 좋은 날이라고 흡족해 하며 잠이 든다. 그는 수용소에서의 하루를 어떻게 보내야 하는지 알고 있다. 그것은 생존에 관한 기술이라고 할 수 있다. 먹다 남은 빵을 어디에 숨겨야 하는지, 담배 한 컵을 얻기 위해서 자신이 해야 하는 일이 무엇인지, 독방에 갇히지 않기 위해 간수들의 비위를 어떻게 맞춰야 하는지. 그러나 그는 스스로 고백한다. 자기가 과연 자유를 바라고 있는지, 배부르게 먹는 것 이외에 삶의 의미가 있는지 확실히 모르겠다고. 죽 한 그릇을 위해, 작업장에서 얻은 줄칼 하나를 숨기기 위해 목숨을 바칠 수 있지만, 자신의 자유를 위해서 무엇을 해야 하는지 슈호프는 전혀 모른다.

수용소에 들어온 지 석 달밖에 안 되는 해군 함장 출신의 부이노 프스키 중령은 수용소에서 배급하지 않은 조끼와 털목도리를 두르고 있다가 지적당한다. 중령은 간수에게 형법을 들먹이고 소비에트 시민의 권리에 대해 연설하다가 독방행을 명령받는다. 슈호프는 알고 있다. 이자가 이곳에서 죽을 사람이라는 것을. 명예나 가치관, 삶의 고귀함이라든가 하는 것은 수용소에서는 아무런 의미가 없다는 점을 슈호프는 잘 알고 있다. 기쁨도 슬픔도 분노도 증오도 이곳에서는 낭비이며 사치일 뿐이다. 독방에 갔다가 돌아온 이들은 어둠 속에서 희망을 잃고 좌절하든가, 수용소에서 살아남는 방법을 깨닫고 순응하는 수밖에 없다. 기꺼이 실험체가 되어 자신이 입었던 과거의 옷들과 이름들을 버리고 완전히 벌거벗은 동물이 되어야만 했다. 그것이 '생존하라'는 지상명령에 걸맞은 존재가 할 수 있는 최선의 길인 것처럼 말이다.

프리모 레비는 쓸모없는 존재가 되어버렸던 수용소의 날들을 기록한다. 레비는 혼란스러웠던 수용소의 날들에 적응해 나갔다고 고백한다. 배급 식량 이외의 먹을거리를 얻을 수 있는 방법을 알게 되었고, 고된 노동과 추위를 견디는 법을 배우게 된 자신을 뿌듯하게 바라본다. 그 평범한 날들 중 하루, 그는 동료인 알베르토와 죽이 가득 담긴 들통을 몰래 가져오고 있었다. 바로 그날, 화장터 소각로 하나가 폭파된다. 누군가가 반란을 일으킨 것이다. 반란자는 바로 처형대에 오르고 그 광경을 모두가 지켜보게 된다. 처형되기 직전 반란자는 소리친다.

"Kamaraden, ich bin der Letz!"(동지들, 내가 마지막이오!)

— 『이것이 인간인가』, 227쪽

그 말은 살아남은 인간들의 마음을 흔들어 놓았지만 어떤 대답도, 소리도 나오지 않았다. 다만 구부정하게, 음울하게 고개를 숙인 채 서 있기만 했다. 레비는 그 순간 스스로에 대해서 알게 된다. "인간을 파괴하는 것은 창조하는 것만큼이나 어려운 일이다. 쉬운 일도 간단한 일도 절대 아니지만 독일인, 당신들은 그 일에 성공했다. 당신들의 눈앞에 온순한 우리가 있다. 우리 때문에 두려워할 필요는 전혀 없다. 반란 행위도, 도전적인 말도, 심판의 눈길조차 없을 테니까."(228쪽) 마지막 반란자가 처형되고 수용소의 인간들은 마음속에 남아 있던 마지막 한 조각 인간적 반항, 불순응의 실마리를 제거당한 것이다. 레비는 다시 막사로 돌아와 몰래 가져온 죽을 알베르토와 나눠 먹는다. 굶주린 배가 식은 죽으로 채워지고 나서 그들은 자신들에게 무겁게 내려앉은 인간적 수치심과 마주하게 된다. 순응했기에 살아남았지만, 살아남았기에 수치스럽다.

인간이 느끼는 자신의 쓸모없음과 허무는 전체주의 지배의 가장 중요하고 필수적인 요소였다. 조건반사의 세계, 꼭두각시의 세계에서만이 전체주의는 자신의 권력을 얻을 수 있고 지킬 수 있다. 인간이란 자신의 견해를 가지며 남들과 다른 나를 드러낼 때 살아 있음을 느낀다. 그 과정에서 타인의 생각을 무시하기도 하고 자신의 견해를 강요해 다툼이 일어나기도 하지만, 그러한 모든 것들이 인간의 삶을 구성한다. 그러나 전체주의는 결국 쓸모없는 존재로 인간을 격하시킨

후, 그 모든 의미 있는 것들이 배고픔을 면하려는 생존의 몸부림에만 있다고 말하는 것이다. 인간적이라 믿었던 모든 것들은 생존하라는 명령 아래 녹아내린다.

흥미로운 점은 '무슬림Muselmann'이란 존재들이다. 수용소에서 살아남은 자들 중 많은 이들이 스스로 무슬림이었다고 고백했다. 무슬림은 특정 종교인을 가리키는 것이 아니라, 그들의 모습이 마치 엎드려 기도하는 무슬림과 같다고 해서 붙여진 수용소 내의 은어였다. 그들은 순응을 넘어서 삶의 모든 의지들을 잃어버리고 본능에 몸을 맡긴, 수치심도 자존감도 존재하지 않는 자들이었다. 이들은 가스실에 들어가게 되는 1순위 인물들이며 물건처럼 아무렇게나 취급당해도 상관없는 자들이었다.

레비는 이들을 '익사한 자'라고 칭했고, 솔제니친은 '죽어가는 놈'이라 불렀다. 수용소에 갇힌 자들은 무슬림의 단계를 거치는데, 그 이유는 그곳에서 살아가기에 가장 간단한 방법이기에 그러하다. 바로 굴복하는 것이다. 누군가가 내리는 명령을 그대로 따르기만 하면 된다. 규율에 따라 배급을 먹고, 가능하면 누군가가 먹다 남긴 빈 죽그릇을 핥으면 된다. 레비는 그들이 "바다로 흘러가는 개울물처럼 끝까지 비탈을 따라 내려갔다"(136쪽)고 말한다. 비탈의 끝은 가스실이었다. 그들의 시체는 화장터로 들어갔고 흔적도 없이 사라졌다. 무슬림들은 귀를 막고 생각을 멈추고 본능에 따라 움직인다. 늘 똑같은 침묵 속에서 행진하고 노동하는 익명의 인물들은 간수들이 이끄는 대로 줄을 지어 걸어간다. 그들의 내면은 아무런 희망도 없고 이미 텅 비어버려서 고통도 느낄 수가 없다. 그들은 천천히 물속에 잠겨 죽어 가는 자들이다.

레비는 이 익사자들이야말로, 아우슈비츠의 온전한 증언자들이 라고 말했다. 정의상 그들은 증언을 할 수 없는 비인간들이지만, 그들 의 존재가 아우슈비츠의 증언이다. 수용소 생존자들의 증언을 인용 해본다.

나는 내가 '무슬림'이었던 시절을 잊지 못한다. 나는 약했고, 지쳤으며, 죽도록 피곤했다. 보는 것마다 다 먹을 것으로 보였다. 빵과 수프 꿈을 꾸 었지만 잠에서 깨자마자 참을 수 없이 배가 고팠다. 전날 밤 나에게 지급 된 음식(빵과 마가린 50그램, 잼 50그램, 껍질째 익힌 감자 네 개가 내 몫이었다)은 흔 적도 없었다. 막사장과 직책을 가진 다른 수인들은 감자 껍질을 버렸는 데, 가끔은 감자 한 개를 통째로 버리기도 했다. 나는 그들을 은밀히 지 켜보곤 했는데, 그렇게 해서 쓰레기통 속에서 감자 껍질을 찾아내 먹고 는 했다. 그 위에 잼을 발라 먹으면 정말 꿀맛이었다. 그건 돼지도 안 먹 었을 테지만 나는 먹었다. 그것들을 입속에서 모래가 씹힐 때까지 오물거 리곤 했다.

— 조르조 아감벤, 『아우슈비츠의 남은 자들Remnant of Auschwitz』, 245쪽

잠깐 동안일지라도 '무슬림'이었던 적이 없는 사람은 인간이 겪은 변화 의 깊이를 짐작조차 할 수 없다. 그는 자신의 운명에 무관심해져 누군가 에게 바라는 것이 아무것도 없어지게 된다. 그는 다만 편안히 죽음을 기 다릴 뿐이었다. 그들에겐 나날의 생존을 위해 싸울 힘도 의욕도 남아 있

지 않았다. 오늘로 족한 것이다. 운 좋게 쓰레기 속에서 뭐라도 찾을 수
있으면 그걸로 그만이었다.

— 같은 책, 246쪽

　그들은 수용소에 적응도 하기 전에 죽었고, 그들을 구할 수 있는
건 아무것도 없었다. 끊임없이 교체되면서도 다시 늘 같은 표정으로,
두 팔을 아래로 늘어뜨린 채 땅을 보며 걸어가는 그들은 살아 있지
만 죽었고 죽었지만 죽음이라 부르기 어려운 자들이었다. 레비는 "죽
음을 이해하기에는 너무 지쳐 있기 때문에 죽음을 두려워하지 않는
그들 앞에서, 그들의 죽음을 죽음이라고 부르기조차 망설여진다"(『이
것이 인간인가』, 136쪽)고 말한다. 무슬림은 아렌트가 말한 것처럼 시스템
의 진정한 승리를 보여준다. "희생자가 단두대에 올라가기 전에 이미
그는 파괴되어버렸다."(『전체주의의 기원』, 455쪽) 그들은 몸도 마음도 노예
가 되었다. 죽음을 향해 걸어가는 인간의 행렬은 그들이 도덕적 인격,
법적 인격, 자발성마저 없어진, 지배를 위한 완전한 복종의 상태가 되
었음을 보여준다.
　실험의 성공 여부를 떠나서, 실험실은 현실의 예외적인 공간이지
만 동시에 상례적인 공간이기도 하다. 실험은 현실 세계를 위한 것이
며 인간 모두를 향해 존재한다. 물론 지금 우리는 무슬림이 아니다.
쓰레기통을 뒤지지도 않고 줄을 지어 죽음의 행렬에 합류하지도 않
는다. 수용소는 지나가 버린 일이며 되풀이되지도 않을 것이다. 그러
나 과연 우리 삶을 돌이켜 봤을 때 "동지들, 내가 마지막이오!"라며
죽어가는 마지막 '인간'의 목소리를 외면하지 않고 그와 함께 죽을

수 있을까? 인간답게 산다는 것이 무엇인지는 정확히 모르겠지만 그 목소리를 듣고 난 저녁, 훔친 죽 한 그릇에 행복해 한 적은 없었던가. 완전히 홀로인 존재, 삶의 아무런 의욕도 빛도 없이 죽음을 기다리는 죽어가는 자의 모습은 생존에만 허덕이는 오늘날 우리의 모습을 닮아 있는 것은 아닐까?

4 누가 아이히만인가?

여기 무슬림들을 아우슈비츠로 보낸 이가 있다. 그는 유대인들의 이송 문제를 책임지던 자였다. 전범으로 수배되었으나 아르헨티나로 숨었다가 이후 이스라엘의 비밀첩보부 모사드에게 붙잡혀 예루살렘에서 재판을 받은 인물이다. 그는 가해자였으며 악마의 화신, 괴수로 여겨졌다. 바로 아돌프 아이히만Adolf Eichmann이다.

아이히만은 의도치 않게 아렌트로 하여금 기존에 가지고 있던 근본적인 악에 대한 생각을 바꾸게 만든 자였다. 아렌트 사상의 독특한 점은 서구 정치사상의 흐름을 근본적인 악에 대한 문제로 바라본다는 점이다. 근대 서구 정치사상은 인간의 이기심이라는 화두가 지배했다고 볼 수 있다. 인간은 이기적이라는 전제를 두고 이를 어떻게 통제해야 할 것인가에 대한 대답들이 사상의 전통을 이루고 있었다. 토마스 홉스Thomas Hobbes는 자신의 저작 『리바이어던Leviathan』(1651년 출간)에서 인간은 다른 모든 인간에게 늑대이며, 언제든 자신의 이해관계에 의해 상대를 살해할 수 있는 존재라고 말했다. 그런 인간이 기에 공포와 불안 속에서 살아야 하며 이를 극복하기 위해서 모든 인간들보다 강력하고 무시무시한 힘에게 자신의 권리를 양도하는 계약을 맺어야 한다고 역설한다. 현실주의 정치학의 대부분은 이러한 전제에서 시작한다. 서로 믿을 수 없는 상황에서 자신의 소유를 지키기 위해 사람들은 모두 최선보다는 차악을 선택한다고 홉스는 믿었다.

아렌트는 이러한 본성 논쟁을 들여다보면서 이들이 중요한 문제를 간과하고 있다고 생각한다. 그러한 생각은 그녀가 겪은 전체주의의 경험과 연관되어 있다. 전체주의가 저지른 일이 과연 인간의 이기심이라는 근본 전제로 설명이 가능할까? 그들이 한 짓은 그들의 이기심에서 나온 행동이었을까? 아렌트가 보기에 '모든 것이 가능하다'는 전체주의의 신념이 낳은 것, 그들이 저지른 죄는 처벌이나 용서가 가능하지 않은 것이었다. 아렌트는 그들의 행위가 절대적인 악, 근본악에 가깝다고 생각했다. 아렌트는 『전체주의의 기원』에서 "분노로도 복수할 수 없고, 사랑으로도 참을 수 없으며, 우정으로도 용서할 수 없"(459쪽)는 것이 근본적인 악이라고 말했다.

가스실에서 죽은 이들이 '인간'이었다면 나치가 그들을 아무런 죄의식 없이 처형할 수 있었을까? 악인들에게도 삶의 마땅한 이유가, 죽음을 맞이하는 그럴 만한 이유가 존재한다. 완전히 잊히게 하거나 죽음조차 허락하지 않을 이유는 없다. 그러나 가스실에서 죽어간 이들에게는 죽음도 허락되지 않았다. 또한 전혀 위협적이지 않기 때문에 계약을 맺을 수 있는 대상도 아니었다. "전체주의가 모든 것이 가능하고 모든 일이 일어날 수 있다는 것을 증명하려는 순간 절대악이 되며, 절대악은 인간적인 것들로는 이해할 수도 설명할 수도 없"(459쪽)는 것이라고 아렌트는 말했다.

전체주의가 하늘에서 뚝 떨어진 완전히 새로운 체제가 아니듯이, 전체주의를 낳았고 전체주의가 기생한 이른바 '대중사회'의 모습 속에서 절대악의 위험은 그대로 남아 있다고 아렌트는 주장한다. 인간을 완전하게 지배하고 싶어하는 욕구, 가장 높은 곳에서 인간들을 내려다보며 그들의 일거수일투족을 알려고 하는 감시사회 지배자들의 욕망, 끊임없이 불필요하고 쓸모없는 존재로 내몰리는 자들의 불안. 세계는 여전히 '시체의 공장', '망각의 구멍'으로 인간들을 인도할 수 있는 여지가 충분히 남아 있다. 그것은 유혹이다. 알 수 없는 것을 알고자 하는 유혹, 지배할 수 없는 것을 지배하려는 유혹, 고통의 부재가 행복이라는 근대 공리주의의 숨겨진 유혹이다.

처음부터 어떤 의도가 있었던 것은 아니지만 아렌트가 예루살렘에서 벌어진 아돌프 아이히만의 재판에 참관한 것은 그녀에게 사상적 전환점을 제공해주었다. 그녀는 그 과정을 『예루살렘의 아이히만 *Eichmann in Jerusalem*』(1963년 출간)이라는 책으로 남겨 두었다. 아이히만은 유대인들에게는 말 그대로 악 그 자체여야만 했다. 그러나 아렌트가 목격한 아이히만은 머리에 뿔이 돋아 있거나 인간이기를 포기한 악마의 화신이 아니었다. 오히려 그는 다소 어리석고, 멍청하며, 눈치없게 굴었지만 정상인에 가까웠다. 또한 그는 유대인에 대해 거부감을 가지거나 광적인 증오를 품은 적이 없다고 주장했고 비교적 온건했다. 그는 자신을 살인죄로 기소한 것이 잘못된 결정이라고 완강하게 부정했다.

그는 그저 소속감 없이 살아가고 싶지 않았으며, 명령을 내려주는 지도자의 존재를 필요로 했다고 고백한다. 그에게 "독일의 전쟁 패배일은 나치가 전쟁에서 패했기에 중요한 날이 아니라 더 이상 자신에게 어떠한 지령도, 명령도, 지휘도 내려지지 않을 것이라는 절망이 엄습한 날이었다"(『예루살렘의 아이히만』, 32쪽). 그의 입장에서는 나치에 가담한 것이 숙명이라거나 거부할 수 없는 운명의 소용돌이 속으로 용기 있게 한 걸음을 내디딘 것이 아니었다. 또한 신념을 가지고 있었다거나 히틀러의 카리스마에 자신이 완전한 동조를 한 것도 아니었다. 그가 말하길, 자신은 당의 정강도 몰랐고 알고 싶은 욕구도 없었으며, 그의 친구가 "친위대에 가입하는 게 어때?" 하고 물었을 때 "그렇게 하지, 뭐" 하고 간단히 대답했고 그게 전부라고 말했다.(33쪽)

아이히만의 변변치 않음은 아렌트의 책 곳곳에서 그의 외모, 태도, 말투에 관한 묘사로 잘 나타난다. 그는 한편으로는 소심하고 한편으로는 자신의 소심함을 허풍을 떠는 것으로 감추려는 허세 많은 인간이었다. 그리고 도무지 그렇게 악독한 일을 저질렀을 것이라고 보기 힘든 어리석은 자였다. 자신이 한 일이 어떤 결과를 낳았는지, 왜 자신이 그런 일에 가담했는지 스스로 알고 싶어하지도 않았으며 알 수도 없는 자였다.

가장 특징적인 것은 아이히만이 관용어, 상투어가 아니고서는 단한 마디도 할 수 없는 자였다는 점이다. "관청용어만이 나의 언어입니다"(49쪽) 하고 고백하는 아이히만은 자신의 죽음을 두고서도 상투적인 표현을 찾으려 애를 썼다. 그는 재판을 받는 내내 자신은 "지상의 모든 반유대주의자들에 대한 경고로 기쁘게 공개적으로 교수형을 당할 것"이며, 그렇게 될 수 있다면 "나는 내 무덤에 웃으며 뛰어들 것이다"(53쪽)라는 말을 반복했다. 심지어 그는 교수대 앞에 서서 이전에 어디선가 들어봤음직한 장례 연설에서 나오는 상투어를 떠올리려고 애를 썼고 잠시의 정적이 흐른 후 자신 있는 표정으로 말했다. "잠시 후면, 여러분, 우리는 모두 다시 만날 것입니다. 이것이 모든 사람의 운명입니다. 독일 만세, 아르헨티나 만세, 오스트리아 만세. 나는 이들을 잊지 않을 것입니다."(252쪽) 이런 상투어의 남발과 반복은 죽음을 앞둔 이가 마지막으로 건넬 수 있는 표현은 아니다. 어쩌면 그는 죽음을 '상식적'으로 받아들일 능력이 없었는지도 모른다. 그의 언어에서 중요한 것은 지도자의 명령을 누가 들어도 어긋나지 않게 전달할 수 있는 효율적이고 효과적인 관청용어뿐이다. 스스로가 무엇을 원하는지, 자신의 행동이 어떤 결과를 낳을 것인지를 근원적으로 반성하고 성찰할 수 있는 복합적이고 복잡한 언어에는 관심이 없었다. 아렌트의 표현을 빌리자면, 그는 "타인의 관점에서 바라볼 수 있는 능력이 없"(49쪽)는 자였다.

아렌트는 그와는 어떠한 소통도 가능하지 않다고 보았다. 그가 "말하는 데 무능력inability to speak"하고, "생각하는 데 무능력inability to think"(49쪽)하며, 타인의 입장에서 생각하는 데 무능력하기 때문이다. 그는 살아 있지만 죽은 자이고, 자신의 죽음을 자신의 언어로 생각할 수 없는 자이다. 여기서 프리모 레비가 언급한 '익사한 자'가 떠오른다. 끝을 알 수 없는 심연 속으로 깊이 가라앉아 버린 존재, 무슬림 말이다. 그들은 타인을 향해 말하지도 않고, 누구도 그에게 말을 건

네지 않는다. 아이히만은 수많은 이들을 수용소라는 심연으로 보냈고 거기서 가라앉도록 내버려 두었다. 그는 자신의 행동을 유대인을 위한 것이라고 정당화했고, 수용소로 보내진 이들이 처참한 상황에 처해질 것이라는 점을 몰랐다고 말했다. 그는 자신은 아무도 죽이지 않았으며, 예수를 어쩔 수 없이 십자가에 못 박히게 했던 본시오 빌라도와 같은 역할을 맡은 것뿐이라고 말하기도 했다. 그러나 그의 말은 그 역시 심연 속에 이미 가라앉아 있는 자임을 그대로 보여준다. 수용소에 갇히지 않았지만 그는 이미 심연 깊숙이 빠져 있다. 지도자의 명령에 복종하고 순응하며 원인도 결과도 알 수 없는 일들을 처리한다. 유대인들이 어디로 가서 어떻게 될지 그가 알고 있었는지 여부는 확인할 수 없지만 그가 그 계획을 꼼꼼하게 세우고 실행했다는 것은 명백한 사실이다. 그는 자신에게 주어진 명령에 최선을 다했으며 근면했고 성실했다. 다만 자기가 무엇을 하고 있는지 결코 깨달을 수 없었을 뿐이고, 자신의 상황과 내용을 말로 표현할 수 있는 능력이 없었다.

그는 물속에 가라앉아 있다. 그런 점에서 그는 수용소에 갇힌 자들과 아무런 차이가 없다. 다만 그는 생각할 수 있는 능력을 강제로 빼앗긴 수용소의 수인들과 달리 자발적으로 언어를 버렸고 사유를 잃었다. 그의 악행은 그의 근면에서 나왔으며, 그의 잘못은 자기가 무엇을 하고 있는지 생각할 수 있는 능력이 없었기에 저질러졌다는 것이다. 아렌트는 재판을 지켜보는 가운데 자신의 생각을 점점 확신하기에 이른다. 그녀는 사람들 사이의 관계를 없애고 흔히 인간성이라 불러온 인간다운 것, 인간적인 것들을 단절시키는 것을 근본적인 악, '절대악'이라고 보았다. 이 절대악은 근본적으로 악한 누군가에 의해서 자행되지 않고 아주 평범하며 때로는 멍청하게 세상에 드러난다. 오히려 어리석음, 무사유는 인간 속에 존재할지도 모르는 모든 악한 것들을 합친 것보다 더 큰 파멸, 절멸을 인류에게 선사할 수 있다는 것이다. 악한 것은 평범하기에 더욱 두려운 것이며, 평범하기에 쉽게 벗어날 수 없다.

아렌트는 아이히만을 통해 무엇을 말하고 싶었을까? '악의 평범성 banality of evil'으로 상징되는 아이히만의 존재를 통해 인류의 무사유성이 끔찍한 홀로코스트의 전말이라고 말하고 싶었을까? 아니면 정의를 위해서가 아니라 정치적 쇼로 기획된 아이히만 재판을 둘러싼 이스라엘과 미국, 서독의 얽히고설킨 정치적 맥락, 정치적 속내들을 고발하고 싶었던 것일까? 사실 아이히만으로 인해 가장 고통 받은 것은 아렌트 본인이었다. 사람들은 모두 아이히만이 악마이기를 원했다. 그가 악의 화신이고 괴수이기에 그런 잔악한 일을 벌인 것이라고 설명하기를 바랐다. 그런 바람과 달리 아렌트는 상투어만 주워섬기는 우스꽝스러운 아이히만을 통해 물속 깊이 가라앉아 있는 익사자들을 불러낸다. 고립된 존재, 같이 있지만 완전히 분리되어 홀로인 존재, 어디에서 왔는지 어디로 가는지 모른 채 뭉뚱그려진 덩어리로 존재하는 자들, 바로 대중 말이다.

인간을 완전히 지배하려는 욕망은 수용소라는 공간을 통해 가장 강렬하고 잔인한 방식으로 실현되었다. 그 욕망은 결국 인간을 완전히 파괴하는 것이었으며 인간적인 모든 것들을 무의미하게 만드는 것이었다. 무슬림은 수용소에서 터덜터덜 신발 뒤축을 끌며 가스실로 걸어 들어갔다. 아이히만은 타인과 말하는 능력, 타인의 입장에서 생각하는 능력을 잃어버리고 명령만을 충실히 실행하는 무능력한 인간이었다. 그 역시 단 한 마디의 인간적인 말도 단 한 번의 의미 있는 몸짓도 하지 못하고 무덤 속으로 웃으며 뛰어들었다. 이제 남은 것은 현실의 우리뿐이다. 우리는 지금 타인과 말하고 있는 것일까? 타인의 고통에 반응하고 있을까? 우리가 지금 터덜터덜 걸어가고 있는 길은 어디로 이어져 있을까? 아우슈비츠가 박물관이 되기엔 남은 것들, 해결하지 못하고 해명하지 못한 것들이 너무 많이 남아 있다.

『전체주의의 기원』

Arendt, Hannah, The Origins of Totalitarianism, 1951.

『예루살렘의 아이히만』

Arendt, Hannah, Eichmann in Jerusalem, 1963.

인간을 쓸모없게 만들려는 전체주의의 시도는 이미 인구가 넘쳐나는 지구에서 현대 대중이 자신을 쓸모없다고 느끼게 된 경험을 반영한다. 죄와 관계없이 처벌을 받고, 착취를 당해도 돌아오는 이익이 없고, 일을 해도 아무것도 생산하지 못하는 생활을 통해 인간이 스스로 무익하다는 것을 배우는, 죽어가는 자들의 세계는 무의미가 매일 새롭게 생산되는 곳이다. 하지만 전체주의 이데올로기의 틀 안에서 보면 이보다 더 이치에 맞고 논리적인 것이 없다. 그들이 타락했다면 다른 사람들을 오염시키도록 내버려 두어서는 안 된다. 그들이 '노예 같은 영혼'(하인리 힘러)을 가졌다면 그들을 재교육하느라 시간을 낭비해서는 안 된다. 이데올로기의 눈으로 볼 때 수용소의 문제점이라고 해봤자 그것이 너무 이치에 맞고 원칙에 따른 집행이 너무 일관적이라는 것뿐이다.

— 『전체주의의 기원』, 457쪽

우리를 둘러싼 세계는 복잡하고 참으로 거대하다. 아니 그렇다고 느껴진다. 그럴수록 우리는 자주 스스로가 쓸모없다는 생각에 빠질 때가 많다. 아렌트는 이런 생각들이 일시적으로 우리를 스쳐가는 쓸쓸한 감정의 변덕스러움이 아니라고 말한다. 이미 세상은 무의미함을 일상적으로 만들어내고 있다. 자본주의라는 거대한 기계장치 안에서 인간은 톱니바퀴 하나에 지나지 않는다. 또한 세상은 이미 서바이벌이다. 톱니바퀴들의 전쟁이다. 나를 대체할 수 있는 무수히 많은 다른 인간들(타자)이 존재한다. 그들은 동료도 아니고 친구도 아니다. 그들은 내가 일상적인 적대와 마주치도록 만드는 존재다. 그것은 두려움이다. 그들의 존재 자체가 두려움이다. 이런 생각들은 우리를 더욱 고립시킨다. 생존에 매달리면 매달릴수록 스스로 쓸모없다는 생각에 휩싸이게 된다.

더불어 자신이 무용지물이라는 생각은 자아를 잃어버리게selflessness 한다. 아렌트는 자아를 잃어버리는 것이 매우 대중적인 현상이라고 보았다. 거대한 대중운동에 휩쓸리는 동안 대중은 더 큰 정체성 속에 들어가기를 원한다는 것이다. 반죽덩어리처럼 뭉쳐져 나 자신을 확인할 수 없는 상태가 되어 스스로를 덩어리에게 '헌신'한다. 그러나 그 덩어리 속에 자신만 사라지는 것이 아니다. 그 안에는 타인 역시 뭉쳐진다. 덩어리가 되는 삶은 나나 남이나 동등하다고 생각한다. 그리고 나를 포함하여 모든 사람들의 삶이 여기에 다 뭉쳐져야 한다고 생각한다. 그러나 자아가 없으니 타자도 없다. 이런 감정은 나뿐 아니라 모든 이들이 소비될 수 있다는 생각, 쓸모없는 것들은 폐기될 수 있다는 생각으로 이어진다.

내가 살펴본 바 개인적 출세를 위해 특별히 성실하다는 점 외에는 그 [아이히만]에게 어떠한 동기도 없었다. 그리고 이런 근면성 자체는 범죄적인 것은 아니다. 그가 상관의 자리를 노리고 살인을 저지르지 않았을 것이다. 흔히 말해 **그는 단지 자기가 무엇을 하고 있는지 결코 깨닫지 못한 것이다.** 정확히 이런 상상력의 부재 때문에 그는 경찰심문을 담당했던 독일계 유대인과 수개월 동안 마주 앉아 그에게 마음을 터놓고 자신이 친위대의 중령의 지위에 올랐을 때 어땠는지, 자기가 승진을 못한 것이 자신의 잘못 때문이 아니라는 등의 이야기를 계속 떠들 수 있었다. 원칙적으로 그는 무슨 일이 일어나고 있는지 잘 알고 있었고 법정에서의 마지막 발언에서 '나치 정부가 규정한 가치의 재평가'에 대해 말했다. 그는 멍청하지 않았다. 그를 그 시대의 엄청난 범죄자들 중 한 명으로 만든 것은 (어리석음과는 결코 같지 않은) 순전한 무사유-sheer thoughtlessness였다.

– 『예루살렘의 아이히만』, 287~288쪽

아이히만의 재판을 참관하며 아렌트는 혼자 헛웃음을 지었다. 어떻게 저런 자에게 그토록 많은 이들이 죽임을 당했을까 허탈해 했다. 사람들은 아이히만이 악한 본심을 숨기고 있다고 보았지만, 아렌트는 그가 자신이 무엇을 하고 있는지 알지 못하는 자라고 판단했다. 아렌트는 그것을 'banality of evil'이라고 표현한 바 있다. 아렌트가 당시 아이히만을 두고 이 표현을 쓴 것에 대해 많은 이들이 그녀가 아이히만을 동정하거나 그에게 속은 것이 아니냐고 비난하기도 했다. 아렌트가 아이히만을 그저 어리석은banal 자로 여겼다고 생각했다.

그러나 아렌트는 '어리석은' 인물의 행동이 악한 결과를 낳을 수 있다 거나 어리석은 자가 의도하지 않은 악행을 저지를 수 있다고 말하려고 그러한 표현을 쓴 것은 아니다. 왜냐하면 아이히만은 평범하지 않았고, 보통의 인물도 아니었기 때문이다. 아이히만이 자신의 죽음마저 제대로 받아들이지 못하고 상투적인 표현만을 찾고 있는 모습에서 아렌트는 그 어떤 악함보다 소름끼치도록 잔인한 결과를 낳을 수 있는 인간의 연약 함을 보았다. 그는 보통의 평범한 사람들처럼 타인과 대화를 나눌 수도 없는 자였고 타인의 입장에서 생각할 수 있는 능력이 결여된 자였다. 현실과는 괴리되어 상관의 명령만을 따라 살았던 그의 모습에서 악한 것이 참으로 시시한 것이라는 생각에 이른다.

흥미로운 것은 한국에서 'banality of evil'이라는 말이 '악의 평범성'이라고 번역된다는 것이다. 이 말은 더한 오해를 불러일으킨다. 아렌트가 이 말을 남긴 맥락을 떠나 '악의 평범성'이라는 말만을 현실에 대입할 때 평범한 보통의 인물이 악한 일을 저지를 수도 있다는 말이 된다. 그것은 악행을 저지른 이에게 면죄부를 줄 수도 있다. 그러나 아이히만은 보통의 어리석은 인물이 아니었다. 그는 타자와 소통할 수 없는 괴물이었다. 그 모습이 참으로 어리석어 보이고 시시했을 뿐, 그가 한 일은 인간이 처벌할 수도 없고 용서할 수도 없는 죄라는 사실은 명백하다.

대중과 안전

무슬림과 아이히만은 묘하게 닮아 있다. 비록 한쪽은 피해자이고
다른 한 명은 가해자이지만 말이다. 수용소에 갇혀 삶에 대한 의욕
과 희망마저 빼앗기고 살아가는 무슬림의 모습에서, 그리고 상관의
명령에 복종하며 생각하는 것과 말하는 것을 잃어버린 채 순응하는
아이히만에게서 오늘날의 우리 모습을 발견한다. 무슬림과 아이히만
에게 결여된 것은 바로, 나 말고 다른 사람이 존재한다는 사실이다.
생존만을 위한 무슬림의 몸부림에서 우리는 타인에 대한 배려나 관
심을 찾아볼 수 없다. 수용소 안에서 타인의 죽음이나 고통은 자신
의 생존과 아무런 연관이 없다. 무슬림은 고립되어 있고 완전히 혼자
이다. 그는 오직 자신의 생명을 유지하기 위해 하루하루를 버텨낸다.
아이히만은 수용소에 갇혀 있지 않았지만 그에게서 타인을 염두에
둔 말을 찾아볼 수가 없다. 그는 다만 어디선가 들어봤을 법한 말들
을 내뱉을 뿐이다. 그의 말은 타인과 소통하기 위한 것이 아니라 자신

을 위로하기 위한 것이다. 그에게 합당하고 옳은 말은 관청용어나 공문으로 내려오는 지도자의 명령이 유일하다. 아이히만은 명령을 위해서라면 어떤 일도 할 수 있는 자이며, 생각을 멈춘 복종을 위한 기계장치와 같이 행동한다. 그런 아이히만 역시 고립되어 있고 타인을 필요로 하지 않는다.

무슬림과 아이히만은 결국 오늘날 대중의 모습을 보여준다. 전체주의는 철저하게 대중을 기반으로 세력을 넓혔다. 전체주의는 대중이 원하는 것을 이루어주고 대중의 요구에 기민하게 응하는 듯 보이지만, 실은 대중에게 조작된 이데올로기를 유포해 허구적인 세계를 만든다. 예컨대 세계를 정복하려는 유대인의 음모가 적힌 책이라고 알려진 『시온장로 의정서』와 같은 위작을 적극 유포함으로써 나치는 대중에게 두려움과 분노를 심어주었다. 문제는 왜 대중이 이런 거짓에 그처럼 쉽게 속아 넘어갔는가 하는 것이다.

아렌트는 대중이 수용소에 갇히기 전에도 이미 고립되어 있었고 공적인 것, 공통의 세계를 잃어버렸다고 보았다. 대중은 아무 곳에도 속하지 않은 존재들이며 자신을 증명해주고 인정해줄 힘이나 관계가 없는 자들이었다. 그들은 무슬림과 아이히만이 그랬듯 타인을 필요로 하지 않으며 각자 자신의 생계를 위해 매진하는 존재들이다. 그들은 자신들의 말을 지켜주고 행동을 인정해줄 아무런 보호장치도 없는 완전히 무장해제된 자들이다. 그들은 뭉쳐 있지만 왜 같이 있는지, 무엇을 이룰 것인지, 무엇을 남길 것인지 알지 못한다. 그들에게 중요한 것은 다만 먹고사는 문제이다. 그들을 위로하는 것은 가족 안에서의 따뜻함과 친밀함뿐이며, 가족 밖에서 그들은 통계상의 숫자에 지나지 않는다. 대중이 원하는 것은 가족의 생계를 지키는 것이며, 좀 더 나아가서는 부유하게 사는 것이다. 그들에게 적절한 보상과 금전적 혜택을 안겨주는 권력은 대중의 지지를 받았다. 이러한 대중의 특성은 전체주의의 이데올로기 공세에 너무나 취약하다. 대중은 고립되어 있지만 고립을 타개할 무언가를 바라기도 한다. 그런데 그 바람은 자신의 개성과 자발성을 키우고 서로 연대하며 힘을 합쳐 나가는 방법이 아니라, 자신을 넘어서는 거대한 힘에 의존하는 쪽을 선호한다. 대중의 이러한 욕망은 전체주의의 주요한 먹잇감이다.

전체주의는 여전히 그 힘을 숨기고 있다. 이는 나치와 같은 흉포한 존재가 내일이라도 등장할 것이라고 위협하는 것이 아니다. '대중사회'에서 벗어나지 않는다면 전체주의가 다시 등장하는 것은 불가능한 일이 아니라는 말이다.

1
대중은 누구인가?

대중이라는 존재는 어디에나 있으며 누구나 될 수 있다. 그러나 "당신이 대중이냐?"고 묻는다면 "바로 내가 대중이오"라고 말할 사람이 있을까? 역사적으로 볼 때 대중은 하나의 현상이나 사건처럼 등장했다. 갑작스럽게 '대중'이 나타난 것이다. 군중이라 불리며 무리 지어 다니는 다수의 사람들은 인류 역사상 늘 있었지만 이들이 '대중'이라는 이름을 얻게 된 것은 그리 오래된 일이 아니다. 대중은 근대라는 시대적 조건들과 함께 등장했다. 중세의 신분적인 예속과 토지에의 종속에서 벗어난 인간들이 도시로 몰려들어 노동자가 되거나 빈민, 하층민으로 살게 된 시기와 대중의 등장은 일치한다. 대중의 등장은 근대 형성의 가장 중요한 조건이 되었다. 영어로 mass는 반죽 덩어리란 뜻의 희랍어 maza에서 유래했다. maza는 라틴어에서 massa라는 말로 변화했고 그 뜻은 무더기 혹은 카오스였다. 반죽 덩어리는 특정한 모양을 가지지 않고 서로 구별되지도 않는 그저 하나의 집합체로, 때로는 누군가의 의도에 의해서 어떤 형태로든 만들어질 수 있다.

대중이란 말은 군중crowd이나 무리, 떼라는 말로도 바꿔서 쓸 수 있지만, 오늘날 '대중사회'라 불리는 특정한 국면에서 대중은 인류사에 늘 존재했던 무리와는 다르다. 역사에서 무리, 떼는 늘 위험한 집단을 가리켜왔다. 20세기 초·중엽 활동한 스페인의 저술가 오르테가 이 가세트José Ortega y Gasset는 저서 『대중의 반역La rebelion de las masas』(1930년 출간)을 통해 현대사회에서 대중의 출현을 하나의 재앙으로 표현했다. 그는 평등을 지향하고 나와 남의 구별을 허용하지 않는 덩어리로서의 대중적 특성을 '평균인el hombre medio'이라 정의했다. 평균인은 "공통의 자질과 사회적 무소속성을 특징으로 하는 존재, 자신을 타인들과 구별하지 않고 오히려 일반적 유형을 되풀이하는 사람"(19쪽)으로 설명된다. 이 대중은 적법한 절차와 규정을 따르지 않고 직접적인 행동으로 자신들의 특수이익을 추구한다고 가세트는 말한다. 이렇듯 과대민주주의hyper-democracy는 대중으로 인해 생겨나며 대중은 자신들의 열망과 욕망을 실현시키는 데 혈안이 되어 있다고 비판

했다. 얼마 전까지만 해도 사회 무대의 뒤쪽에 있어서, 존재하지만 간
파하기 쉽지 않았던 이들이 무대의 전면을 차지하게 된 상황을 가세
트는 우려하고 있다.

흥미로운 것은 가세트가 대중을 육체를 가진 물리적 존재가 아니
라 일정한 성향을 가진 채 살아가는 심리적인 존재로 설명한다는 점
이다. 대중이 누구이며 그들의 얼굴이 어떠한지는 알 수 없으며 심성
mentality, 성향tendency, 태도attitude에 의해 확인할 수 있다는 것이다.
대중은 타인과 분리되는 것을 두려워하고 한곳에 뭉쳐져서 대략적으
로 파악되는 존재 형태를 선호한다. 그들은 남들과 다른 것보다 동일
하다는 점에서 편안함을 느끼는 존재들이다. 이른바 평균인으로서의
대중은 뛰어난 것, 탁월한 것에 대해서 반감을 가지고 있다. 평균에
수렴해야 하며 동일하다는 범주 안에서 모든 것을 획일적인 것으로
통제할 수 있어야 안심한다.

대중이 이러한 심성, 심리적인 요소를 취하게 된 데에는 거대한 불
안이 저변에 깔려 있다. 이전 인간들의 세계는 토지라는 확정된 공간
속에서, 신분이라는 정해진 운명으로 인해 새로운 삶의 가능성이 제
한적이었다. 반면 근대사회의 세계는 변화무쌍하다. 새로운 삶의 가
능성이 넘쳐난다. 그러나 가능성이 커졌다고 인간 자체의 능력이 향
상되는 것은 아니다. 오히려 거대해진 세계는 인간을 점점 더 왜소하
게 만들었다. 인간들의 힘은 낱낱이가 아니라 함께함으로써 드러나
는데, 토지로부터 쫓겨난 채 자신들을 정의해주던 경계와 한계가 무
너지며 홀로 되어버린 인간들의 자유는 협소해져버렸다. 게다가 과거
만큼 서로가 필요하지도 않으며 자기 자신 속에 틀어박혀 타인에게

별다른 관심이 없는 존재가 되었다. 가세트는 이런 대중의 특징을 '폐쇄성'과 '고집불통'이라고 정의했다.

규칙·정의·이성과 같은 것은 문명, 즉 키비스civis로서의 시민 공동체, 공동생활을 위해서 필요한 것이다. 또한 그것은 타인이 존재한다는 사실, 그리고 타인을 염두에 둔 채 말하고 행동해야 한다는 기본적인 원리를 담고 있다. 인간의 욕망 역시 제멋대로 뻗어나가지 않고 이 원리에 의해 가둬지기도 하고 풀어헤쳐지기도 한다. 타인을 고려하지 않는다면 문명인이 아니라 야만에 가까우며 그들에게는 오로지 적대만 있을 뿐이다. 가세트가 보기에 대중의 욕망은 타인을 고려하지 않는, 자기 자신만을 위한 것이다. 자기 자신만을 위한 욕망은 결국 목숨에 대한 열망이며 적들로부터 자신을 지키는 근본적이며 근원적인 생에 대한 열중이다. 가세트는 이러한 근본적인 열중이 삶의 근원들을 파괴하리라고 우려한다. "대중은 흔히 빵을 요구한다. 또한 빵을 위해 그들은 대개 빵집을 때려 부순다"(83쪽)는 말처럼 대중은 사적인 욕망에 휘둘리는 동안 어느새 자신을 둘러싼 세계를 파괴해 버린다.

또한 폐쇄적이고 고집불통인 대중은 익명의 공간을 원하며 익명 속에서 편안함을 느낀다. 그런데 가세트는 익명의 공간 속에서는 인류의 '문명'이라는 것이 나타날 수가 없다고 한탄한다. 그는 근대 국민국가의 권력이 익명이라는 점을 지적한다. 대중은 익명의 권력이 익명의 보통사람인 자신들의 것이라 여기며 기꺼이 국가와 스스로를 일치시킨다. "모든 것이 국가를 위한 것이고, 국가 외에 아무것도 존재하지 않으며 국가에 반하는 것은 없다"(167쪽)는 무솔리니의 말을 통해 가세트는 전체주의가 국가라는 형식을 통해 대중과 결합했음을 보여준다. 국가는 다만 인간의 생존과 유지를 위한 장치에 불과한데, 오히려 인간이 국가라는 기계장치를 위해 존재하는 역전의 현상이 벌어지게 되었다. 모든 것이 국가를 위한 것이며, 국가라는 장치를 벗어나는 순간 아무것도 아닌 존재가 된다. 국가와 대중은 한 세트가 되며, 대중이 익명의 권력을 장악하는 순간 '문명'은 위협받을 것이라고 가세트는 내다봤다.

　여기서 가세트는 아주 흥미로운 주장을 펼친다. 평균인을 지향하는 대중이 기반하고 있는 것이 근대의 과학이며, 대중의 원형은 과학자라고 가세트는 말한다. 근대의 실험과학은 실험실을 필요로 하고, 실험실 속에서 무수한 실험체들은 평균적이어야 하고 차이가 인정되지 않는다. 또한 근대의 과학이라는 것이 어느 순간 전문화되어 자신의 좁은 분야만 제대로 알 뿐인 과학자들을 양산한다. 가세트는 이 세계의 과학자를 '무식한 식자'라고 칭한다. 자신의 전문 분야는 매우 잘 알고 있기에 식자이지만 그 외의 분야는 무식하다. 무식한 식자인 과학자는 대중의 경향, 심성과 유사하다. 그는 남의 말에 귀기울이지도 않고, 어떠한 권위에도 굴복하려 들지 않는 대중의 원형이다. 폐쇄적이며 고집불통인 과학자에게 타인의 존재는 아무런 의미가 없다. 그리고 실험실은 그의 유일한 위안의 장소이다.

　그렇다면 아렌트에게 대중은 어떤 의미일까? 사람들이 무리를 지어 다니거나 다수가 되어 광장을 메우는 일은 역사적으로 빈번히 있었던 일이지만, 근대사회의 대중은 과거의 인간 무리들과는 다른 특징을 가지고 있었다. 아렌트는 『전체주의의 기원』에서 대중의 주요한 특징은 "야만과 퇴보가 아니라 고립과 정상적인 사회관계의 결여"(317 쪽)라고 말했다. 그리고 그들을 뿌리 없는, 뿌리 뽑힌 자들이라고 불렀다. 그들은 자신의 근원이 어디인지, 어디에서 왔는지 전혀 알지 못하는 자들이며, 자신의 생존 이외에는 별다른 관심을 가지고 있지 않은 자들이다. 그들은 어떻게 이런 고립의 조건에 놓이게 된 것일까? 아렌트는 대중의 발생은 자신들을 보호해주던 공동의 이해관계, 계급과 같은 장벽들이 무너지는 상황과 관련이 있다고 보았다. 아렌트는 현대의 대중은 두 가지 계기에 의해서 등장했다고 말한다. 계급사회와 국민국가의 붕괴가 그것이다. 국민국가 체계의 상대적 자율성과 계급사회가 견지했던 보호장벽의 붕괴는 사람들이 그나마 공유하고 있던 공통감각common sense을 상실케 했다.

국민국가와 계급사회는 어떻게 무너지게 되었는가? 아렌트는 붕괴의 여러 원인 중 두 가지, 제국주의와 전쟁에 주목한다. 아렌트는 1884년에서 1914년에 이르는 30년 동안을 제국주의 시대라 정의하며, 이 시기의 근본양상을 20세기 전체주의 현상의 예비단계라 부른다. 과거 부르주아 계급은 국민국가를 직접 지배하겠다는 야심을 품지 않았고 정치적인 결정을 국가에 위임해 왔다. 아렌트가 보기에 이 시기 국민국가는 의외로 부르주아 계급의 이해관계와 다른 계급들의 이해관계를 적절히 조율했다. 그러나 제국주의라는 새로운 국면에 접어들면서 국민국가의 자율성은 부르주아지의 이해관계에 종속되었고 무한한 팽창과 이윤추구라는 자본주의 욕망에 무너졌다. 제국주의는 경제·정치적 대립이 국제적인 수준에서 벌어진 것만을 의미하지 않았다. 제국주의 이전 시기의 국가에서는 정치적인 수준에서 여전히 명예를 중요시하는 귀족정치가 통용되고, 보편적 이해관계라는 것이 어느 정도 인정되었다. 이에 반해 제국주의로 인해 부르주아지가 득세하면서 특수한 이해관계, 즉 경쟁적이고 탐욕적인 사적 이익을 추구하는 것은 최고의 가치가 되어버렸다. 보편성이라는 것은 돈으로 환산될 수 있는 환금성을 의미했고, 부르주아의 삶, 즉 풍요로운 삶을 따르는 것이 최고의 가치가 되었다. 이런 인간들이 유일하게 공유하는 것은 잘 먹고 잘사는 것이며, 이것은 필연과 필요에만 매이는 존재로 전락하게 됨을 의미했다.

제국주의가 부르주아 계급의 승리를 의미했다면, 전쟁(제1차 세계대전)은 계급사회가 몰락해 대중사회로 변화하는 드라마의 서막이었다. 아렌트는 전쟁을 '위대한 조정장치great equalizer'로 묘사했다. 사람들은 계급의 일원이 되었지만 여전히 사회적으로 남아 있는 하층민에 대한 혐오와 차별, 자신을 작고 초라하게 만드는 계급이라는 굴레를 넘어서길 원했다. 온전히 동등하고 정의로운 사회를 원하는 그들의 열정은 전쟁을 더욱 가열시켰다. 그런 점에서 전쟁은 "새로운 세계 질서의 진정한 아버지"(『전체주의의 기원』, 329쪽)였다. 이처럼 전쟁을 계급 구도의 붕괴로, 전체주의의 직접적인 계기로 보는 사람은 아렌트만이 아니다. 로버트 팩스턴Robert O. Paxton은 자신의 저서 『파시즘: 열정과 광기의 정치 혁명The Anatomy of Fascism』(2004년 출간)에서 파시즘이 탄생할 수 있었던 문화·사회·정치적 기회를 제1차 세계대전이 제공했다고 말한다. 전쟁은 미래에 대한 낙관적이며 진보적인 전망을 불신하게 만들었고, 전쟁 이후 불안에 떠는 퇴역군인들을 양산했으며, 기존

제도로는 해결될 수 없는 거대한 사회·경제적인 긴장이 생겼기 때문이다.

팩스턴의 논의 중 가장 흥미로운 것은 참호전trench warfare의 경험이 불러온 새로운 상황들이다. 참호전은 야전野戰에서 적의 공격에 대비하는 방어설비인 참호를 도랑처럼 좁고 길게 파고 그 안에 들어가 적의 총탄을 피하며 전투를 수행하는 것을 말한다. 참호전을 치르는 동안 전투부대원들은 며칠이고 참호 안에서 서로 부대끼며 적의 공격에 대한 두려움을 이겨내야 했다.

참호전은 전투를 치러낸 이들에게 두 가지 감정을 심어주었다. 첫째, 참호전의 상상하기 힘든 참혹한 경험 끝에 살아남은 자들은 자신들을 거기에 보낸 이들을 용서할 수 없었고 기성 권위를 증오하게 되었다. 그로 인해 퇴역군인들은 목숨을 바쳐 싸운 조국을 지배할 권리가 자신들에게 있다고 주장했다. 두 번째로, 참호전은 계급 정체성을 파괴했다. 참호 안에서 귀족, 프롤레타리아트, 부르주아지 등 서로 다른 계급들이 같은 참혹함을 경험한 전우이자 동료로 재편되었다. 이들은 편협하고 무의미한 계급의 경계선을 넘어서고자 하는 열망에 휩싸였다. 전후 참호전을 겪은 전선세대의 이러한 감정에 호소하는 방법을 알고 이를 제대로 이용한 것은 히틀러였다. 전쟁은 계급과 개인의 차이를 제거했고, 심지어 국가의 차이마저 제거했다. 제1차 세계대전과 제2차 세계대전 사이의 시기에 유럽에서는 "참호 세대에 속한다는 사실이 독일인이거나 프랑스인이라는 사실보다 훨씬 더 중요했다"(『전체주의의 기원』, 329쪽).

현대 총력전은 과거와는 다른 심성구조를 사람들에게 심어주었다.

과거 전쟁에서 중요하게 여겼던 용기, 기사도, 명예와 같은 것은 총력전에서 전혀 중요하지 않았다. 오히려 용맹함은 죽음을 앞당길 뿐이다. 어디서 날아올지 모르는 총탄은 용감무쌍함으로 이겨낼 수 있는 것이 아니었다. 그러다 보니 전쟁은 이기든 지든 살아남은 자에게 "살아남았다"는 안도감 이상을 줄 수 없었다. 이러한 경험은 사람들이 더욱 '생존'의 문제에 집착하고 그것 이상의 삶의 가치가 있다는 것을 느끼지 못하게 만든다. 삶은 전쟁이며 전쟁에서는 살아남아야 한다.

또한 그들은 전쟁에서 무력함을 학습했다. 그들이 살아남은 것은 철저히 우연이었다. 몇 초만 더 빨리 길을 떠났어도, 몇 걸음만 옆으로 움직였어도 죽었을 것이다. 전쟁이라는 거대한 장치에서 자신들은 작은 톱니바퀴 정도에 지나지 않았다는 고백을 생존자들은 반복했다. 그들은 수치스러워 했고, 그들의 경험은 완전한 파괴와 학살의 장면에서 멈췄다. 참호 속의 인간은 거대한 학살장치 속의 작은 톱니바퀴이고, 이 모호한 일체감은 개인의 차이를 거세하고 뭉뚱그려진 동료애를 형성한다. 문제는 무엇에 대한 헌신이며, 무엇을 위해 자신을 버리는 것인지 알 수가 없다는 것이다. 헌신의 대상이 이렇듯 모호하고 분명치 않다는 점, 오히려 분명치 않을 때 효과가 극대화된다는 점은 전체주의가 노리는 대중 심리였다.

아렌트는 대중을 "잠재적으로 어느 국가에나 존재하며, 정당에 참여하지 않을 뿐만 아니라, 심지어는 투표하러 가지도 않는 중립적이고 정치적으로 무관심한 다수의 사람들"(311쪽)이라고 정의한다. 국민국가와 계급정치의 붕괴 이후 남은 것은 사적인 이해관계에만 집중하는, 풍요만을 원하는 파편화된 대중이었다.

2
왜 대중은 통제되어야 하나?

사방이 벽으로 둘러싸인 수용소 안에 대중이 존재하는 것은 아니지만, 그들은 수용소의 수인들처럼 고립되었다. 대중은 자신만을 위해 살아가지만 한편으로 외로운 존재들이다. 끊임없이 무언가에 소속되고 싶어하고, 동일시할 수 있는 거대한 힘을 갈구한다. 이러한 대중의 고립과 외로움에서 오는 불안함을 가장 극단적으로 보여준 이는 홉스였다. 홉스는 인간이 평등한 존재라고 말했다. 이것은 권리의 문제만이 아니라, 동일한 신체구조, 동일한 정념, 동일한 사유구조를 지니고 있다는 것이다. 그들은 같은 것을 보고 같은 것을 느낀다. 놀랍게도 홉스는 이러한 동질성, 즉 타고난 능력의 동일성이 다른 인간을 살해할 위험을 가진다는 결론에 이른다. 홉스는 사회를 구성하기 이전 세계를 자연상태라고 말하는데, 자연상태에서 인간은 서로가 서로에게 적이다. 타인의 존재는 두려움의 근원이며 내가 언제든 죽임을 당할 수 있다는 가능성의 조건이다. 인간에 대해 잠재적인 살인자라는 점에서 모든 인간은 평등하다.

죽음에 대한 공포에 사로잡힌 인간들에게 절대의 명제, 제1원칙은 생존이다. 다른 무엇을 포기하더라도 살아남는 것이 가장 중요하다. 홉스는 이를 자기보호라는 말로 표현한다. 홉스가 말하는 자기보호는 공포와 불안에 대한 자기방어이다. 그러나 인간은 홀로인 존재이기에 도무지 자신의 힘만으로는 자기보호에 성공할 수 없다. 그래서 어쩔 수 없이 강력한 존재와 계약을 맺을 수밖에 없다. 그 강력한 존재가 개인의 안전을 위한 장치, 자기보호 장치로 등장하는 리바이어던Leviathan, 즉 인위적인 국가이다. 리바이어던은 만들어진 다음부터 무소불위의 권력을 가지며, 계약을 맺은 자는 이 권력에 무조건 복종해야 한다. 인간들은 언제 죽을지 모르는 자연상태에서의 두려움을 리바이어던과의 계약을 통해 극복할 수 있다. 대신 인간은 자연상태에서 누리던 권리, 물리력 모두를 리바이어던에게 양도해야 한다. 리바이어던에 의해 지배를 받게 되지만, 자연상태에서 죽음에 대한 공포와 불안에 시달리는 것보다 낫다고 홉스는 말했다.

흥미로운 점은 홉스가 이 양도의 항목 중에 인간의 의지를 포함시킨다는 점이다. 의지는 다루기 어려운 인간의 위험성을 보여주는 요소이다. 홉스에 따르면 자기 의지로 행하는 것은 지배를 받는 자, 복종해야 하는 자의 덕목이 아니다. 인간은 자신의 생존과 안전을 위해 리바이어던에게 의지를 양도해야만 한다. 그들에게 이른바 자기결정이라고 하는 의지적 요소들은 지배와 명령이라는 강고한 틀 안에 갇혀야 한다. 이것은 한번 만들어지면 파해破解할 수 없는 리바이어던 안에 의지 없고 무력한 인민의 험난한 굴레인 것이다.

홉스에게 공적인 것은 오로지 리바이어던이다. 리바이어던의 목적은 인간의 자유를 실현하는 것이나 좋은 삶에 대한 비전을 제시하는 것이 아니다. 리바이어던은 속해 있는 인간들의 안전을 보장하는 장치일 뿐이다. 그들의 생명을 보전하고 공포를 덜어주는 것만이 공적인 장치 리바이어던의 역할이다. 두려움에 떠는 인간들에게 그 외의 공적인 것은 존재하지 않는다. 리바이어던의 인간들에게는 타자가 자신의 생명을 위협하는 적들일 뿐, 공동의 것을 함께 영위하는 동료는 될 수 없다.

그렇다면 아렌트에게 공적인 것은 무엇이며 공통감각은 무엇인가? 아렌트에게 공적인 것은 '세계world'이며 공통감각은 이 세계를 인지하는 감각이다. 아렌트는 『인간의 조건*The Human Condition*』(1958년 출간)에서 '공적'이라는 말을 다음과 같이 정의한다. 우선 이 말은 사람들 앞에 나타나는 모든 것을 누구나 볼 수 있고 들을 수 있는 세계를 뜻한다. 아렌트에게 있어서 인간은 현실세계와 사물들을 보고 느끼는 존재이고 타인이 보고 느끼는 대상이기도 한 존재다. "자신이 보는 것을 타인이 보고, 자신이 듣는 것을 타인도 역시 듣는다는 사실로 인해 세계 안에서 살아 있는 존재가 된다."(『인간의 조건』, 50쪽) 드러나 있는 것, 누구나 말할 수 있는 것이 공적인 것이다.

두 번째로 공적인 것은 공동의 것을 의미한다. 아렌트는 말하길, "세계는 사적으로 점유한 공간과 구별되는 것으로, 인간이 움직일 수 있는 제한된 공간이자 인공적인 공간이다"(52쪽). 아렌트는 이런 세계를 탁자에 비유해 설명한다. 탁자가 둘레에 앉은 사람들을 연결시키기도 하고 동시에 분리시키기도 하는 것처럼, 공적 세계 역시 공동의 것으로 인간들을 연결시키기도 하지만 함부로 공격하고 덤벼들지 못하게 인간들 사이를 가로막는다.

아렌트는 이런 세계를 살아가는 인간들이 세계성worldliness을 공유한다고 말한다. 세계성은 탁자가 존재한다는 것을 인지하는 것을 말한다. 사람들 사이에 존재하고 사람들과 함께 있으며, 사람들이 모이기 전에도 있었으며 떠나간 후에도 남아 있는 바로 이 세계를 느끼고 인식하는 것이 세계성이다.

그러나 대중사회의 대중들에게는 바로 이 세계성이 없다. 아렌트는 대중사회에서 사람들이 무력함을 느끼는 것은 사람들의 수가 많기 때문이 아니라고 본다. 오히려 사람들 사이에 존재하는 세계가 사람들을 결집시키고 관계를 맺어주며 때로는 서로 분리시키는 힘을 상실하였기 때문이라고 말한다. 즉 인간들을 맺어주기도 하고 분리시키기도 하는 공동의 '탁자'가 사람들 사이에서 사라져버렸다. 탁자 없이 서로를 마주하게 된 사람들은 떨어져 있다고 말하긴 어렵지만 그렇다고 무언가를 같이 하고 있다고 생각하지 않는다. 그들에게는 공유할 것이 아무것도 없다. 아렌트는 이런 세계성(탁자)의 부재를 '세계를 잃어버림worldlessness'이라고 부른다. 역설적으로 세계를 잃어버리는 것이 대중들의 공통적인 특성인 셈이다.

유럽에서 계급구도의 붕괴는 사람들 사이에서 세계를 빼앗아 갔다. 원래부터 탁자가 없었던 것처럼 계급이 사라진 현실에서 사람들을 묶어주고 이어주며 때로는 분리시켰던 세계가 사라졌다. 세계를 상실한 인간들은 처음에는 자유로움을 경험하는 것처럼 느꼈지만, 시간이 지날수록 자신을 보호해주고 자신의 말과 행동을 보장해주던 관계들이 사라져버렸음을 깨닫게 되었다. 그것은 완전한 고립이며 분리였다. 분리된 인간들은 자신이 지켜야 할 것이 자기 자신과 자신의 피붙이의 생존밖에는 남지 않았다는 사실을 인식하게 되었다. 생존만을 위한 인간의 삶은 홉스가 그리는 세계에서 늑대인간들의 삶과 유사하다. 그러나 슬프게도 늑대마저 집단 생활을 한다는 점에서, 인간은 늑대가 될 수 없을지도 모른다. 세계가 없다는 것은 인간을 완전한 고립의 영역으로 이끄는데, 이 고립은 세계가 없다는 것으로 인해 정상적 사회관계가 불가능한 상태를 말한다. 공동세계를 상실한 인간 대중은 더 이상 자신을 묶을 수 있는 소속감을 가지지 못하게 된 것이다. 이제 대중은 고도로 원자화된 사회의 분열과 무한한 경쟁 구조 속에서 자신의 모습을 찾는다.

하나하나의 섬으로만 존재하는 현실의 대중은 전체주의 정부의 본질인 테러를 가능하게 만드는 공통의 토대가 된다. 또한 전체주의의 이데올로기나 논리를 펴는 것에 아무런 저항감을 갖지 않은 채 정당성을 부여하게 된다. 그런 점에서 아렌트는 대중의 고립을 전체주의의 예비단계로 본다. 아렌트는 "사람들 사이의 정치적 접촉은 압제 정부에서 차단되고, 행동하고 권력을 추구할 수 있는 인간의 능력은 파괴된다"(『전체주의의 기원』, 474쪽)고 말한다.

전체주의운동은 인간을 고립시켜 정치능력을 파괴하지 않고서는 존재할 수 없다. 그것은 다른 압제적 권력과 마찬가지인데, 놀라운 것은 전체주의 정부는 고립으로 만족하지 않고 인간들의 사생활마저 파괴했다는 것이다.

아렌트는 이런 정치적인 고립이 외로움이라는 사적인 감정과도 연결된다고 본다. 아렌트는 현대의 대중이 세계에서 뿌리 뽑히고 결국에는 쓸모없는 존재가 된 현상과 외로움이라는 감정은 밀접하게 연관되어 있다고 말한다. 이것은 인간을 거대한 기계 속의 단지 하나의 부속품으로밖에 여기지 않게 된 자본주의적 생산양식과도 관계가 있다. 아렌트는 이런 현상을 산업혁명이 시작된 이래 낙인처럼 대중에게 내려진 저주라고 보았다. 나아가 19세기 제국주의의 부상과 더불어, 그리고 우리 시대에 들어서 정치제도와 사회적 전통이 붕괴하면서 점점 더 악화되었다고 설명한다.

경제에 매몰됨으로써 인간은 자신의 개성을 발현할 수 있는 공간을 잃어버렸다. 대중은 단순히 통계수치 속의 한 점에 불과하며, 마치 동물의 행동을 연구하듯 인간 역시 행태적인 연구가 가능하다고 여겨졌다. 이런 생각은 인간을 수치화할 수 있고 수요와 공급을 예측하듯 산술적으로 다룰 수 있다는 근대적 평등 관념에 기초하고 있다. 또한 권위에 도전하지 않고 의심하지 않으며 체제에 만족하는 순응주의의 결과이다. 근대에 등장한 최고의 학문인 경제학의 기본 원리는 인간은 행동할 뿐이지 다른 사람을 고려해 행동하지 않는다는 가정에 뿌리를 두고 있다. 경제학은 철저하게 근대적인 산술적 평등과 순응주의에 기초하여 인간을 다루는 학문이다. 대중사회의 출현과 시기적으로 일치하는 경제학은 통계학과 더불어 가장 영향력 있는 사회과학이 되었다.

아렌트는 대중에게 중요한 것은 타인과의 교감이나 타인을 염두에 둔 말과 행동이 아니라, 자기 자신의 감정이라고 말한다. 이를 아렌트는 '자기중심적 비통함self-centered bitterness'이라고 정의했다. 사람들은 자신의 감정을 예민하게 버리고, 타자로 인해 나의 감정이 다치지 않도록 노력한다. 어떤 일을 결정하거나 타인과의 관계를 맺는 과정에서도 쓰라리고 고통스러운 감정과 마주치는 것을 회피한다. 즉 감정 중심주의는 감정으로의 회피라고 볼 수 있다. 예컨대 타인과 논쟁할 때에 상대의 논리에 격정적이기보다는 자신의 감정이 받은 상처에 울컥하는 경우가 많다. 공동체나 조직이 분란을 겪는 경우를 들여다

보면 강령이나 원칙을 두고 논쟁한 결과라기보다는 구성원들 사이의 감정이 좋지 못한 경우가 많다. 인간이 스스로 중심에 두어야 할 것은 이러한 아주 사적인 감정, 내면의 슬픔, 쓰라림이 되어서는 안 된다. 아렌트는 현대인들의 이러한 감정중심주의는 세계성과 연관이 있다고 말한다. 아렌트는 '자기중심적 비통함'을 공유하고 있는 존재들에게 공동의 것은 없다고 말한다. 그들은 비록 같은 경험을 하고 동일한 집단을 형성해서 살고 있지만 그들을 묶는 공동의 끈, 공동의 이익에 기초하지 않고 다만 감정을 공유하고 있을 뿐이다. 결국 현대인들에게 자기중심주의라는 것은 자기감정중심주의에 지나지 않는다.

개성과 자발성이 박탈된 대중에게 나타나는 현상은 자기감정중심주의와 도피이다. 타인에게 드러내고 인정받으며 보장받을 수 있는 물리적 공간을 상실하면 인간은 자신의 내면 안으로 도피한다.

대중들이 가지는 도피의 욕망은 "살도록 강요받았지만 인간답게 살 수 없도록 만드는 세계에 대해 그들이 내리는 일종의 평결"(『인간의 조건』, 352쪽)이라고 아렌트는 말했다. 대중들이 도피하는 것은 그들이 어리석거나 현실감이 없거나 사악하기 때문이 아니라, 도피만이 최소한의 자존심이나마 지켜주기 때문이다. 이러한 상황은 인간들이 정치라는 행위, 즉 결과를 무작정 따르는 것이 아니라 합의에 이르는 과정에 참여하고 토론하는 고유한 행위를 잃어버렸기 때문에 벌어진 일이다.

아렌트는 서구 사상이 이러한 정치의 박탈을 오래 전부터 정당화해 왔다고 말한다. 정당화의 근원은 바로 '인간사의 취약성'으로 인한

무질서, 혼란이다. 모든 인간들에게 정치를 허락한다면 세계는 무질
서해지고 혼란해질 것이라는 말이다. 아렌트는 그 취약성을 보완하
려는 노력이 플라톤 이래 모든 정치철학들의 과제였고 그 해결책은
다름 아닌 '지배'였다고 말한다. 결국 모든 정치공동체가 지배자와 피
지배자로 이뤄진다는 생각은 인간의 말과 행위를 믿을 수 없기 때문
이며, 인간들의 정치 참여를 불안하게 여겼기 때문이다.

아렌트는 플라톤이 질서를 위해 정치로부터 도피했다고 말한다.
이것은 공적 영역에서 인간의 행위가 가지는 불확실성과 많은 연관
이 있다. 공적 영역에서 이루어지는 인간들의 말과 행위라는 것은 사
실 제한이 없다(무제한성). 인간들은 공적 영역에서 자유롭기 때문에
그들의 말을 막을 수도 행위를 멈추게 할 수도 없다. 또한 인간들이
무슨 말을 할지, 어떤 행동을 할지 미리 알 수도 없다(예측불가능성). 심
지어 말을 내뱉는 자신조차 말의 여파를 짐작할 수 없을 때가 많다.
게다가 말이라는 것은 주워 담을 수가 없다. 한번 뱉어진 말과 행해
진 일은 돌이킬 수 없는 결과를 낳기도 한다(환원불가능성). 실수든 고
의든 옳고 그름은 오로지 역사만이 판단할 수 있을 때가 많다. 이러
한 무제한성, 예측불가능성, 환원불가능성은 공적 영역에서의 정치
를 불안정하게 만든다. 그래서 플라톤은 인간 행위의 두 양식인 아르
케인archein(시작)과 프라테인prattein(달성)을 분리시켰다. 시작하는 자
는 지배를, 지배당하는 자는 그것을 실행하는 질서를 구축하는 역할
을 맡는다. 이러한 플라톤에게 정치란 "시기의 적절성을 고려하여 중
대한 문제를 시작하고 지배하는 방법을 아는 것"(『인간의 조건』, 223쪽)을
의미했다. 그러니 문제를 시작하고 지배하는 방법을 아는 자만이 정

치를 해야 한다.

그는 바로 철인왕philosopher king이다. 철인왕은 동굴에 갇혀 실제 세계의 그림자만을 보며 살아가는 인간들과 달리, 동굴 밖의 세계를 직접 보고 돌아온 자이다. 그는 알고 있으며 시작할 수 있는 자이다. 진리를 알고 있는 그가 다스린다면 세계는 안정과 질서를 회복할 것이라고 플라톤은 보았다. 그러나 질서를 위해 포기해야 하는 대가는 크다. 일단 정치는 철인왕만의 것이 되며 인간은 그의 지배를 온전히 받아들여야만 한다. 아렌트는 플라톤의 이러한 생각이 일종의 퇴보라고 여기는 듯하다. 정치라는 공론의 영역에서는 누구나 자유로우며, 지배하고 지배당하는 관계가 아니라 평등을 보장받는 관계이다. 그러나 정치를 그들에게서 박탈해 가는 순간 인간들은 공론의 영역에서 쫓겨난다.

3
대중에게는 먹고사는 문제가 정말 중요할까?

아렌트가 보기에 인간의 본질이 무엇이냐에 대한 해답은 인간 스스로 내릴 수 없는 문제였다. 그녀는 다만 그들이 처한 조건과 제약, 한계들에 대해 말했을 뿐이다. 아렌트는 세계와 연관된 활동, 인간의 삶을 구성하는 활동을 세 가지로 분류하고 있다. 노동labor, 작업work, 행위action가 그것이다.

우선 '노동'은 인간 신체의 생물학적이며 자연적인 과정과 연관이 있는 활동이다. '작업'은 인간이 자연적인 것을 파괴해서 새로운 인공적인 산물을 만드는 활동이다. 손의 작업을 통해 만들어진 산물은 그를 오래도록 기억하게 만들 수 있다. 마지막으로 '행위'는 인간이 홀로 존재하지 않으며 인간은 각각이 서로 다르다는 사실과 연관되어 있는 활동이다. 다른 의견을 가진 서로 다른 존재라는 사실은 정치와 연관이 있다. 정치는 결국 다수의 인간들이 같이 살기 위해서 의견을 조율하고 협의하는 그 모든 과정을 포함하기 때문이다. 또한 과정에 의해 결정된 약속을 지속시키는 수단이 되기도 한다. 아렌트는 이 세 가지 활동에 대응하여 노동자로서의 인간, 작업인로서의 인간, 행위하는 자유로운 정치적 인간으로 나누고 있다. 이 세 활동은 인간이 삶을 영위하는 데 하나라도 빠져서는 안 될 중요한 위치를 차지하고 있다. 문제는 각각의 활동이 그 특수한 성격을 훼손당하거나 본연의 위치를 지키지 못하고 침해당할 때 발생한다. 특히 '행위'의 자리가 '노동'이나 '작업'으로 대체되는 상황은 심각한 문제를 초래한다.

아렌트가 활동적 삶의 문제를 다루는 것은 결국 '정치란 무엇인가'에 대한 답이라 할 수 있다. 아렌트에 따르면 지금 벌어지고 있는 현실의 정치는 진정한 의미의 정치와는 관계없는 것들이다. 오히려 행위라는 활동을 통해 벌어져야 하는 정치가 노동이나 작업에 의해 밀려나고 있다고 아렌트는 말한다. 그런 점에서 정치의 진정한 의미를 밝히는 것은 오늘날 우리가 무엇을 위해 살아야 하는지를 보다 잘 설명해줄 것이라고 아렌트는 주장한다.

우선 '노동'은 한 생명이 목숨을 유지하기 위해 당연하게 행해야 하는 활동을 말한다. 그것은 사람이 어쩔 수 없이, 필연적으로 자신의 생명 연장의 욕구를 이어가는 것을 가리킨다. 신체기능을 유지하기 위해 때에 맞춰 먹고 마셔야 하기 때문에 노동은 반복적이다. 필연성과 필요를 충족시키는 노동의 특성 때문에 고대인들에게 육체노동은 노예의 속성으로 여겨졌다. 그러나 노예만이 노동을 했기 때문에 노동이 경멸을 받았다는 것은 아니다. 아렌트는 이런 견해는 근대인들의 편견이라고 말한다. 오히려 노동은 삶의 유지에 없어서는 안될 필수적인 것이며 인간 삶의 조건에 내재한다. 다만 노동으로는 세계에 지속적으로 존재하는 무언가를 만들어낼 수 없을 뿐이다. 노동의 결과물은 생산되는 순간 소모되어 다시 생산해야 한다. 노동은 이렇게 반복적이고 순환적인 활동인 것이다.

아렌트는 노동이란 "자연과 모든 살아 있는 사물이 강제적으로 떠밀려 들어가는 자연의 주기적인 운동"(『인간의 조건』, 96~97쪽)에 불과한 것이라고 보았다. 인간이 만들어낸 인공세계와 노동은 별 상관이 없다는 말이다. 노동은 그저 자연적인 순환에 속한 활동일 뿐이다. 그런 점에서 노동은 인간의 세계를 만들지 못한다. 그런데 이런 노동이 다른 활동의 영역으로 침입하기 때문에 문제가 발생한다. 아렌트가 볼 때, 노동은 생명체가 신체를 유지하기 위해 필요로 하는 활동이지만, 누군가와 함께할 수도 없고 의사소통을 필요로 하지도 않는다. 그저 필요의 충족에만 목적이 있으며 자기 신체의 내밀한 성격 속에 갇혀 있다. 아렌트는 노동이 머무는 곳은 노예제, 혹은 가정이라고 보았다.

아렌트는 근대를 노동의 시대라고 규정 짓는다. 낮고 미천한 위치

에 있던 노동이 인간 활동 중의 최고이자 최상의 지위로 올라온 것은
존 로크John Locke의 노동가치설에서 시작되었다. 노동가치설은 노동
이 모든 부의 원천이자 유일하게 가치를 만든다는 주장이다. 현대사
회는 인간이 무엇을 하는지보다 생계를 유지하기 위해서 일을 한다
는 것이 중요하다. 모든 진지한 활동은 노동으로 불리며, 개인의 삶이
나 사회적 삶의 과정을 위해 '필요'하지 않은 활동은 유희나 여가 생
활이 되어버렸다. 사람들은 지루하고 반복적인 노동을 여가 생활을
위해 치러낸다. 그런 점에서 아렌트는 칼 맑스Karl Marx가 주장한 인
간의 해방은 노동으로부터의 해방이며 여가와 취미 생활을 위한 유
토피아가 되었다고 비판한 바 있다. 노동 해방은 필연으로부터 해방
이며, 해방된 인간은 여가를 통해 공적인 일에 몰두하는 것이 아니라
사적인 소비에만 그 시간을 소모한다. 여가가 많을수록 인간들의 탐
욕은 더 커질 것이며 노동이 가져다주는 풍요가 늘어날수록 노동은
더 중요해질 것이라고 아렌트는 전망한다.

　그러니 진짜 문제는 필연성에서 해방된 인간, 여가 생활을 즐기는
인간이 공적인 일에 매진하지 않는다는 점이다. 오히려 노동, 부, 여가
생활이라는 것이 공론의 영역을 대체했다. 아렌트는 현대사회가 처
한 위험은 노동이 주는 결과물이 인간의 공동세계에 아무런 공헌을
하지 않는다는 사실을 인식하지 못하는 데서 온다고 말한다. 인간들
이 풍요로움에만 현혹되고 노동이 주는 무상함, 즉 노동을 끝낸 후에
도 여전히 해결되지 않는 목마름을 인식할 수 없다는 것은 위험하다
고 아렌트는 말한다.

　아렌트는 노동을 '노동하는 동물'의 활동이라고 말한 바 있다. 이

말은 두 가지 의미를 가지고 있다. 첫 번째는 노동이 동물적인 필요와 필연의 문제와 연관되어 있다는 것이다. 생존, 신체의 존속을 위한 노동은 반복적이며 지루하기까지 하지만 어쩔 수 없이 해야 한다. 두 번째, 필요하고 어쩔 수 없이 해야 하는 것만을 추구하면 동물과 다를 바가 없다는 의미를 포함한다. 노동만을 반복하며 그 결과물인 여가 생활과 풍요로움만을 추구한다면 인간은 동물에 지나지 않는다. 앞서 우리는 수용소에 갇힌 이들이 자신의 생존만을 위해 비굴해지는 모습을 보았다. 그들을 인간에서 동물로 전락시킨 것은 노동의 욕구이며 생존하라는 명령이다. 그 명령 아래에서 인간은 노동하는 동물 그 이상의 존재가 될 수 없다. 그 속에서 정치는 다만 그들의 부를 재분배하거나 생명을 유지시키는 일만을 맡는다.

　노동에 비해 '작업'은 인간 존재의 비자연적인 것과 상응하는 것이다. 즉 필연적으로 우리를 둘러싼 환경이나 자연이 아닌, 인간이 스스로 만들어낸 인공적인 세계를 구성하는 것이다. 아렌트는 "육체적 노동과 구별되는 손의 작업으로 만들어진 것은 지속성과 '가치'를 소유한다"(136쪽)고 말한다. '작업'은 세계에 지속성과 견고성을 부여한다.

　'작업'은 작업인Homo Faber의 몫인데, 작업인의 제작은 자연적인 것을 인공의 것으로 만든다. 이들이 사용하는 재료는 단순히 자연에서 채취할 수 있는 것이 아니라 인간 손의 생산물들이다. 예컨대 목재를 얻기 위해 나무를 파괴하는 경우처럼, 생명 과정을 없애거나 자연의 순환 과정을 중단시킴으로써 재료를 원래 있던 자연적 환경으로부터

떼어 놓는다. 원래 있던 것을 파괴하고 새로운 산물을 만들어내는 작업은 노동의 반복 활동과 달리 자기확신과 만족을 준다. 또한 작업에 의한 산물은 만든 이로부터 상대적인 독자성과 객관성을 부여받는다. 그로 인해 생산물들은 인간이 살아가는 인공적 세계를 안정적으로 구성한다.

'노동'은 세계를 잃어버렸지만, '작업'은 세계를 만드는 활동이다. 작업은 그 자체로 중요하고 인간의 세계를 구성하기 위해 반드시 필요하지만, 그것이 정치를 대체할 수는 없다. 작업은 필연적으로 폭력을 수반하고, 작업인은 고독 속에 자기확신과 만족을 통해 활동하지만 타인의 존재를 의식하거나 고려하지 않기 때문이다. 작업은 확실함을 추구하며 어지러운 것들에 질서를 부여하는 활동이다. 그러나 정치는 불확실하며, 예측할 수 없으며, 무수한 인간들이 서로의 견해를 드러내는 장이다. 그래서 '작업'이 정치를 대체하게 되면 혼란스러운 것들에 질서를 부여하려 폭력을 행사하게 되고, 뛰어난 누군가의 머릿속 설계도나 조감도대로 마치 물건을 만들어내듯이, 세계를 위에서 내려다보며 정치를 공학적으로 설계하고 시공할지도 모른다.

그럼에도 불확실한 것들을 내버려 둘 수 없고 혼란을 질서 있는 상태로 만들려는 시도는 끊임없이 있어 왔다. 플라톤 이래 정치철학은 정치를 작업으로 대체하려는 유혹에, 불확실한 인간사에 확실성 혹은 질서라는 이정표를 세우려는 유혹에 시달려 왔다. 작업의 산물이 가지는 견고함, 지속성, 확실성으로 정치의 수다스럽고 예측할 수 없는 특성을 없애려는 시도 말이다. 고독 속에서 홀로 작업하는 장인이 대리석 덩어리를 하나의 작품으로 완성시켜 나가는 것처럼, 진리를 알고 있는 지도자가 인간들을 현명하게 다스리는 이상국가를 정치철학자들은 꿈꿔 왔다.

그러나 아렌트는 이를 거부한다. 정치가 장인이 작업을 통해 하나의 산물을 만들어내는 것이라면 그 결과는 전체주의일 것이라고. 신이 세계를 만들고 지배하듯이 인간이 자신의 세계를 만들고 지배할 수 있다는 생각은 기괴한 리바이어던을 만들 뿐이다. 이렇게 만들어진 국가는 지배하고 통치할 뿐 말을 통해 설득하거나 상호 행위를 통해 소통하지 않기 때문이다. 근대가 생산해낸 이 괴물은 인간사의 연약성을 해소했는지는 몰라도 인간을 사물도 동물도 아닌 희한한 존재로 만들어버린다.

4
왜 정치가 중요한가?

'행위'는 노동이나 작업과는 달리 사물이나 물질의 매개 없이 인간 사이에서 직접적으로 수행되는 유일한 활동이다. 노동이 삶의 필연성을 조건으로 하고 작업이 인공적 세계를 만든다면, 행위는 인간의 다원성을 조건으로 공론장을 구성한다. 다원성은 인간만의 특성인데, 단순히 다른 사람과 다르다는 의미로 해석하는 것은 곤란하다. 다원성은 차이가 있다는 말만이 아니라 같다는 말도 포함되어 있다. 아렌트는 "다원성은 같음과 다름이라는 이중의 성격을 지닌다"(『인간의 조건』, 175쪽)고 말한다. 우선 인간은 지금껏 살았고, 현재 살고 있으며, 앞으로도 살게 될 그 어떤 누구와도 같지 않은 존재라는 점에서 다르다. 동시에 어느 누구도 다른 누구와 동일하지 않다는 점에서 모두가 같다. 또한 다원성은 인간이 공통감각을 가지고 있다는 점에 기인한다. 공통감각이 없다면 인간은 서로를 이해할 수 없고 과거와 미래의 인간들에 대한 이해 역시 가능하지 않다. 그런 점에서 다원성은 말과 행위를 하는 동등한 인간들 속에서 타인과 자신의 차이를 드러내는 것을 의미한다.

자신의 필요에 의해 행해지는 '노동'은 타인의 존재를 인식하지 않으며, '작업'은 타인이 없는 철저한 고독 속에 빛을 발한다. 반면에 말과 행위를 기본 조건으로 하는 인간의 다원성은 타인이 존재한다는 사실에 전적으로 의존한다. 내가 하는 말과 행동을 들어주고 반응해줄 수 있는 이가 없다면 아무런 의미도 없기 때문이다. 정치는 바로 이런 다원성에서 시작한다. 공적 영역 역시 인간이 복수複數로 존재한다는 전제에서만 가능하다. 아렌트는 공적 영역은 "타인의 현존을 기반으로 자신의 차이성을 말과 행위로 드러내는 공간"(179쪽)이라고 말했다. 아렌트는 설득을 통해 모든 것을 결정하는 것이 정치이며, 인간은 다른 어떤 수단이 아니라 말과 행위를 통해서만 정치적인 존재가 된다고 보았다.

그런데 정치를 구성하는 말과 행위는 근본적인 한계와 약점을 가지고 있다. 인간이 서로 다른 견해를 가지고 있고 의견을 주고받는다는 사실로 인해, 타인에게 표현되고 이해되는 과정에서 갈등이 해결되기보다는 증폭되는 경우가 대부분이다. 설득과 타협으로 상황을 타개하기보다는 반목과 대립이 격해지기도 한다. 이것은 행위의 잘 알려진 몇 가지 문제들 탓이다.

우선 행위는 제한이 없다. 타인에게 어떤 일을 행하거나 말을 내뱉으면 그에 대한 응답 역시 말과 행위로 받기 때문에 끝이 나지 않는다. 행위는 끊임없이 새로운 행위를 일으킨다. 그것은 연속이고 끝이 없는 과정이기 때문에 쉽사리 결론에 이르지 못한다. 이것은 행위의 장점인 동시에 약점이 될 수 있다. 더 심각한 점은 나의 말에 대해 반응하고 대답하는 것이 한 명이 아니라는 점이다. 화자는 한 명이지만 청자는 여러 명인 경우가 허다하다. 그 여러 명은 한 명의 말에 대해 동시에 같은 대답을 하지 않고 수백 수천 가지의 서로 다른 반응을 보인다. 그리고 그 반응은 다시 누군가의 반응을 이끌어내며 무한히 확장한다. 더군다나 행위는 하나의 견해에 대해 반대파, 찬성파, 수평파와 같이 다양한 반응들을 이끌어낸다. 이 관계는 기존에 사람들을 제한했던 법률과 제도들을 무너뜨리기도 하고 새로운 것을 만들어내기도 한다. 심지어 이제껏 보호막이라 여겨진 사회적 경계를 뛰어넘으려는 경향을 보이기도 한다. 행위는 그 끝을 알 수 없는 무제한적인 성격을 가지고 있다. 우리가 잘 알고 있듯이 아리스토텔레스가 '중용'과 '절제'의 덕을 중요하게 여긴 것 역시 당시 아테네 민주정에서 무제한으로 뻗어나가는 사람들의 말과 행위 때문이었다.

이러한 무제한성은 정치체제가 정하는 다양한 제한과 경계를 통해 임시적이나마 해결책을 만들어낼 수 있다. 그러나 행위가 가지는 근본적인 성격, 환원불가능성과 예측불가능성을 상쇄시키지는 못한다. 그렇지만 아렌트는 행위의 돌이킬 수 없고 예측할 수 없는 약점을 용서와 약속을 통해 벗어날 수 있다고 말한다. 용서하는 능력은 행위 자체가 가지는 일종의 잠재력이라고 아렌트는 말한다. 용서는 과거와 밀접한 연관을 지니고 있다. 즉 인간이 행한 일의 결과로부터 벗어나지 못한다면, 행위는 되돌릴 수 없는 그 순간에서 멈출 수밖에 없다. 인간은 영원히 그 결과의 희생자이거나 가해자인 채로 머물러 있게 된다. 그러나 돌이킬 수 없는 일에 대해 용서로 서로를 해방시켜줌으로써 인간은 다시 새로운 것을 시작할 수 있는 힘을 얻을 수 있다. 용서는 잘못에 대한 자연스럽고 즉각적인 반응인 보복과는 달리 예견할 수도 없고 즉흥적이지도 않다. 용서는 예기치 않은 상황에서 예상할 수 없는 모습으로 이루어진다. 그렇다고 용서가 쉽게 이뤄지는 것은 아니다. 또한 어떤 잘못도 용서가 되는 것 역시 아니다. 아렌트는 용서할 수도 처벌할 수도 없는 잘못, 근본적인 악이 있다는 사실을 전체주의를 통해 보여주고자 했다. 다만 용서는 인간이 이 세계에 다시 살아갈 수 있는 힘을 준다. 누구나 잘못을 저지를 수 있다는 당연한 사실을 받아들이라는 것이다. 그리고 내가 용서받을 수 있다는 것은 다른 이를 용서했기 때문에, 용서할 것이기 때문에 가능하다. 그런 점에서 용서는 인간과 인간 사이에 지극히 인격적인 만남을 전제로 한다.

용서를 가능하게 하는 원동력은 무엇일까? 흥미로운 점은, 흔히 용서를 하기 위해서는 사랑이 필요하다고 말하지만, 아렌트는 오히려 용서의 매개물이 사랑이어서는 안 된다고 말했다는 것이다. 아렌트에 따르면 사랑은 세계를 잃어버리도록 만들기 때문이다. 그 말은 용서가 무작정, 아무에게나, 어떤 죄에든 적용되는 것이 아니라는 말이기도 하다. 사랑은 한편으로 대상에 대해 맹목적이며 이유 역시 애매모호할 때가 많다. 세계는 인간을 분리시키기도 하고 결합시키기도 하는 것인데, 그 세계라는 관점에서 보면 사랑은 사람들의 관계를 뭉뚱그려 버린다. 거리가 0이 되는 관계를 형성하는 것이고, 상대와 나의 완전한 일체감을 형성하려 한다. 그런 점에서 아렌트는 오히려 사랑보다는 존중이 용서의 매개가 되어야 한다고 말한다. "존중은 일종의 정치적 우정philia politike이며 사람에게만 관계되는 인격적인 것이기에 인간이 행한 것을 용서하도록 만들기에 충분하다"(243쪽)는 것이다. 또한 존중은 일정한 거리감을 가진다. 나는 그를 존중하지만 그와 일체가 되고 싶지는 않다. 다만 존중받을 만한 자이기에 그를 인정할 수 있고 용서의 대상이 될 수 있을 뿐이다.

현실에서 이 존중은 감탄하거나 높이 우러러 보는 곳에 있는 자에게만 가능하다고 여겨진다. 아렌트는 근대에서 존중의 상실은 다원성의 상실과 통한다고 본다. 인간들이 서로 차이가 있다는 사실을 지각하지 못한다면 존중 역시 용서를 불러일으키지 못할 것이라는 말이다. 타인에 대해서뿐만 아니라 인간은 자기 자신의 실패나 잘못을 용서하지 못할 때도 많다. 아렌트는 이 원인을 용서의 인격적 관계의 상실로 설명한다. 현실의 인간은 어느 누구도 자기 자신을 포함한 누군가에 대한 경험을 완전하게 겪어보지 못했기 때문에 용서가 어렵다. 결국 이 말은 자기 자신을 포함한 인간을 경험한다는 것은 공적 세계에서만 가능하다는 의미였다.

예측할 수 없는 인간의 행위는 인간에 대한 불신을 불러일으킨다. 상대가 어떤 마음으로 어떤 행동을 할지 알 수 없다는 것은 두려움을 동반한다. 홉스가 말한 것처럼 불신은 결국 살해에 대한 공포를 불러오고 이를 위해 누구도 범접할 수 없는 강력한 힘과 계약을 맺게 만든다. 반면에 아렌트는 계약이 아닌 약속을 이야기한다. 약속을 하고 또 그것을 지키는 능력은, 예측할 수 없어서 불거지는 불안과 공포를 해소시켜 준다.

그렇다면 홉스가 말하는 '계약'과 아렌트의 '약속'은 어떤 차이가 있을까? 근대 사회계약론자들의 계약은 지배하는 자, 명령하는 자와 이루어진다. 계약은 지배를 위한 첫 번째 단계이며, 계약을 통해 인간들은 자신들의 의지마저 주권자에게 양도하며 지배의 대상이 된다. 계약은 인간 행위의 중지를 의미한다. 자유로운 행위의 예측할 수 없는 결과는 반드시 계약으로 조절되고 통제되어야만 한다. 반면 아렌트에게 약속은 자신을 지배하고 나아가 타인을 지배하는 데에만 의존하는 오래된 정치형식을 극복할 수 있는 유일한 대안이었다. 약속은 지배에 의존하지 않는다. 약속을 한 이후에도 인간은 여전히 자유롭다. 약속은 타인이 자신을 지배할 수 있도록 사전에 이루어지는 계약이 아니기 때문이다. 오히려 지배를 받지 않겠다는 선언이다. 아렌트는 약속을 "인간사의 예측불가능한 측면과 인간이라는 존재를 신뢰할 수 있는가에 대한 의문은 그대로 둔 채 단순히 수단일 뿐인 약속을 통해 신뢰할 수 있는 이정표를, 예측가능한 섬을 불확실한 바다에 만들어 두는 것"(244쪽)이라고 말한다.

행위는 늘 예측이 통하지 않는 방법으로, 돌이킬 수 없는 잘못으로, 이 세계에 위해를 가한다. 그것은 인간의 행위가 지배당하지 않고 자유롭기 위한 어쩔 수 없는 대가이다. 그런 점에서 행위는 그 행위를 용서해줄 수 있고, 못 믿을 인간들에게 일시적이나마 약속으로 신뢰를 줄 수 있는 인간 공동체를 반드시 필요로 한다. 문제는 현실의 고립된 대중이 자유로운 행위를 보장하는 공동세계를 어떻게 구성할 수 있느냐이다. 그것은 보복과 계약이 아닌 용서와 약속을 어떤 방법으로 실현할 것인가에 달려 있다.

『인간의 조건』

Arendt, Hannah, The Human Condition, 1958.

예전이나 지금이나 아르키메데스의 점의 발견에 내재하는 당혹감은 지구에 묶여 있는 존재가 지구 밖의 점을 발견했다는 것인데, 그는 자신의 우주적 세계관을 실제 환경에 적용하려는 순간 자신이 전혀 다를 뿐 아니라 엉망진창인 세계에 살고 있다는 것을 깨닫게 된다. 이런 당혹감에 대한 데카르트의 해결책은 아르키메데스의 점을 인간 자신의 내면으로 옮겨 인간의 정신 그 자체에 대한 궁극적인 평가 기준으로 삼는 것인데, 인간의 정신은 자신의 산물인 수학공식의 틀 안에서 실재와 확실성을 확인한다. 여기서 그 유명한 지식의 보편 수학화 덕분에 감각적으로 이해되는 것들이 수학적 등식 체계로 대체되고, 모든 실제 관계는 인간이 만들어낸 기호 간 논리적 관계로 풀이된다. 바로 이런 대체 덕분에 근대 과학은 자신이 관찰하려는 현상과 대상을 '생산하는 과제'를 성취할 수 있었다. 그리고 여기서의 가정은 신이든 악마든 2+2=4라는 사실을 바꿀 수 없다는 점이다.

— 『인간의 조건』, 284쪽

충분히 긴 지렛대와 그것이 놓일 장소만 주어진다면 지구라도 들어 올릴 수 있다고 주장했던 아르키메데스처럼 인간 밖의 어느 한 지점, 절대적인 진리의 포인트를 근대 철학자들과 과학자들이 발견하려 했다는 것이다. 그 점의 발견을 통해 인간과 인간의 세계를 모조리 해석하고 이해할 수 있으리라는 욕망을 아렌트는 '아르키메데스의 점Archimedean point'이라고 불렀다.

데카르트는 이 점을 인간 내부로 옮겼고 지구를 들어 올리듯이 인간을 확실한 존재로 다루고 싶어했다. 문제는 인간이 지구에 살고 있다는 것이다. 지구 안에서 살고 있는 인간은 지구를 인식할 수 없으며 지구에 매인 인간들의 보고 듣는 감각은 지구를 초월할 수 없다. 또한 지구 밖에서 바라보는 지구와 지구 안에서 바라보는 지구는 전혀 다르다. 그럼에도 지구 밖의 한 점을 찾았다는 것은 인간의 경험 세계를 초월하는 것이다. 데카르트에게도 마찬가지다. 인간 자신 안에 이 점을 옮겨 오는 순간, 인간이 인간으로서 가지는 불확실하고 불안정하며 연약하기 짝이 없는 경험들은 무의미해졌다.

데카르트의 이러한 시도는 인간을 새롭게 바라본다. 아르키메데스의 점을 통해 지구를 들어 올리듯이 인간을 완전하게 다룰 수 있다는 확신을 제공한다. 그 결과가 2+2=4이다. 인간은 과거 자신들이 맺은 관계들과 자신을 둘러싼 공동세계가 제공하는 공통감각을 초월해, 시대와 장소를 막론하고 설명가능한 존재가 되었다. 같은 자극에 동일하게 반응하는 존재가 되어버린 것이다. 아렌트가 보기에 아르키메데스의 점을 발견하려는 열망은 인간에 대한 완전한 지배의 욕망과 같다. 인간을 완전히 지배한다는 것은 그의 생각을 읽을 수 있다는 것이며 행동을 예측할 수 있다는 것이다.

공론장과 자유

　'공론장'은 'public sphere'의 번역어로 사용되지만, 아렌트의 책에서는 가끔 '사이공간in-between space'으로 불리기도 한다. '사이공간'이라는 말에서 사이는 'in-between'이라는 부사어로 표시된다. 이 단어를 사용할 때 아렌트는 그리스어 '메탁시metaxy'를 염두에 두었을 것이다.

　메탁시는 플라톤의 『향연』에 등장한다. 에로스란 무엇인가에 대한 대화를 서로 나누던 중 소크라테스가 던진 말에 나온다. 아가톤은 에로스를 모든 좋은 것의 원인이라 말하고, 아리스토파네스는 잃어버린 반쪽을 찾아가는, 즉 자기 것을 갈구하는 것이 에로스라고 말한다. 이에 소크라테스는 에로스가 '결핍된 것'으로 우리에게 없기 때문에 찾으려 애를 쓰는 좋은 것이라고 말하면서 에로스는 '중간자metaxy'라고 정의한다. 또한 에로스를 갈구하는 인간은 모두 중간적인 존재라고 말했다. 여기서 메탁시, 중간자라는 것은 이쪽도 저쪽도 아닌 것이며 혹은 이것도 되고 저것도 되는 중첩적인 무엇이거나 그 냥 텅 비어 있는 것을 가리킬 수도 있다. 예를 들어 '너와 나 사이'라 는 말에서 사이는 '너'와 '나'를 설명해주지 못한다. 그것은 중간자, 중 간지대일 뿐이다. 그러나 사이가 없다면 '너'와 '나' 역시 구별될 수 없다.

그런 점에서 공론장은 '너'와 '나'를 구별해주는 것이고 '너'와 '나' 의 거리감을 의미한다. 사이가 있기에 사람은 비로소 존재의 의미를 얻고 세계에 발을 내디딜 수 있다. 이 말은 사실 인간人間이라는 한자 어에서도 드러난다. 인간이라는 말은 사람 사이(人+間)를 의미하며 사 람은 사이를 가져야만 인간으로 살아갈 수 있다는 말을 포함하고 있 다. 그런 점에서 사이로서의 공론장은 인간이 인간으로서 살아가기 위한 가장 필수적인 공간이다. 공론장을 가지지 못하는 인간은 홀로 존재하는 신이 아닌 이상 자신의 존재 의미를 확인받을 수 없다. 또 한 함께이지만 서로의 거리감이 전혀 없어 완전히 뭉쳐져 있는 이들 (대중)에게도 사이는 존재하지 않는다. 서로를 분리하고 구별하는 '사 이공간'은 아렌트가 전체 저작을 통틀어 강조하는 인간의 조건이며, 바로 정치가 행해지는 자유의 공간이다.

아렌트는 공론장에서만 인간이 자유를 누린다고 주장한다. 공론 장 안에서 인간은 서로 자유로우며 누가 누구를 지배하고 복종하는 관계를 맺지 않는다. 또한 사람들은 이곳에서 서로 만나 권력을 구성 하고, 사람들이 흩어지면 권력도 사라진다. 모든 인간이 평등하고 자 유롭기 때문에 각자를 넘어서는 최고의 권력(주권)은 존재하지 않는 다. 그러나 현실에서 인간은 이러한 공론장을 갖고 있지 못하다. 우선 사람들은 자유가 공론장이 없이도 존재한다고 여긴다. 사람들은 저마다 자유를 가지고 있다고 말하며 스스로를 자유로운 존재로 여긴다. 그러나 그들이 보유하고 있는 자유는 실제로 공적인 일에 대해 아무런 권리도 힘도 없는 자들에게 주어진 위안거리일 뿐이다.

아렌트는 자유의 의미를 다시 생각해봐야 한다고 주장한다. 또한 자유가 보편적 가치가 된 연유를 의심스럽게 바라본다. 자유의 의미와 자유의 가치에 대해 다시 생각해보지 않고서는 정치와 공론장을 복원하기 힘들다고 생각했기 때문이다. 이 장에서 자유롭다는 것이 무엇인지, 우리는 과연 자유로운 것인지, 자유를 얻기 위해 우리는 무엇을 해야 하는지 짚어보자.

1
자유란 무엇인가?

아렌트는 『과거와 미래 사이*Between Past and Future*』(1961년 출간, 유고집) 중 「자유란 무엇인가?What is Freedom?」라는 글에서 이 질문을 던지는 것이 가망 없는 기획이라고 말한다. 왜냐하면 "자유라는 것은 우리가 세계를 알고 이해하는 감각을 통해서는 확인할 수 없는 것"(『과거와 미래 사이』, 144쪽)이기 때문이라고 아렌트는 칸트의 말을 빌려 설명한다. 그렇다고 자유가 우리의 내면에 있다거나 의지와 같이 불쑥불쑥 터져나오는 것도 아니라고 말한다. 자유는 우리의 외부에 존재하는 것이라고 아렌트는 말한다. 그것은 획득해야 하는 것이지, 이미 우리가 가지고 태어나는 것이 아니다. 그런 점에서 자유는 일종의 능력이다. 좋은 차를 탈 수 있는 자유는 누구에게나 있겠지만 모두가 그 차를 탈 수 없다. 어디든 갈 수 있는 자유가 있다지만 누구나 떠날 수 있는 것은 아니다. 악기를 연주할 자유가 모두에게 있겠지만 악기를 모두가 자유롭게 연주할 수 있는 것은 아니다. 자유는 모두에게 주어져 있다고 말할 수 있을지 몰라도 모두가 자유로울 수는 없다. 그러다 보니 내면의 자유라는 말이 번져나갔다. 외부의 많은 기회들을 모두가 누릴 수 없으니 다만 마음속에서나마 자유를 누리라는 위로처럼 말이다.

자유가 지금과 같은 의미로 인간의 보편적 속성이자 천부인권으로 여겨진 것은 그리 오래된 일이 아니다. 고대의 해석에 따르면 인간은 오직 타인에게 행사하는 힘, 폭력을 통해서만 필요로부터 자신을 해방(자유)시킬 수 있었고 특정한 장소로서의 안식처를 소유할 때에만 자유로울 수 있었다. 그것은 물리적 공간이었으며 실체를 가지고 있었다. 그런 장소는 이른바 시민이라 불린 사람들에게만 허용되는 것이었기에 자유는 하나의 특권, 특혜이자 시민됨의 필요조건이기도 했다.

고대를 지나 중세 봉건사회에 와서 자유는 면제를 의미했다. 세금, 봉건영주의 사면권 등에서처럼 자유롭다는 것은 의무가 없다는 것을 말한다. 세금을 내지 않는 자는 자유로우며 그들은 귀족이 된다. 지그문트 바우만Zigmunt Bauman은 『자유Freedom』(1988년 출간)라는 저작에서 자유라는 말은 면제 특권, 배타적 권리를 일컫는 것이며, 태생적 고귀함, 양육, 고상함, 관대함, 대범함 등과 동의어였다고 말한다. 한자문화권에서 '자유'는 메이지 시기 일본에서 새로 만들어진 번역어였다. freedom, liberty를 번역하면서 어떤 단어를 사용할 것인가는 매우 고민스러운 일이었다. 그렇기에 번역어로 '자유' 이외에도 '자주自主', '자재自在', '불기不羈'(얽매이지 않음), '관홍지寬弘之'(너그럽고 관대함) 등이 거론되었고 실제 사용되기도 했다. 그들이 쉽사리 '자유'라는 단어를 선택하지 못했던 이유는 전통적인 문헌에서 '자유'가 '남에게 구속받지 않고 자기 생각대로 행동하는 것'이란 의미로 사용되는, 매우 부정적인 의미를 지니고 있었기 때문이다. 그들이 보기에 '제멋대로'라는 의미를 가진 자유가 사람들이 누구나 지니고 있는 보편적 가치가 되거나 인간이 추구해야 할 지상과제가 될 수는 없었다.

사실 노예가 아닌 상태, 면제만을 의미했던 자유가 최고의 가치로 취급된 것은 자유주의의 등장부터였다. '모든 인신적 구속으로부터의 자유'는 자유주의적 자유의 거대한 캐치프레이즈였다. 왕이나 권력자의 자의적 지배와 간섭, 방해에서 벗어나 인간 스스로가 스스로를 지배할 수 있는 상태가 자유이며, 이러한 자유의 권리는 태어나면서부터 가지고 있는 것이라고 자유주의자들은 주장했다. 그리고 자유주의자들도 근대에서 자유가 이성의 산물이라고 봤다.

홉스에게 이성은 계산능력인 바 자유는 저항을 적절히 피해 나가는 능력이다. 홉스는 『리바이어던』에서 신민臣民, subjects의 "자유는 저항이 없는 상태"(159쪽)를 의미한다고 말했다. 동물이 우리에 갇혀 있거나 묶여 있는 경우, 물이 그릇에 담겨 있거나 둑에 막혀 흐르지 못하는 경우, 저항이라는 외부적 장애물에 가로막힌 것이다. 움직이려고 할 때 자신을 막아서는 것이 없다면 자유롭다고 할 수 있다. 그런 맥락에서 인간에게 가장 큰 저항은 무엇인가? 홉스는 그것을 살해에 대한 공포라고 보았다. 이 공포를 피하기 위해 누구보다 강력한 폭력 장치인 리바이어던과 계약을 맺는다. 사람들이 각자 자유롭다는 것은 살해당할 수 있다는 공포에 노출된다는 것을 의미한다고 홉스는 생각했다. 계약은 결국 자유의 반납을 의미하며, 생명을 매개로 일어난다.

그런 점에서 홉스에게 있어 자유의 가장 커다란 걸림돌은 자기 주변에 살고 있는 타자였다. 위협적인 타자가 주는 공포에서 벗어나는 것이 자유라면, 자유는 안전과 동의어이다. 공포로부터의 자유, 위협으로부터의 자유는 안전의 다른 표현일 뿐이다. 아렌트는 앞서 설명한 것처럼 인간들의 자유로운 행위가 다원성이라는 기본 조건으로 인해 불안을 동반한다고 본다. 타자와 타자의 행동은 예측할 수 없기 때문에 위험한 것으로 간주될 수 있다. 그런 맥락에서 인간의 행위를 규제하고 때로는 없애기 위한 노력이 계속되었다고 아렌트는 주장한다.

질서와 안전을 주장하는 자들은 자신들의 행동이 시민의 자유를 지키기 위한 것이라고 말한다. 즉 자유를 수호한다는 것은 사람들의 생명과 생활의 안전을 확보하는 것이라는 말이다. 이런 자유=안전의 논리는 근대적인 것이다. 뱅자맹 콩스탕Henri Benjamin Constant은 『고대의 자유와 근대의 자유 The Liberty of Ancients Compared with that of Moderns』 (1819년 출간)에서 '고대의 자유'와 '근대의 자유'를 구분해 설명한 바 있다. 고대적 자유는 집단 자유의 개념으로 공동체를 형성하는 시민 전체가 권력을 나누는 것이었다. 반면 근대적 자유는 개인 자유의 개념으로 정치권력과 제도로 하여금 개인의 사적 소유의 안전을 보장하는 것을 말한다. 콩스탕의 말에 따르면 근대적인 의미의 자유＝안전의 논리가 고대에는 중요하지 않았다. 고대 폴리스에서 자유는 정치적인 영역에서만 중요한 것이었으나, 근대에 와서 자유는 비정치적 영역에서 안전을 보장하는 것으로 바뀌었다. 즉 생명에 대한 안전 보장이 자유인 셈이다. 또한 인간 집단이 생존하고 풍요를 누리는 데 방해받지 않도록 관리하는 것이 중요해졌다.

그러나 아렌트가 보기에 생명 유지와 안전이라는 것은 자유와 동일한 것이 될 수 없다. 예를 들어 절멸의 수용소에서도 생명을 유지하는 것이 중요했다. 간수들은 수인들의 손톱과 발톱 상태를 매일 검사했고, 샤워할 것을 강요했다. 씻지 않거나 청결하지 않은 자는 심한 매질을 당했으며 독방에 갇히기도 했다. 또한 충분한 먹을거리를 제공하지 않았지만 생명을 유지할 수 있을 만큼의 식사는 허락되었다. 전체주의의 비밀경찰은 자유를 수호한다는 명목하에 활동했고 비밀리에 개인의 사생활을 엿듣고 개입했다.

현대의 국가 역시 안전을 위해 언제든 자유가 희생될 수 있는 것으로 여기는 듯하다. 안전이 확보되어야 하는 사회를 위해 안전하지 못한 것들의 자유는 언제든 박탈당할 수 있다. 안전이라는 명목 아래에 인간들은 서로 신뢰하지 못하고 누구나 안전을 위협할 수 있는 자가 될 수 있다. 자유와 안전이 동일시되는 한, 개개인의 내면에 자리 잡은 공포의 흔적들은 더욱더 자주 드러난다. '타자에 대한 불신'은 안전사회라 하더라도 줄어들 수 없고 제거할 수도 없다. 왜냐하면 인간은 자신의 마음속 어둠을 다 알 수 없는 존재이기 때문이다. 누구도 인간의 자발성은 도무지 다스릴 수 없다. 오직 수용소만이 예외일 뿐이다. 그래서 안전을 중시하는 사회일수록 타자에 대한 불신을 의도적으로 증폭시킴으로써 사회의 안전을 도모하는 경향이 강하다.

아렌트는 자유=안전의 논리에서 다시 자유를 안전에서 분리하는 데 관심을 쏟았다. 안전의 논리는 결국 공간을 분리하는 데 있다. 타인에 대한 불신을 기반으로 안전은 사람들 사이의 간격을 설정하고 확대한다. 안전만을 강조하는 사회에서 사람들은 타자와 교감하고 접촉할 수 있는 장소를 잃게 된다. 이렇게 타자와 만남의 장소가 상실되면 사람들은 자신들을 둘러싼 공동의 문제에 관심을 가지지 않게 된다. 타자의 문제는 나와는 아무 상관없는 것이 되고, 안전은 결국 나 아닌 누군가의 자유를 빼앗는 결과로 이어진다.

문제는 안전을 위해 타인의 자유를 빼앗는 것이 단지 나 아닌 다른 누군가의 상실로 그치지 않는다는 점이다. 왜냐하면 안전이 가로막고 있는 인간들 사이의 공간은 타자의 자유에 대한 책임을 공유해야만 회복할 수 있기 때문이다. 만남의 공간이 없어진다는 것은 사실 전체주의의 목표이기도 했다. 다른 나라의 침략에 대한 두려움, 내부에 그들과 내통하고 있을지도 모른다는 '객관적인 적'에 대한 공포는 사람들을 낱낱이 홀로 고독하고 외로운 존재로 만든다. 자유=안전의 논리는 인간에 대한 불신을 기반으로 하며 인간을 완전히 지배하고 통제하기 위한 논리였다. 결국 타자의 자유를 빼앗는 것을 묵인하는 것은 나의 자유 상실로 이어질 수밖에 없다.

아렌트는 자유가 의지나 사유의 부속물이라는 관념을 거부한다.

자유는 행위로써 드러날 뿐, 감각을 통해 확인할 수 없는 것이라고 말한다. 흔히 자유의지를 가진 행위자라는 가정 아래 우리는 행동하지만, 자신의 행동을 반추해보는 순간 그것이 과연 자유의지의 산물인지는 파악하기가 어렵다.

근대사회가 세계에서 추구해야 할 자유를 인간의 자아에 내재하는 자유로 바꿔 버린 것은 자유를 애매모호하게 만들어버렸다. 인간은 외부 세계에 자신의 힘을 드러내거나 타자와 말하고 행동함으로써 자유를 추구하는 것이 아니라, 자신의 힘을 마음껏 휘두를 수 있다고 여기는 마음속으로 도피했다. 그것은 인간이 관계하고 행동하는 실천의 장, 즉 세계가 사라져버렸음을 말한다. 인간은 타인에게 자신의 힘을 행사하여 곤란을 겪고 피곤해지는 것보다 자신의 마음을 다스리고 그 안의 안식처에서 안전함을 누리는 것을 선호하게 되었다. 그러다 보니 자유 역시 외부 세계에의 직접적인 개입을 통해 누리는 자유보다 마음속 자유에 집착하게 되었고, 외부의 방해로부터 안전한 '내적 자유'에 머무르게 되었다. '내적 자유'라고 하는 말에는 여러 의미들이 포함되어 있다. 인간이 더 이상 외부 세계에 대한 힘을 잃었다는 것, 무기력한 세계로부터의 도피, 무기력한 인간들이 처한 소외의 어두운 장면들 말이다.

그렇다면 자유는 무엇이어야 하나? 아렌트는 자유를 안전과 동일시하는 것, 내적인 안식처에 가둬두는 것에서 벗어나려면 몇 가지 해결해야 할 문제가 있다고 보았다.

첫 번째, 자유에는 인간들 간의 만남의 장소, 물리적인 공간이 필요하다는 것이다. 아렌트는 자유란 나 자신과의 대화가 아니라 타인과의 대화 속에서 스스로 깨닫는 것이라고 말한다. 자유로운 자는 이미 해방된 자이며 자유롭게 이동할 수 있는 기본적인 조건을 누리는 자이다. 아렌트는 이 점에서 자유freedom와 해방liberation을 구분한다. 이 말은 자유가 해방 이후에나 가능한 것이며 해방이 자유와 동일한 의미일 수 없다는 점을 뜻한다. 그리고 이미 해방된 자들에게는 자신과 평등한 타자들을 만날 수 있는 공통의 장소인 세계가 필요하며, 공통의 장소에서 인간은 비로소 자유로울 수 있다. 정치적인 행위와 말들이 통용되는 공론장이 없다면 자유는 인간 세계 안에서 자신의 모습을 드러낼 공간을 만들 수 없다. 그러므로 자유는 철저히 외부 세계와의 문제이며, 정치영역에서 고민해야 하는 문제라고 아렌트는 강조한다. 자유는 정치라는 현상 없이는 드러나지 않는다.

두 번째, 자유롭게 되는 것과 행위한다는 것은 동일하다는 점을 인지해야 한다. 인간은 행위하는 동안만큼은 자유롭지만 인간의 행위를 촉발시키고 지시하는 힘은 자유가 아니다. 즉 인간은 자유로운 의지에 따라 행위하는 것이 아니라 공동체, 공동세계의 원칙이 그의 행위를 불러일으킨다. 고대 공동체의 원칙은 '탁월함excellence', 언제나 최선을 다하고 모든 사람 가운데 최고가 되려고 노력하는 정신이었다. 자유로운 인간들은 이 원칙에 합당한 존재가 되도록 정치적 행위를 해왔다. 원칙이 언제나 행위를 촉발시켰다. 자유는 이 원칙이 실현될 때에 세계 속에 모습을 나타낸다.

세 번째, 자유는 기교virtuosity로 나타난다. 예를 들어 바이올린 연주자가 '자유롭게' 연주하기 위해서는 기교가 필요하다. 바이올린을 잘 다룰 수 있는 것이 일종의 자유라는 말이다. 또한 연주자는 자신의 연주를 타인에게 보여주는 것을 목표로 한다. 즉 자유는 기교에서 시작되고, 기교를 통한 연주·연기·공연은 타인이 반드시 필요하다. 아렌트는 "폴리스의 맥락에서 정치적인 것을 이해한다면, 폴리스의 목적 혹은 존재 이유는 기교로서의 자유가 드러날 수 있는 공간을 만들고 유지하는 일"(『과거와 미래 사이』, 154쪽)이라고 말했다. 이 말은 정치를 하기 위해서는 악기 연주와 같은 기교가 필요하고, 공동체는 마치 무대처럼 기교를 펼칠 수 있는 공간이어야 함을 뜻한다. 그렇다면 정치적인 영역에서의 기교는 무엇인가? 그것은 결국 말과 행위의 능숙함이다. 사람들이 자신의 말을 듣게 할 수 있는 능력, 자신의 행위를 감상하게 만드는 능력이다. 자신의 말과 행위가 사람들에게 회자되고 기억되게 만드는 것은 마치 훌륭한 바이올리니스트가 자신의 연주를 관객들이 칭송하고 기억하게 만드는 것처럼 훌륭하다. 타자를 염두에 두고 말하고 행위하는 능력은 정치적 행위를 탁월함으로 이끈다.

네 번째, 자유는 주권·지배·명령이 없는 곳에서 가능하다. 아렌트는 현실에서 자유의 문제가 주권의 문제와 연결되어 있다고 보았다. 자유와 자유의지가 동의어라면 자유는 인간의 내면에서 기능하는 것일 뿐이고, 자유는 자기위안이 될 뿐이다. 아렌트의 표현을 빌면 "나와 나 자신만의 뜨거운 논쟁"이 될 뿐이다. 같은 논리로 인간은 주권을 가질 때에만 자유로울 수 있다는 말 역시 모순이다. 왜냐하면 주권은 배타적인 것이기 때문이다. 누군가가 주권을 가지고 있다는 말은 주권을 가진 자에게만 자유가 주어짐을 뜻한다. 한 명의 인간이 아니라 복수의 인간들이 함께 살고 있는 이 세계에서 주권을 누군가가 배타적으로 누리고 있다면 그 외의 사람들에게 자유는 없는 것이다. 그러므로 주권은 자유와 양립할 수 없다. 또한 자유롭고자 한다면 주권을 포기해야 한다.

사실 정치와 자유가 일치하며 정치영역에서만 자유롭다는 주장을 당연하게 받아들이기는 어렵다. 전체주의의 등장에서 우리는 삶의 모든 영역을 국가(정치)의 수단으로 만들어버렸던 일들을 기억하고 있다. 그런 점에서 권력, 주권과 같은 정치의 영역은 개인의 자유를 침해하고 심각하게 간섭하는 것으로 여겨지기도 한다. 어쩌면 자유는 정치가 끝난 지점에서 시작될 것이라 생각하게 된다. 실제로 이사야 벌린Isaiah Berlin은 「자유의 두 개념Two Concept of Liberty」(1958년)이라는 논문에서 전체주의 이후 자유는 자기지배로서의 적극적 자유가 아니라 외부적 간섭의 부재를 추구하는 소극적 자유가 옹호되어야 한다고 말했다. 적극적 자유가 옹호하는 자기지배에서 자기가 무한히 확장하여 국가나 집단이 되어버릴 경우 전체주의의 위협이 다시 도래할 것이라는 분석이다.

그러나 일면 타당해 보이는 벌린의 주장에도 몇 가지 문제가 있다. 우선은 자유가 단순히 무엇으로부터의 해방이 아니라는 점이다. 아렌트가 보기에 해방은 자유를 위한 필요조건일 뿐 자유 자체가 아니다. 자유는 해방 이상의 무언가를 가진다. 그것은 무언가를 새롭게 시작하는 것이다. "우리가 함께 음식을 먹을 때마다 자유도 합석하도록 초대를 받는다. 의자는 비어 있지만 자리는 마련되어 있다"(『과거와 미래 사이』, 4쪽)는 말처럼 자유는 어떤 '자리'를 의미한다. 또한 전체주의의 등장은 정치가 영역을 확대해서 개인적 자유를 침해한 것이 아니라 개인에게 이미 자유의 영역이 없었기 때문에 가능했다. 그러므로 '최소한의 정치, 최대한의 자유'의 강령처럼 정치와 자유가 양립할수 없다는 생각은 전체주의를 막을 수 있는 원칙이 아니라 오히려 그가능성을 열어주는 것이다.

2
권력이란 무엇인가?

주권이 없는 상태에서만 인간은 자유로울 수 있다는 아렌트의 말은 선뜻 이해가 되지 않는다. 우리가 인민주권이라는 말을 오랫동안주입받아 왔기 때문이다. 인민에게 주권이 있다는 것은 근대 정치의절대원칙인 것 같지만 실상 인민이 주권을 행사하는 것은 루소Jean-Jacques Rousseau가 말한 것처럼 대표자를 뽑는 날뿐이다. 나머지 모든날들에서 우리는 주권의 흔적을 찾을 수 없다. 주권이 자유를 의미한다면 우리는 대부분의 날들을 자유 없는 상태로 지내고 있다.

아렌트는 주권은 결국 지배/명령의 관계만을 양산한다고 보았다.그녀는 주권이 없는 관계라야만 평등하며, 자유로울 수 있다고 말한다. 주권은 배타적인 권리이기 때문에 복수의 인간들이 추구하는 자유와 양립할 수 없다. 공적이라는 것은 그 세계에 존재하는 복수의사람들에게 공동의 것을 의미하고, 그곳엔 주인이 없다. 모두의 것이기도 하고 모두의 것이 아니기도 하다. 아렌트는 현실의 비극은 주권과 자유를 동일하게 여기는 데서 온다고 보았다. 아렌트는 인간이 다른 인간을 지배하고 명령하는 것은 공적 영역에서는 있을 수 없는 것이라고 말한다. 동등한 인간들 중 누군가에게 주권이 주어진다는 것은 주권을 가지지 못한 나머지 인간들에게는 자유의 상실이다. 인간은 제한적인 존재이며 하나의 인간이 아니라 다수의 인간이 세계를 구성하기 때문에 어쩔 수 없이 타인의 도움을 필요로 한다. 그러므로 어느 누구도 타인의 위에 설 수 없으며 주권을 행사할 수 없다.

인간의 행위능력은 인간이 주권을 가지기 때문에 가능한 것이 아니라 주권이 없기에 가능하다. 주권이 없어도 자유는 가능하며 인간은 자유롭기 때문에 비주권적이라도 행위할 수 있다. 자유는 행위를 통해 인간이 얻게 되는 것이지, 선천적으로 자유롭기 때문에 행위하는 것은 아니라는 말이다.

문제는 주권이 없다면 무언가를 결정할 수 있는가, 즉 결정이 권위를 가질 수 있는가 하는 문제이다. 무언가를 결정하고 그 결정이 권위를 가지는 것을 권력이라 부를 수 있다. 주권 역시 권력을 배타적으로 행사하는 것이라 할 수 있다. 권력은 강제력의 다른 표현이지만 한편으로 인간들이 함께함에 있어 없어서는 안 될 힘이기도 하다. 주권이 없는 공적 영역에서도 권력은 있어야만 한다. 권력이 없다면 결정이 권위를 가질 수도 없으며 사람들의 말과 행위를 붙잡아 둘 수도 없다.

권력의 생성을 이야기하기 전에 공적 영역은 어디에 있는지를 먼저 살펴봐야 한다. 공적 영역은 일종의 공간인데, 이 공간空間은 공간共間으로 여겨야만 한다. 비어 있는 것이 아니라 함께 공유하는 영역이 공적 영역이다. 사람들은 이 사이를 공통감각이라는 것으로 인식

한다. 흔히 상식이라고 일컬어지는 공통감각은 사람들에게 함께함이
라는 의미를 제공한다. 공동의 것이 무엇인지, 그 안에서 어떤 행동
을 할 수 있는지 설명해주는 공통감각은 인간들이 '공통적'으로 가지
는 것이다.

아렌트는 눈, 코, 입이 있는 것처럼 모든 인간의 정신구조 자체도
동일하다고 생각하는 것을 잘못된 가정이라고 비판한다. 만일 수학
적 추론만을 공통적인 것이라 여긴다면 그들이 공통적으로 감지하
는 세계 역시 계산이 가능한 세계일 뿐이다. 아렌트는 인간이 같은
대상에 대해 같은 답을 내리는 것은 인간의 다양성이라는 측면과 위
배되는 것이라고 보았다. 같은 자극에 대한 동일한 반응을 이끌어내
는 것은 앞서 살펴본 바대로 대중사회의 노동하는 동물인 대중이 처
한 수용소에서의 운명이었다. 대중사회에서 대중은 근본적인 고립의
조건 속에서 누구도 자기 이외의 사람들과 협동하거나 소통할 수 없
는 존재로 전락했다. 이것은 공동세계의 파괴, 공통감각의 상실, 세계
성의 상실을 의미한다. 이런 대중은 의외로 쉽게 자신과 타자를 동일
시한다. 그 타자가 강력한 힘을 지닌 것처럼 느끼거나 자신의 욕망을
대변해주는 것처럼 여겨질 때 동일시의 속도는 빨라진다. 예컨대 모
든 사람들이 갑작스럽게 한 가족의 구성원이 된 것처럼 행동하는 순
간을 우리는 목격한다. 근대의 민족주의는 대중들에게 이런 일체감
을 느끼게 해주는 훌륭한 기제이다. 민족이라는 것은 결국 가족 집
합체의 연장인데, 여기에서 민족을 이루는 각자는 자기 이웃의 관점
을 확대하거나 연장할 뿐이다. 아렌트는 이런 일체감이 사람들을 완
전히 사적인 존재로 만들어버린다고 설명한다. 즉 "그들은 타인을 보

지도 듣지도 못하며, 타인도 그들을 보거나 듣지 못한다. 그들은 모두 자신들만의 고유한 경험의 주관성에 갇혀 있다"(『인간의 조건』, 58쪽).

반면에 지속가능한 공적인 세계는 예측이 어렵고 무제한적인 인간의 행위를 지속적으로 가두고 품을 수 있는 그릇이어야 한다. 사실 인간들의 말에 의한 설득과 의견의 주장은 인공적인 제작물이나 작품처럼 세계에서 지속성을 가지기는 어렵다. 지속시킬 수 없다면 구성되는 시간만큼 빨리 없어질 것들이 세계 속에서 말과 행위들이다. 아렌트는 공동세계는 그저 드러나는 현상의 공간이며 이 공간은 "손의 작업의 공간과 달리 사람들이 흩어지면 사라지며 활동 자체가 없어져도 사라져버리는 특성을 가진다"(199쪽)고 말한다. 일시적이고 금세 잊힐 인간들의 말과 행위를 붙잡고 지속성을 부여해줄 수 있는 것이 필요하다. 아렌트는 그것을 권력이라 부른다.

사실 권력이라는 말은 구태의연하다. 권력을 가진다는 것은 폭력을 수반하고 지배한다는 말과 밀접하게 연결되어 있다. 권력은 주권의 행사로 여겨지며, 이런 의미로 통용되는 순간 지배와 피지배 관계는 공고해진다. 아렌트는 여기서 권력의 의미를 다른 관점에서 바라본다. 권력은 서로 소통하는 이들이 동의할 때 생기는 힘이다. 말과 행위라는 인간들 사이의 교류가 권력을 만들어낸다. 사람들은 서로의 말이 닿는 가까운 곳에서 얼굴을 맞대고 살며, 그들의 만남이 언제나 열려 있는 곳에서 살아갈 때 권력은 생겨난다. 반대로 사람들이 흩어지고 만날 수 있는 열린 공간이 없다면 권력은 사라진다. 아렌트는 "권력은 [칼이나 총과 같은] 폭력의 도구처럼 보관할 수도 없고 비상시를 위해 예비로 남겨 둘 수도 없는 힘"(200쪽)이라고 말했다. 또한 "권력은 늘 잠재적 힘이며, 강제력이나 세력과 같이 변하지 않고 측정이 가능한 신뢰할 수 있는 실체가 아니"(200쪽)라고 말한다. 이 말을 그대로 적용하면 오늘날 사용하는 권력정치power politics에서의 power와는 다른 의미가 된다. 아렌트가 정의하는 권력이라는 말은 "그리스어 '가능태dynamis'가 동의어이고 근대에 다양한 파생어를 가지는 라틴어 [잠재력이라는 의미의 영어 potential의 어원인] '포텐치아potentia' 또는 독일어 ['하고 싶다', '원한다'는 의미의 mogen에서 파생된] '마흐트Macht'와 유사"(200쪽)하다. dynamis, potentia, Macht는 모두 드러나지 않았지만 현상 속에 존재하는 '잠재적' 힘을 의미한다. 사람들에게는 잠재력의 씨앗들이 심어져 있어서 그들이 서로 만나 말하고 행위하는 순간에서야 싹을 틔우고 꽃을 피운다. 씨앗은 열매 맺기 좋은 토양과 기후가 없다면 가능성으로만 남겠지만, 서로가 서로의 좋은 땅이 되어주고 따뜻한 온기를 더해줄 수 있는 영역이 있다면 가능성은 권력이라는 힘으로 현상 공간에 드러난다.

아렌트는 또한 권력의 발생에 있어 유일하게 필수적인 요소는 복수의 인간이 함께 살아간다는 사실이라고 밝히고 있다. 즉 인간들에게 행위할 수 있는 가능성이 열려 있을 때만 권력은 발생한다. 또한 아렌트는 사라질 인간들의 말과 행위를 지금 여기에 머물게 하며 유지하게 만드는 것도 권력이라고 보았다. 권력은 세계를 보존하는 역할을 한다. 아렌트는 이러한 권력은 "인간의 손으로 만들어진 세계의 생명줄"(204쪽)이라고 말했다. 인간의 공적 세계는 말과 행위, 복잡한 인간사와 관계들, 그리고 이것들의 산물인 이야기들의 무대가 되지 못하면 존재 근거를 갖지 못한다. 공적 세계는 낡고 쓸데없는 것들 속에서 새로운 것을 만들어내는 무대가 되어야 한다. 사람들은 때로 서로 만나 이야기하고 같이 행동할 때 자신이 가진 것보다 더 나은 것들을 만들어내기도 한다. 그러나 그렇게 만들어진 것이 정치적 인간의 세계가 아니라 고립된 대중의 세계, 효율과 자본의 세계 속이라면 블루오션이라는 새로운 자본시장을 형성할 뿐이다. 그것은 쓰레기 더미에 쓰레기 하나를 더 보태는 것에 불과하다. 아렌트는 새로운 것은 오로지 정치적 인간의 공적 세계에서만 가능하다고 보았다. 정치적 인간이 된다는 것은 제2의 탄생에 버금가는 사건이다. 그들의 존재는 영원하지 않겠지만 꽤 오랫동안 세상을 환하게 비추는 누군가가 켜 놓은 등불처럼 사람들의 입에 오르내릴 것이다. 권력은 여기에서 등불을 켜 놓은 이를 기억하고 보존하는 역할을 한다. 아렌트는 권력이 없다면 말과 행위를 통해 공동세계에서 발현된 모든 새로운 것과 그것에 대한 기억은 사라지게 될 것이라고 경고한다. 권력은 새로운 것을 혼자만의 배타적인 이익이 되지 않도록 하며 그들의 수다스러운 말과 예측할 수 없는 행위들에 '함께'라는 권리를 더한다.

주권 권력이 아니라 잠재적인 권력을 통해 지속성을 얻고 말과 행위의 자유를 보장하는 공동세계는 정치적 인간이 머무르는 공론장이다. 정치적 인간은 근대 세계의 '주체'와는 근본적으로 다른 방향을 가리키고 있다. 근대의 주체는 결국 주권을 가지느냐, 혹은 누가 주권을 행사하느냐의 문제와 밀접하게 연관되어 있는데, 아렌트는 주체와 주권의 문제를 논의의 중심에 두지 않는다. 오히려 주체를 강조하고 천부인권으로서 인간의 자유를 강조하는 근대의 정치사상의 전통을 비판한다. 고로 정치적 인간은 아렌트의 주체라고 할 수 없다.

이것은 아렌트가 저작 내에서 하나의 계급이나 집단적 주체의 이름을 호명하지 않은 이유이기도 하다. 오히려 아렌트는 저작에서 '인간'이라는 보다 큰 덩어리에 대해 이야기하고 있다. 이 인간은 근대의 낱낱이 떨어져 있는 개인이 아니라, 오로지 공동체 안에서만 자신의 존재를 확인할 수 있는 제한적 조건을 가진 존재이다. 즉 타고난 존재가 아니라 조건을 충족시켜야만 하는 존재인 것이다. 현실의 모든 인간은 인간이기 위한 잠재성을 지니지만 그 잠재성을 드러내는 것은 개인적 노력으로 가능하지 않을 수 있다. 잠재력을 드러내기 위해서는 공동체, 즉 공론장이 필요하다. 공론장이 없다면 개인의 노력은 아무것도 남길 수 없다.

아렌트가 말하는 공론장은 주권을 가지지 않은 자유로운 인간이 말과 행위를 통해 타인과 소통하여 권력을 구성하는 공간이다. 아렌트는 이런 공론장을 통해서만이 인간은 진정한 정치적인 존재가 될 수 있으며, 특히 공적인 일에 참여하여 공동의 것을 이루어나가는 행복을 느낄 수 있다고 말한다.

3
자유와 평등이 다를까?

아렌트는 인간의 본성, 본질에 관한 질문보다 더 중요한 것은 '누가 인간인가' 하는 질문이라고 지적한 바 있다. 인간으로 태어나서 인간의 언어를 쓰고 인간과 섞여 산다고 다 인간인 것은 아니다. 인간이 되기 위해서는 인간으로 태어나는 것 이상의 무언가가 있어야 한다. 그 무언가는 바로 '정치'이다. 정치적인 인간이 된다는 것은 제2의 탄생을 경험하는 것이며 자유를 경험하는 것이라고 아렌트는 말한다. 정치는 자유인 셈이다. 또한 정치적인 인간은 특정한 장소에서 존재한다. 정치적인 공간, 공적인 영역, 공론장이다. 공론장에서만이 인간은 정치적인 인간이며, 자유의 존재가 된다. 그 안에서 인간은 권력을 만들고, 권력을 행사하며, 말하고 행위하는 존재가 된다. 즉 공론장의 존재가 누가 인간인지를 판별하게 하는 것이다.

흔히 정치는 지배의 영역이며 통치술이라고 생각한다. 다스리는 자와 다스림을 받는 자가 나뉘어 있는 세계는 민주주의가 만연한 오늘날에도 당연한 것처럼 여겨진다. 근대국가에서 정치는 '정치인'의 것이며 인간들은 몇 년에 한 번 돌아오는 지배자를 선출하는 투표일에나 정치(=자유)를 조금 맛본다. 이런 상황에서 주권이 인민에게 있다고 말하는 것은 얄팍한 위로에 지나지 않는다. 아렌트는 정치란 비지배 non-rule의 행위이며, 정치가 행해지는 공론장도 비지배의 공간이라고 말한다. 비지배라는 말은 어느 누구도 다른 이를 통제하거나 다스릴 수 없다는 말이며, 누구도 지배하지 않기에 누구나 지배할 수 있다는 말이기도 하다. 이것은 민주주의의 근본적인 원리이며, 규모나 효율성에 굴하지 않는 직접성의 원리이기도 하다. 공론장에 있을 때에만 인간은 인간일 수 있으며, 정치를 할 때에만 자유로울 수 있다.

그렇다면 우리에게 정치는 무엇인가? 정치를 통해 우리는 무엇을 추구하는가?

식상하지만 아리스토텔레스의 유명한 문구에서 시작해보자. 흥미로운 사실은 우리가 너무나 잘 알고 있는 "인간은 정치적 동물homo est zoon politikon"이라는 유명한 말이 아리스토텔레스의 책에는 나오지 않는다는 사실이다. 아리스토텔레스가 『정치학』에서 "인간은 본성적으로 폴리스를 구성하는 동물zōion politikon임이 분명하다"(1253a2~3쪽)고 말한 바는 있다. 인간이 인간 아닌 존재인 동물이나 신과 다른 점은 바로 폴리스를 구성하는 것이라고 아리스토텔레스는 명확히 밝히고 있다. 폴리스에 살지 않는 존재는 신이거나 동물이고, 인간은 폴리스를 반드시 필요로 한다. 인간은 동물처럼 생물학적 특질을 가진 존재이지만 동시에 인간이 동물과 다른 점은 폴리스를 가지고 있는 존재라는 점, 폴리스의 일에 참여하는 존재라는 점이다.

그렇다면 폴리스는 어떤 공동체였을까? 폴리스는 단순히 모여 살기 위한 공동체와는 차이가 있었다. 아리스토텔레스는 다른 집단과 다른 폴리스의 특이성을 정치라고 말했다. 아리스토텔레스는 "폴리스는 단순한 생존zên을 위해 형성되지만 훌륭한 삶eû zên을 위해 존속하는 것"(1252b29~30쪽)이라고 말했다. 폴리스 역시 공동체로서 인간들의 생존을 위해 형성되었지만, 폴리스가 유지될 수 있는 이유는 그곳이 좋은 삶의 근거지였기 때문이다. 그저 살아 있기 위해 존재하는 것이 아니라 좋은 삶을 위해 존속하는 것이 폴리스이고, 이 폴리스 안에 사는 사람들이 바로 '인간'이라고 아리스토텔레스는 말한다. 미셸 푸코는 아리스토텔레스의 견해를 요약해 "생명(조에zōḗ)을 지닌 동물이면서 덤으로 정치적인 삶(비오스bios)을 누릴 능력까지 가진 동물"이라고 인간을 정의했다.(조르조 아감벤, 『호모 사케르*Homo Sacer*』, 36쪽에서 재인용) 바로 여기에 zōion politikon이라는 말의 의미가 다 농축되어 있다.

아리스토텔레스는 지금은 구분하지 않는 '삶에 대한 두 개념'에 대해 말했다. 그리스에서는 삶에 대해 비오스와 조에라는 두 단어가 구분되어 사용되었다. 조에는 모든 생명체에 공통된 것으로 살아 있음이라는 단순한 사실을 가리킨다. 반면 비오스란 어떤 개인이나 집단에 특유한 삶의 형태나 방식을 가리킨다. 아리스토텔레스는 자유인이 선택할 수 있는 세 가지 삶의 방식이 있다고 말했다. 아름다운 것을 추구하며 육체적 쾌락을 향유하는 삶bios apolausticos, 철학자의 관조적 삶bios theoreticos, 마지막으로 폴리스에 참여하는 정치적 삶bios politicos이다. 이러한 삶은 필연성, 생존과는 상관없이 탁월함을 추구하는 삶을 말한다. 자유인의 삶은 모두 비오스적인 삶이다. 아리스토텔레스가 조에라는 단어를 여기서 사용하지 않은 까닭은 인간의 특유한 삶의 양식을 표현하는 데에 단순히 살아 있다는 의미만으로는 부족했기 때문이다. 즉 좋은 삶이란 단순히 자연이 부여한 생명을 유지하는 것이 아니었다. 조에와 비오스는 개념이 지시하고 있는 위치가 다른 것이다. 조에의 경우 폴리스에 포함되지 않았으며 단순한 재생산을 위한 삶으로서, 엄격하게 사적 영역인 가정oikos에 국한되어 있다. 아렌트는 조에를 위한 활동을 노동이라고 명시했다.

정치적 동물이라는 말은 결국 폴리스라는 공간에서 훌륭한 삶, 비오스적인 삶을 위해 사는 동물을 말하며, 폴리스는 정치와 동일한 말이 된다. 그렇기에 "인간은 정치적 동물"이라는 말이 "인간은 폴리스를 가진 동물"이라는 아리스토텔레스의 말과 같은 것으로 여겨질 수 있었다. 그러나 시간이 지나면서 이 말은 원래의 의미를 잃어버렸다. 아렌트는 이 '정치적 동물'이라는 말이 어느 순간 '사회적 동물'이라는 말로 변했다고 말한다. 그녀는 이 변화를 강하게 비판한다. 왜냐하면 이 말의 어원이나 그리스라는 도시국가의 어휘에서는 '사회적'이라는 표현이 없었기 때문이다. 또한 인간은 사회적 동물이라고 했을 때 폴리스가 제공하는 좋은 삶, 정치적 삶에 대한 의미 역시 사라지기 때문이다. 아렌트는 '정치적'이란 단어가 '사회적'이란 단어로 옮겨간 것은 단순히 번역상의 오류가 아니라고 말한다. 그것은 정치라는 의미의 변화이며, 서로 위계가 다르며 지배의 방식이 완전히 다른 사적 영역과 정치영역이 뒤섞여버린 결과라고 아렌트는 판단한다.

아렌트는 이렇게 서로 다른 공간을 뭉뚱그려 놓은 공간이 '사회'라는 영역이라고 말한다. 사회의 출현은 사적인 것과 공적인 것, 나의 것과 공동의 것의 구분을 불분명하게 만들었다. 나아가 사회는 공적영역에서만 추구되었던 고유의 가치들을 가정 영역의 가치들로 바꾸어버렸다고 아렌트는 비판한다.

이 점은 대중의 출현 시기와도 일치한다. 가정은 무엇보다 경제의 영역이며 노동의 영역이다. 즉 먹고살기 위해 노동하는 공간이며 생활의 필요를 충족시키는 것을 중요하게 여기는 공간이다. 흥미로운 점은 경제economy라는 말이 그리스어 oikos, 즉 가계라는 말에서 파생되었다는 점이다. 현대 세계에서 가장 영향력 있는 학문인 경제학economics의 어원인 가정관리술oikonomia은 가정 내에서 어떻게 하면 좋은 노예를 구별할 것인가, 어떻게 효과적으로 노예를 다스릴 것인가를 따지는 기술이었다. 이러한 경제학이 근대에 와서 이 세계를 지탱하는 원리가 되었다는 것은 시사하는 바가 크다.

더구나 사회의 출현이 가져다준 가장 결정적인 변화는 인간 행위의 가능성을 없애버렸다는 점이다. 사회는 표준화된 행동양식을 좋아하고 인간들의 일정한 행동에 대해 다양한 규칙을 부과한다. 이렇게 표준화된 인간 행태는 자발적인 행위나 탁월한 업적이라는 고대의 가치와는 아무런 관련이 없어졌고, 대신에 가계의 주요한 문제였던 생산의 효율성, 표준적인 노예의 규율만이 살아남았다.

그 중에서 아렌트가 가장 문제시하는 것은 순응주의conformism이다. 평등이 낳은 가장 악마적인 규율이 바로 순응주의라 할 수 있다. 폴리스도 평등을 지향한 곳이었지만 순응주의가 유포하는 평등과는 달랐다. 순응주의의 평등은 행태적 평등이며 균질화·표준화된 평등이다. 그리고 사적 영역에서 가장이 휘두르는 권력 앞에서 유지되는 가족구성원의 평등인 셈이다. 이 평등한 인간들은 가장의 권위에 복종하고 순응한다. 이러한 일률성, 표준화의 측면은 고대인들에게는 가장 큰 멸시의 대상이자 야만의 영역이었다. 그리스인들이 공공연히 경멸하던 페르시아인들이 좋아하던 것이 바로 이러한 통계학적 방식에 의한 평등, 왕 혼자만 자유로운 사회, 그러나 왕조차도 자유롭지 않은 사회였다.

우리는 여기서 다시 한번 대중과 대중사회라는 현상을 만나게 된다. 우리가 살고 있는 이 세계에서는 무슨 일을 하든지 사회의 모든 구성원이 자신의 활동을 자신과 자기 가족의 생계유지 수단으로 생각한다는 점이다. 단지 살기 위해서 상호 의존한다는 사실이 공적인 의미를 획득하며, 생존zōē이 공적인 것으로 등장하는 세계가 되었다.

그렇다면 정치를 통해 인간이 추구해야 할 가치는 무엇인가? 그것
은 삶이다. 조에가 아닌 비오스적인 삶을 추구하는 것이다. 이것은 인
간들이 태어나기 전에도 존재했고 죽은 후에도 여전히 그 자리에 있
는 세계로서의 공적 영역에서만 가능하다. 문제는 인간이 언젠가 죽
을 수밖에 없는 존재, 필멸mortal의 존재라는 데 있다. 반면에 공적인
것, 공동의 것은 인간으로 하여금 불멸성immortality을 인식하도록 만
든다. 인간은 영속하는 이 세계에 자신의 업적을 새기고 싶어하며 이
야기(역사)를 남기고 싶어한다. 그것은 '좋은 삶에 대한 열망'이다.

아리스토텔레스는 『니코마코스 윤리학Nichomachean Ethics』에서 "'인
간이니 인간적인 것을 생각하라' 혹은 '죽을 수밖에 없는 운명이니
죽을 수밖에 없는 것들을 생각하라'고 권고하는 사람들을 따르지 말
라"(1177b29~35쪽)고 주장했다. 오히려 우리가 할 수 있는 것들 중 최고
의 것에 따라 살도록 온갖 노력을 기울여야만 한다고 말했다. 이 말
은 고대 그리스인들이 공적 영역이자 공동세계인 폴리스를 통해 자
신 삶의 무상함, 필멸성을 보상받았음을 의미한다. "좋은 삶을 살아
라" 하는 말은 폴리스의 인간들에게 내려진 원칙이자 원리였다. 그들
은 완전히 영원한 것은 인간에게 가능하지 않음을 깨닫고 비교적 오
래 남는 것을 추구했다. 인구에 회자되고 미래의 누군가가 자신의 용
맹함, 명예로움을 칭송한다면, 자신의 행위가 폴리스라는 공적 공간
을 빛나게 한다면 그것을 위해 최선을 다하고 목숨을 바쳤다.

그렇다면 지금 우리를 움직이게 하는 원리, 원칙은 무엇인가? 그것

은 좋은 삶, 정치적 삶이 아니라, 생존만을 중요시 여기는 조에적 삶
이며, 풍요로움을 추구하는 일일 것이다. 풍요를 위한 부의 축적만이
미래를 보장한다는 우리 시대의 공공연한 원리는 현재의 인간들이
무엇을 놓치고 있는지를 알려준다.

4
왜 정치에서 용기가 중요한가?

불멸성을 추구하는 삶, 자유로운 정치적 행위를 위한 삶은 반드시
공론장을 필요로 한다. 그러기 위해서 인간은 자신의 사적인 이해관
계에서 벗어나 공론 영역의 밝음을 마주보아야 한다. 아렌트는 공론
영역으로 들어가는 인간에게 필요한 것이 용기라고 말했다. 자유가
외부의 강요, 생존의 욕구, 자신의 사사로운 욕망의 실현이라는 목적
으로 행해지는 것은 가능하지 않다. 자유는 사적인 동기들을 초월하
여야 하며 정치적 행위의 수행과 동시에 일어나는 것이라고 아렌트
는 말한다. 그러므로 자유로운 인간이 되기 위해서는 사적인 생활의
필요나 외부의 강요에 굴하지 않고 이를 넘어서는 용기가 필요하다.
용기는 자유로운 인간, 정치적 인간이 되기 위한 징검다리이자 통로
이다. 행위하기 위해서, 혹은 정치영역에서 자유를 얻기 위해 먼저 취
하고 내세워야 하는 정치적 정념이다.

용기라는 말이 학문적으로 논의된 바는 거의 없다. 용기는 아주 개

인적인 심상心想으로, 경로를 설정할 수 없기 때문이다. 인간은 어떻게 용기를 낼 수 있을까? 용기는 어디에서 나오는지, 어떤 행동이 용기 있는 행동인지 정의하기란 어렵다.

용기는 '용기 있는 자者'를 포함한다. 즉 용기는 '자유'나 '평등'처럼 외따로 떨어져 스스로를 빛낼 수 있는 개념이 아니며, 역사 속에서 언제나 '인간'이라는 대상을 필요로 했다. 또한 용기는 때때로 '생기는' 것이라고 말하지만 많은 경우 스스로 '내는' 것이다. 이 말은 용기가 자기 외부의 무언가에서 얻어지는 것이 아닌, 이미 자기에게 주어져 있는 내면적 속성이라는 말이 될 것이다. 그러나 모든 인간이 용기를 낼 수 있는 것은 아니다.

플라톤은 용기를 자신이 이상국가라고 생각했던 "성향에 따라 수립된 나라kata physin oikistheisa polis"에서 수호자 계급이 가져야 할 미덕이라고 봤다. 플라톤은 『국가·정체』 제4권에서 소크라테스의 입을 통해 '용기andreia'에 대해 말했다. 플라톤은 "한 나라가 용기 있는 것은 나라 안의 어떤 한 부류에 의해서인데, 이는 이 부류가 두려워할 것들에 대한 소신doxa을 언제나 보전sōtēria하도록 해주는 그러한 능력을 지니고 있기 때문이다"(429b~430b쪽)라고 용기를 일종의 '보전保全'이라고 지칭한다. 즉 두려움에 처해도, 욕망 앞에서도 자신의 소신(판단)을 버리지 않고 유지해 나가는 것이 용기이다.

아렌트는 여기서 좀 더 나아가 용기를 특정한 인간의 특별한 성향이나 도덕적인 당위가 아니라 모든 인간에게 내재된 세속화된 속성이라고 말한다. 보통 용기를 공포와 두려움과 연관지어 이해하는데, 아렌트는 "자신의 영혼 속에 공포의 감정을 결여한 사람이나 이를 단번에 극복한 사람이 아니라, 자신이 보여주려는 게 공포가 아니라고 결정하는 사람"(『정신의 삶』, 36쪽)을 용기 있는 사람으로 본다. 아렌트는 "정치영역에 진입하기 위해 누구나 우선 자기 생명을 버릴 준비가 되어 있어야 한다"(『인간의 조건』, 36쪽)고 언급한다. 가정 안에서는 자신의 생명과 생존에 대한 위협을 물리칠 수 있음에 반해, 공적 영역에서는 생명에 대한 지나친 사랑은 오히려 자유에 방해가 되기 때문이다. 이는 공포와 두려움을 피해 자기보호로 나아갔던, 홉스의 '의지 없는 인민들'의 경우와는 정반대의 결론이다.

아렌트는 가정이라는 사적 영역에서 벌어지는 일상적이고 필연적인 활동은 용기를 주는 것이 아니라 오히려 지겨움을 낳는다고 말한다. 인간은 어쩔 수 없이 자신의 성장과 부패의 과정에 대항해서 '항상적이며 끝이 없는 싸움'을 벌여야만 한다. 이 싸움은 아렌트가 보기에 영웅적 행위와 전혀 유사하지 않다. 어제 어질러 놓은 것을 매일 다시 정돈하기 위해서 필요한 것은 용기가 아니라 '인내'이다. 그리고 "이 노력을 고통스럽게 만드는 것은 위험이 아니라 가혹한 반복"(101쪽)이다. 다시 말해 가족을 부양하기 위해 사냥터에서 맹수들과 싸우는 것은 용기를 매개로 하는 영웅적 행위가 아니라 지겨움을 견디는 인내인 것이다. 고로 아렌트가 보기에 용기는 가정이라는 사적 영역에서는 가능하지 않다. 용기는 '좋은 삶'과 밀접한 연관이 있다. 아렌트에 따르면 "단순한 삶의 필요를 위한 노동과 생산으로부터 자유로우며 더 이상 생물학적 과정에 매여 있지 않게 되었을 때, 이를 '좋은 삶'이라 부를 수 있다"(37쪽). 또한 좋은 삶은 삶의 짐을 벗고자 하는 욕망의 결과물인데 이는 가정과 정치적 삶의 영역의 구분을 전제로 한다. 정치적 삶은 지겨운 일상을 위해서 존재하지 않는다. 단지 가정 안의 삶은 폴리스에서의 '좋은 삶'을 위해서만 존재한다. 용기 역시 가정 안의 삶 속에서는 드러날 수 없으며 반드시 이런 '좋은 삶'을 전제해야만 가능하다. 더군다나 아렌트에게 용기는 정치영역에서 행위 이전에 이미 전제되어야 할 조건으로 여겨진다. 용기가 전제되지 않고서는 가정이라는 안온한 필연의 영역을 벗어날 수 없고, 진정한 인간으로서 영위할 수 있는 '좋은 삶' 역시 요원하기 때문이다.

그러므로 용기는 아렌트가 보기에 가장 훌륭한 정치적 덕이다. 다시 말해 용기는 친밀하고 따뜻한 가정을 벗어나 공적 영역으로 빠져나오는 좁고 가파른 통로를 걸어나오는 힘이다. 오직 용기를 낼 수 있는 사람만이 필요만을 원하는 동물적 삶을 넘어 진정한 인간으로, 정치적 공동체에 소속될 수 있다.

인간들이 가정이라는 좁은 필연과 노동의 영역에서 정치의 영역으로 나오는 것은 마치 어두운 심연에서 빠져나오는 것처럼 어려운 일이라고 아렌트는 전한다. 중세까지만 해도 이 심연은 "비록 그 중요성이 상실되고 그 지위도 완전히 변하기는 했지만"(33쪽) 여전히 존재했다. 그러나 먹고사는 문제를 삶의 목적으로 삼고 그것에 합당한 노동을 지나치게 강조한 결과, 사적 영역 자체가 공적 영역의 자리를 대체해 버렸다. 아렌트가 "노동하는 동물의 승리"라 부르는 현재의 좋은 삶의 모델은 풍요이다. 이제 정치적인 인간이 넘어야 할 심연은 사라지고 없다. 그리고 심연이 사라졌다는 것은 공적 영역과 사적 영역을 구분하는 틈이 없어졌다는 뜻이다. 더 정확하게 말하자면, 심연은 사라진 것이 아니라 오늘날에 있어 감지하는 것조차 불가능해졌다.

반면 고대의 인간들은 매일 아침 이 심연을 건넜다. 폴리스는 엄격한 불평등의 장소인 가정과는 달리 오직 '평등'만을 추구하는 공간이었기 때문이다. 그렇다고 고대인들이 마냥 즐겁게 심연을 건넌 것은 아니다. 자유인으로 살기 위해서 인간은 심연을 건너야 하는데, 이것은 가혹한 노출과 불편하고 불안정한 공간으로 이동한다는 것을 의미하기 때문이다. 이것은 공적 영역이 내포하고 있으며 행위가 가지고 있는 허약성을 온몸으로 경험하는 것을 의미한다.

심연의 상실(혹은 감지 불가능성)은 곧 공적 영역의 상실이다. 사적 영역과 구분되지 않고 차이를 드러내지 못하는 공간이 되어버린 순간 공적 영역은 존재감을 잃어버렸다. 공적 영역의 상실은 고대의 인간이 힘겹게 건너야 했던 심연을 없애버렸고, 더 이상 인간은 심연을 건너는 수고로움에 처하지 않게 되었다. 또한 심연을 건너서 맞이하게 되는 공적 영역의 가혹한 노출과 곤경을 겪을 필요도 없어지게 되었다. 그래서 그 인간, 이른바 대중은 사적 영역과 공적 영역의 틈이 사라져 기묘하게 뒤섞인 '사회'라는 공간에 거주하게 되었고, 그 공간에서 풍요로움을 맛보았지만, 결국 공적 영역에서만 얻을 수 있는 진정한 의미의 자유와 평등은 잃어버리게 되었다. 이는 곧 진정한 '인간'으로서 살아가기를 포기한 것에 다름 아니다.

김상봉은 아렌트와 비슷하게 '용기'는 정신 속에서 죽음의 공포를 뛰어넘는 것이라고 정의한다. 그리스적 사유에서 모든 영웅들은 바로 이 용기를 통해 어쩔 수 없이 죽어야만 하는 운명에 처한 인간에서 숭배와 외경의 대상으로, 불멸성을 획득할 수 있었다. 아렌트가 용기를 공적 영역으로 가는 통로로서 개인의 의지적 덕목이자 성향으로 파악했다면, 김상봉은 용기를 타인의 고통에 응답하는 상호적인 것으로 정의한다. 타인의 슬픔에 대한 인식, 타인에 대한 사랑이 용기를 불러일으킨다.

김상봉은 플라톤을 인용하며 용기란 정신의 강건함이며 강건함을 통해 도덕적 성취를 이뤄낼 수 있다고 말했다. 예컨대 평화로운 시기에는 누구라도 길에 넘어진 어린아이를 일으켜줄 정도의 호의가 있지만, 전쟁터에서 부상당한 동료를 부축할 때는 심리적 저항, 현실적 저항에 부딪히게 된다. 도덕적으로 마땅한 것은 당연히 그 저항을 이겨내는 것인데도 쉽사리 이겨낼 수가 없다. 여기서 필요한 것이 정신의 강건함, 즉 용기이다.

그런 점에서 김상봉은 용기란 도덕적 당위에 따르는 것이라고 말한다. 또한 그것에 따르기 위한 정신의 강건함이다. 그리고 도덕적 당위에 가장 커다란 전제가 바로 현존하는 타인과의 만남이다. 그는 『서로주체성의 이념』(2008년 출간)에서 '서로주체성'이라는 새로운 개념을 제시한다. 그가 보기에 서구의 정신은 타자적 주체로부터 벗어나 타자 없는 자유를 추구하는 홀로주체성을 형성할 뿐이다. 이와 달리 서로주체성은 타자적 주체와의 만남을 통해서만 온전히 생성되고 정립되는 것이다. 김상봉은 서구 철학자들이 간과했고 사유한 적 없는 '만남'을 철학적 범주로 이끌어낸다. 단독자로서 '내'가 홀로 서는 것이 자유가 아니라, '너'와 '나'의 만남이 만들어낸 서로주체성이 자유가 된다고 말한다. 그러니 만남은 모든 존재의 본질이다. 그에게 만남은 타인의 고통에 귀를 기울이는 것으로 시작한다. 여기에 필요한 것이 바로 용기인데, 그는 광주항쟁을 예로 들며 타인의 고통에 목숨을 걸고 응답하려는 용기가 항쟁을 촉발시켰고 지탱했다고 말한다. 자신의 생명을 버리면서까지 타인의 고통에 응답하려는 용기는 인격적 만남과 결합하여 나와 너의 참된 동일성을 획득한다. 용기는 결국 만남을 가능케 하는 매개물인 동시에 인간의 가장 숭고한 정념이다.

우리 시대에 공론장을 다시 만들고 정치를 활성화시킬 수 있는 것은 용기이다. 수용소의 무슬림 같은 조건에서 벗어날 수 있는 첫 단계 역시 용기이고, 이것은 우리로부터 시작된다.

『전체주의의 기원』
Arendt, Hannah, The Origins of Totalitarianism, 1951.

『인간의 조건』
Arendt, Hannah, The Human Condition, 1958.

『과거와 미래 사이』
Arendt, Hannah, Between Past and Future, 1961.

하지만 역사에서 모든 종말은 필연적으로 새로운 시작을 내포한다는 진리 역시 유효하다. 이 시작은 종말이 이르면 나타나는 약속이자 유일한 '메시지'이다. 역사적 사건이 되기 전에 무언가를 시작할 수 있는 것은 인간이 가진 최고의 능력이며 정치적으로 볼 때 인간의 자유와 같은 것이다. "시작이 있기 위해 인간이 창조되었다"고 아우구스티누스는 말했다. 새로운 탄생이 시작을 보장한다. 실제로 모든 인간이 시작이다.

　　　　　　　　　　　　　　　　　　　　　－『전체주의의 기원』, 478~479쪽

인간은 태어남으로써 이니티움, 즉 새롭게 등장한 자, 시작하는 자이기 때문에 주도권을 쥐고 행동을 하게 된다. "모든 것에는 시작이 있어야 하기에 인간은 그 이전에 아무도 존재하지 않을 때 창조되었다"라고 아우구스티누스는 자신의 정치철학에서 말했다. 이 시작은 세상의 시작과 같지 않다. 이것은 무언가의 시작이 아니라 그 자신이 시작하는 자가 되는 누군가의 시작이다. 인간의 창조와 함께 세상에도 시작의 원리가 생겨났으며 물론 이것은 인간의 창조 이전이 아닌 이후에야 자유의 원리가 창조되었음을 말해준다.

— 『인간의 조건』, 177쪽

인간은 하나의 시작이며 우주가 이미 존재하게 된 이후에 창조되었기 때문에 자유롭다. 탄생을 예로 들자면 이미 존재하고 있으며 개개인의 죽음 이후에도 계속 존재할 세상 속으로 새로운 무언가가 들어온다. 인간은 스스로가 시작이기에 무언가를 시작할 수 있다. 인간이 된다는 것과 자유롭게 된다는 것은 하나이자 같은 것이었다. 신은 세상 속에 시작, 즉 자유라는 기능을 도입하기 위해 인간을 창조했다.

— 『과거와 미래 사이』, 170쪽

아렌트는 저작들의 마지막을 '시작beginning'으로 끝낸다. 시작한다는 것은 끝, 종말, 절멸이 줄 수 있는 약속이자 메시지였다. 결국 인간은 새롭게 시작함으로써 마지막이 주는 절망에서 벗어날 수 있었다. 세계에 새로운 시작이 없다면 세계는 희망을 가질 수 없다.

시작은 탄생이다. 아렌트는 탄생성natality이라는 말을 만들어냈는데 이것은 단순히 생물학적 태어남만을 의미하는 것은 아니다. 탄생은 정치적 행위와 연결되어 있으며 공론장에 진입하는 순간 일어나는 일이라고 말한다. 생물학적 신체를 부여받은 인간이 정치라는 행위를 시작할 때 그는 새로운 탄생, 제2의 탄생을 경험한다. 즉 정치에의 참여는 태어나 세상에 존재하게 되는 그 시작의 순간에 발생하며, 자신의 주도로 새로운 어떤 것을 시작하는 것이다.

그리고 시작은 자유이다. 자유로운 인간들만이 새롭게 시작할 수 있다. 자유는 인간의 자발적인 행위 속에서 경험된다. 만일 새로운 시작이 없다면 우리의 삶은 일상적이고 반복적이며 지루한 것들투성이일 것이다. 또한 과거라는 이미 드러나버린 세계에 완전히 잠식당해 앞으로 나아갈 수 없다. 시작해야만 지질한 과거들과 단절할 수 있고 새로운 희망을, 자유로움을 경험할 수 있다.

또한 시작은 행위이다. 행위가 가지는 예측불가능성은 시작의 본질이기도 하다. 시작은 이전에 발생한 무엇으로부터도 예상할 수 없는 것이며 돌발적이고 우연적이다. 그러므로 확실성을 제공하는 통계 법칙, 확률의 지배와 상관없는 것이다. 인간이 새롭게 시작한다는 사실은 예상할 수 없는 것이 그에게서 나타난다는 것이며 불가능해 보이는 것을 그가 해낼 수 있다는 것이다.

2부
전체주의와 풀뿌리

ARENDT

한나 아렌트라면 어땠을까?

아렌트가 지금 한국에 산다면 정치를 어떻게 볼까? 앞서 살폈던 것처럼 아렌트는 사회가 점점 더 수용소로 변해가는 것을 막으려 했다. 제2부는 아렌트의 사상을 한국으로 가져와 조금 더 현실에 밀착해서 그의 사상을 살펴본다.

이명박 정부 시절부터 독재나 전체주의라는 단어가 다시 공론장에 등장했다. 박근혜 대통령이 당선되었을 때 어떤 작가는 이를 나치의 등장에 비유하기도 했다. 하지만 선거로 당선된 대통령을 그렇게 비유할 수 있는가 하는 반박이 제기되기도 했다. 사실 선거에서 몇 퍼센트의 지지를 받았는가 하는 물음으로는 전체주의의 여부를 판단할 수 없다. 왜냐하면 히틀러가 권력을 잡았던 독일 총선에서도 나치의 지지율은 44퍼센트였기 때문이다. 이 지지율을 등에 업고 '합법적으로' 권력을 잡은 히틀러는 나치를 제외한 다른 정당들을 해산시키고 여론의 입을 틀어막으며 전체주의를 실현했다.

그리고 아렌트는 선거를 무시하지 않았지만 선거가 곧 정치라고 생각하지 않았다. 외려 근대 정당과 선거가 정치의 가능성을 차단할 것이라 우려했다. 아렌트에게 정치란 시민들이 공개된 장소에서 공적인 의견을 서로 나누며 자신의 독특함을 드러내는 것이다. 또 정치는 진리의 영역이 아니기에 옳고 그름에 대한 정답을 좇지 않는다. 선거에서의 지지율보다는 '공론장을 파괴하는 정치', '말과 행위를 부정하는 정치', '사유하지 않고 정답만을 강요하는 정치', '차이를 부정하고 효율성만을 강요하는 정치'가 아렌트에게는 문제였다.

이 책에서 우리가 아렌트를 읽고자 하는 이유도 단순한 지적 호기심보다 우리가 사는 시대와 사회를 공개적으로 드러내고 논의하려는 바람 때문일 것이다. 자본주의나 사회주의 그 체제 너머의 정치를 보려는 사람에게, 정치와 민주주의가 어떻게 실현되는지 궁금한 사람에게, 개인주의의 냉소나 전체주의의 열광에 휘말리지 않으려는 사람에게 아렌트는 좋은 길잡이이기 때문이다.

전체주의와 종북

앞서 봤듯이 보통 아렌트를 얘기할 때 가장 많이 거론되는 이름이 오토 아돌프 아이히만이다. 독일이 패전한 뒤 아르헨티나에 숨어 살던 아이히만을 이스라엘 첩보부 모사드가 납치해서 재판을 열었는데, 아렌트는 『뉴요커』라는 잡지의 특파원으로 이 재판을 기록했다. 그러면서 아렌트는 '악의 평범성'이란 유명한 말을 남기기도 했는데, 한국에서도 전체주의를 얘기할 때 이 이야기가 종종 등장한다. 그러다 보니 아렌트의 전체주의 분석이 나치즘으로 제한되기도 한다.

아렌트가 전체주의의 등장을 본격적으로 추적한 것은 첫 번째 책인 『전체주의의 기원』이다. 전체주의란 말을 직접 만든 건 아니지만 이 책에서 아렌트는 전체주의가 등장한 정치·경제·사회적인 배경을 꼼꼼하게 분석한다. 보통 반反유대주의로 연상되는 파시즘이나 나치즘이 전체주의라 불리지만, 아렌트는 특이하게도 당시 미국과 세계를 양분하던 소련의 스탈린주의도 전체주의라 규정해서 논란에 휩싸였다.

나치즘에 밀려 유럽에서 미국으로 건너왔고 미국의 시민권을 얻으려 하던 시기, 미국에서 빨갱이 사냥이 시작되던 시기라 아렌트가 미국정부와 거래하고 소련을 전체주의 국가로 만들었다는 당시 좌파의 비판도 있었다. 하지만 아렌트가 위험을 무릅쓰며 유대인들의 탈출을 직접 도왔고 미국에서도 베트남전쟁을 반대하고 도로시 데이D. Day 나 하워드 진H. Zinn과 같은 진보적인 지식인들과 교류했다는 점을 생각하면, 단순히 시민권을 둘러싼 거래라고 보기는 어렵다. 그 삶의 궤적을 살펴보면, 아렌트는 자신의 첫 책을 거래의 산물로 만들 사람이 아니었다. 그러니 자신이 경험했던 나치즘과 경험하지 못한 스탈린주의에서 어떤 유사성을 감지했다고 봐야 한다. 특히 통치 형태나 수용소라는 공간에서 아렌트는 강한 유사성을 감지했다. 물론 세계를 지배하려 한 제국주의와 세계를 해방시키려 한 사회주의를 동일한 이데올로기로 평가하는 게 부당하다고 느낀 사람들도 많았지만.

사실 전체주의는 독재와는 다른 말이다. 강력한 힘을 가진 독재자가 있다고 해도 그것이 독재라 불리지 전체주의라 불리지는 않는다. 아렌트는 전제정tyranny이나 독재dictatorship, 권위주의authoritarianism와 전체주의를 분명하게 구분했다. 전제정이나 독재, 권위주의가 타인의 정치적인 자유를 억압하더라도 그 체제는 자신들의 '편'을 만들고 유지하는데, 전체주의는 자기 편과 지지자들조차 믿지 않고 어제의 사형집행인을 오늘의 제물로 삼는다(심지어 이 사형집행인들은 지금까지의 신념을 증명하려면 처벌을 받아들여야 한다는 이상한 강요를 당한다). 전체주의는 특정한 상대와 경쟁하거나 다투는 예측가능한 정치체제가 아니라는 점에서 이전의 정치질서와 다르다.

더구나 전체주의는 다름 아닌 권력 자체를 없애려 한다는 점, 즉 시민들이 공적인 장을 구성할 가능성 자체를 봉쇄한다는 점에서 이 전의 정치체제와 다르다. 전체주의는 시민들에게 번호를 붙여 익명화 시키고 그들이 세상에 남긴 흔적을 지워버린다. 불의에 맞선 순교자 는 사라지고 고통에 신음하는 수감자만 타자의 눈앞에 등장한다. 앞서 수용소에 관한 논의에서 다뤘던 것처럼, 전체주의는 이런 과정에 서 새로이 태어나는 인간의 자발성 자체를, 정치 자체를 제거하려 든다. 그런 의미에서 전체주의의 공포는 시민들이 발 딛고 있는 공통의 세계를 파괴하는 반反정치의 원리이다. 공권력의 폭력을 일상적으로 경험하는 한국인에게는 권력과 폭력이 종이 한 장 차이처럼 느껴지지만, 아렌트는 권력이 총구에서 나온다는 마오쩌뚱毛澤東의 주장을 뒤집어 권력이 결코 총구에서 나올 수 없고 폭력이 권력을 파괴한다고 주장한다.

전체주의에 대한 아렌트의 분석을 꼼꼼하게 따라가다 보면 '악의 평범성'이나 '사유하지 않음thoughtlessness'만큼이나 '세계를 잃어버림 worldless'이라는 개념에 주목하게 된다. 이 '세계'는 단순히 우리가 살고 있는 지구를 뜻하지 않는다. 『정치의 약속*The promise of politics*』(2005년 출간, 유고집)에서 아렌트는 "사람들이 모이는 곳이면 어디든 그들 사이에서 세계가 출현하고, 모든 인간사가 이루어지는 곳은 바로 이 사이 공간이다. 물론 사람들 사이의 공간인 세계는 인간이 없으면 존재할 수 없다"(106쪽)고 말했다. 전체주의는 바로 이 사이에서 등장하는 세계를 파괴하려 들기에 서구 역사의 연속성을 파괴한 사건이다.

그런데 아렌트에게 전체주의는 유럽에서 등장한 특정 시기의 정치체제가 아니다. 그것을 등장시켰던 조건들은 지금도 사라지지 않았다. 아렌트의 제자인 제롬 콘Jerome Kohn이 『이해의 에세이*Essays in Understanding*』(1994년 출간, 유고집)에서 말했듯이, "그런 조건들은 전체주의 정권의 원인이 아니고 전체주의 정권의 붕괴와 더불어 사라지지도 않으며, (아렌트가 주로 썼듯이) 한 문장으로 말하면, 그런 조건은 우리 시대의 위기이기도 하다. 그런 조건들은 곤경에 빠진 우리의 위기이고, 아렌트의 사상을 과거 어느 때와 마찬가지로 오늘날에도 의미있게 한다"(xiv쪽). 이제 그 조건들을 살펴보자.

1
어떤 상황이 전체주의를 불러오는가?

아렌트는 『전체주의의 기원』에서 유럽에서 전체주의가 출현한 배경을 분석한다. 그런데 이 배경에 대한 분석은 전체주의의 출현 원인을 분석하는 게 아니다. 아렌트는 먼저 이 시대를 이해하자고 이야기한다. 이해란 단순히 그 시대의 이런저런 정황을 정리하는 게 아니라 시대가 우리 어깨에 지운 짐을 검토하고 주의 깊게 맞서며 현실을 견디는 것이라고 말한다. 즉 이해란 보고 싶은 것만 보고 좋은 것만 취사선택하는 것이 아니라 눈을 뜨고 고통스러운 사실을 대면하는 것이다. 그런 점에서 유대인이었던 아렌트는 '일방적인 희생양인 유대인'이라는 신화를 거부한다. "(단순히 유대인을 증오하는 것을 넘어선) 반反유대주의, (단지 정복으로 그치지 않는) 제국주의, (단순한 독재가 아닌) 전체주의"

(『전체주의의 기원』, ix쪽)가 낳은 현실에 맞서 새로운 정치원리를 밝히려
는 아렌트의 의도가 이 책에 담겨 있다.

아렌트는 전체주의가 강력한 반유대주의나 인종주의에 바탕을 둔
다는 생각을 정면으로 반박한다. 박해를 받는 유대인이라는 생각은
고난받는 민족이라는 성경의 선민사상을 현대화시킨 기만적인 논리
이고, 이런 생각이 유대인들을 더욱더 곤경으로 몰아넣었다고 말이
다. 아렌트는 그 시대를 이해하려면 이런 물음을 먼저 던져야 한다고
봤다. 왜 유대인들은 그렇게 박해를 받으면서도 자신들의 정치공동
체를 만들지 않았을까? 그리고 유대인들은 정말 종교 때문에 박해를
받았을까?

아렌트는 유대인이 고난을 겪었던 원인을 유럽 사회에서 유대인이
누리던 독특한 지위에서 찾는다. 로스차일드 가문을 비롯한 상층 유
대인들은 절대왕정의 보호를 받으며 부를 축적했고 그 대가로 국가
의 사업을, 심지어 전쟁까지도 재정적으로 지원했다. 한마디로 아쉬
울 게 없는 처지였다. 프랑스혁명 이후 근대적인 국민국가가 출현한
뒤에도 부유한 유대인들은 이 새로운 국가의 재정을 뒷받침하며 계
속 특권을 누렸다. 중간계층 이상의 유대인들이 국방과 같은 시민의
의무를 지지 않으면서도 국가를 활용해 부를 축적할 수 있었던 것은
"정치 전반에 대한 부르주아 계급의 무관심, 특히 국가 재정에 대한
무관심"(15쪽) 때문이었다. 이때까지 유대인들은 국민국가에 위협적인
존재가 아니었다.

그리고 유대인들은, 이미 특권을 누리기에 시민권이 필요하지 않은
부유한 유대인과 시민권에서 배제되어 게토에서 생활하는 하층 유대

인으로 나뉘어 있었다. 사회적인 영향력을 가지고 있던 상층 유대인들은 특권을 누리기에 이런 분리 현상을 해결할 필요성을 느끼지 못했다.

그러다 자본주의가 팽창하고 국가가 이런 팽창을 적극적으로 지원하는 제국주의 시기가 되자 "유대인들은 국가사업에서의 독점적인 지위를 제국주의 성향의 사업가들에게 빼앗긴다"(15쪽). 국민국가의 토대를 갉아먹으며 팽창하던 자본주의는 유대인들의 기반 역시 잠식했는데, 특권을 누리던 상층 유대인들은 여전히 유대인 공동체와 단절된 상태였고 변화된 상황에 공동으로 대응하려고 하지 않았다. 그러면서 "하나의 집단으로서 서구의 유대인들은 제1차 세계대전이 시작되기 수십 년 전부터 국민국가와 함께 해체되었다"(15쪽). 자신들의 정치질서를 세우려 노력하지도 않고, 기성 사회로 통합되지도 않고 특권만 누리던 유대인들은 "자신들의 쓸모없는 부유함 때문에 대중의 증오를 받았고, 권력이 없었기 때문에 모욕을 당하는 처지가 되었다"(15쪽). 인정할 수 없는 부를 누리던 귀족들에 대한 대중의 분노나 증오를 유대인은 똑같이 받았고, 유럽의 보수주의자들은 유럽에 힘의 균형과 공동이익을 도모할 수단으로 유대인에 대한 대중의 반감을 이용하려 했다.

일반적으로 정치공동체는 평등을 전제하는데, 상층 유대인들은 하층 유대인들과 정치공동체를 세우려 하지 않았다. 외려 상층 유대인들은 특권을 자신들만의 자유의 징표로 여겼다. 그러면서 하층 유대인들과 상층 유대인들 모두 사회 바깥에, 평등한 사회적인 조건 바깥에 존재하는 게토를 구성했다. 유대인들은 유대인이라는 사실만

제외하면 어떤 공통점도 가지고 있지 않은 존재, 뿔뿔이 흩어진 존재
였고, 자신이 살던 국민국가에서는 국민도, 이주민도 아닌 비非국민
의 지위를 가졌다. 아무런 죄도 저지르지 않은 순수한 존재가 아니라
자신들의 이해관계에만 관심을 쏟는 세속적인 존재를 대표하던 유대
인은 국가와의 특수한 관계 때문에 정부에 반감을 품은 세력에게는
증오의 대상이자 '악덕'의 표상이 되었다. 이렇게 악덕으로 규정되자
유대인들은 동화나 처벌의 대상이 아니라 박멸의 대상이 되었다. "나
치식 반유대주의라는 낙인은 이런 정치 환경과 사회 조건들에서 생
겨났다."(87쪽) 그러니 유대인을 순수한 희생양이라 보기는 어렵다.

이런 상황에서 벌어진 드레퓌스 사건은 유대인에 대한 낙인을, 증
오의 대상을 찾아 거리를 누비던 '오합지졸mob'의 등장을 자극했다.
유대인이지만 유대인 공동체를 벗어나려 했던 드레퓌스 프랑스 육군
대위가 억울하게 간첩 혐의를 뒤집어쓴 이 사건에서 당시 유럽사회
의 밑바닥을 차지하던 집단, 주로 "모든 계급의 찌꺼기를 뜻하던 집
단"인 오합지졸은 "'강자', '위대한 지도자'를 외"치며 드레퓌스를 공격
했고 "자신들을 대변하지 않는 의회와 자신들을 배제한 사회를 증오
했다"(107쪽). 이들은 기성질서의 전복을 외쳤을 뿐 별다른 대안을 구
상하지도 않았는데, 놀랍게도 당시 무기력에 빠져 있던 유럽의 지식
인들은 이 오합지졸이 "남성적이고 원시적인 '힘'의 생생한 표현"(112
쪽)이라 믿었고 오합지졸을 시대의 상징으로 만들며 열광했다. 그러면
서 반유대주의가 새로이 만들어졌고, 이 사건을 통해 상층 유대인들
은 자신들이 "나라도 없고 인권도 없으며 사회가 기꺼이 그 특권을
빼앗으려 하는 그 옛날의 추방당한 자pariah"(117쪽)라는 점을 자각하

게 되었다(이를 자각한 자들 중 일부는 팔레스타인에 유대국가를 세우려는 시온주의 Zionism로 향했다).

이렇게 창조된 반유대주의와 함께 전체주의의 등장에 기여한 또 다른 조건은 제국주의였다. 아렌트는 제국주의를 단순히 영토나 시장의 확장으로 해석하지 않는다. 제국주의는 19세기의 독특한 현상으로, "일시적인 약탈 행위나 정복을 통한 더 지속적인 동화"(125쪽)도 아닌 팽창 그 자체를 추구했다. 자본을 무한증식하려는 자본주의처럼 제국주의도 무한대의 팽창을 추구했다. 그런데 경제와 달리 정치는 무한히 팽창될 수 없고 국민국가는 그런 팽창에 적합한 조직이 아니었기 때문에 제국주의는 본국과 식민지와의 관계를 새로이 재편했다. "본국의 제도들이 여러 방식으로 제국 전체로 통합되었던 [로마 시대의] 진정한 제국구조와 달리 제국주의는 본국의 제도들이 [식민지를] 통제할 권한을 가지고 있음에도 식민지 행정을 분리시킨 채로 두는 특징을 가졌다. 이렇게 분리시킨 실제 동기는 교만함과 존중을 괴상하게 뒤섞은 것이었다."(131쪽) 즉 식민지인이 열등하니 본국과 똑같은 법을 적용할 수 없다고 여겼던 식민지 관리의 새로운 교만함은 자신의 법을 다른 민족에게 강요할 수 없다는 과거의 존중과 유사성을 가지고 있었다. 이렇게 제국주의는 남의 나라를 지배하면서도 본국과 식민지를 구분했고 약탈에만 집중했다.

문제는 팽창된 식민지에서 정치가 아니라 행정적인 관리업무를 맡은 자들이 "실제로는 폭력의 담당자일 뿐이었기 때문에 힘의 정치의 관점에서만 생각할 수 있었다"(137쪽)는 점이다. 정치공동체와 분리된 권력은 야만적인 폭력과 다를 바 없었고, 권력의 이름으로 가해지던 노골적인 폭력은 식민지인과 이주민 모두의 마음에 지배와 폭력의 경험을 깊이 새겼다. 그리고 이렇게 식민지에서 폭력을 행사하던 자들, 폭력을 권력과 동일시하는 자들이 본국으로 돌아오면서 시민과 분리된 권력의 문제가 불거졌다. 본국과 식민지의 이중권력이 시민도 이중화시킨 셈이다.

역사학자 베네딕트 앤더슨B. Anderson은 『상상된 공동체*Imagined community*』(1983년 출간)에서 '크리올Creole'이라는 표현을 쓴다. 크리올은 유럽 혈통이지만 유럽 밖 식민지에서 태어난 자들을 가리키는데, 이들은 사회적인 차별을 받았고 자신들의 지위에 강한 불만을 품었다 (결국 아메리카 대륙의 크리올들은 독립전쟁이라는 방법을 선택했다). 식민지 본국이 자초한 이런 모순은 사회의 불만을 자극했다.

그리고 당시 유럽을 뒤흔든 또 다른 문제는 법 밖에 존재하는 무국적자들, 실제로는 국가의 경계 내에 살며 일하지만 '권리 없는 사람들'이 많았다는 점이다. 난민과 무국적자의 구별이 애매하긴 했지만 당시에 수백만 명의 무국적자들이 유럽 사회에 출현했다. 이때 국민국가는 법 앞의 평등을 내세웠는데, 무국적자에게는 그런 평등을 누릴 권리가 없었다. 이들에게 합법적인 지위를 주려는 '국제연맹'을 비롯한 국제적인 노력이 실패하자 무국적자들은 그 존재 자체가 불법으로 규정되었고, 국민국가는 이들을 관리하기 위해 경찰에 권한을 대폭 위임했다.

유대인도 이런 무국적자의 일원이었는데, 추상적인 인권은 뿌리내릴 정치공동체를 구성하지 못한 무국적자들을 보호하지 못했다. 권리가 없는 자들은 고향으로 떠날 수도, 정착해서 새로운 고향을 만들 수도 없었고, 이는 곧 권리를 보장할 정치조직을 구성할 수 없다는 것을 뜻했다. 그래서 무국적자는 지구상 어디에서도 권리를 누리지 못했고, 보호받지 못하고 언제 탄압을 받을지 예상할 수도 없는 예외적인 상태에 놓였다. 여기서 아렌트는 의미심장한 말을 남긴다. "한 공동체에서 자신의 위치를 잃어버린 사람, 자신의 시대와 싸우면서 정치적인 지위를 잃어버린 사람, 자신의 행위와 운명의 일부를 일치하도록 만드는 법인격을 잃어버린 사람 모두는 주로 사생활 영역에서만 분명해질 수 있는 특징을 가지게 되고 공적인 관심을 받는 모든 사안에서 자격이 없는 존재로 남아야만 한다."(『전체주의의 기원』, 301쪽) 설령 국적을 가지고 있다손 치더라도 사생활의 영역으로 밀려난 사람은 공적인 결정에서 배제되어 정책의 대상이 되었고, 이들은 그런 상태에 불만을 품었지만 공적인 장에서 자기 모습을 드러내기도 꺼려했다. 이렇게 수동적인 존재들이 공적인 상태에 불만을 품을 때 그들은 정치가 아니라 폭력에 매혹된다. 즉 타자와 함께하려 하지 않는 자들은 개별적인 분노로 뭉쳐져 화풀이를 할 약자들을 찾는다(안 되면 발명한다).

아렌트는 반유대주의와 제국주의, 대중사회의 출현이 전체주의운동을 자극했다고 본다. 전체주의는 자신의 등장에 필요한 조건들을 만들 전체주의운동을 필요로 하는데, 전체주의운동은 계급사회가 붕괴하며 소속감을 잃고 대의제도와 불평등에 불만을 품던 대중에게 고립감과 허무주의를 극복할 열정을 줬다. 대중의 특징은 "야만과 퇴보가 아니라 고립과 정상적인 사회관계의 결핍"(317쪽)이었고, "전체주의운동은 원자화되고 개인화된 대중이라는 특수한 조건"(318쪽)에 의존했다. 대중은 전체주의운동을 통해 조건 없이 충성을 바칠 대상을 찾게 되었고, 이 운동에는 엘리트도 적극적으로 참여했다. 상류사회와 부르주아의 위선에 환멸을 느끼던 엘리트들은 전체주의운동이 그 위선을 공격하고 모욕하자 쾌감을 느꼈기 때문이다.

아렌트는 대중과 엘리트의 공모 또는 동맹이 전체주의를 등장시킨 배경이라고 본다. 어떤 상황이나 조건이 전체주의를 자극할 수 있지만 전체주의를 낳은 유일한 원인이라고 볼 수는 없다. 하지만 현재의 질서에 불만을 품은 대중, 뭉쳐진 낱개인 대중이 유대인을 희생양으로 삼았다는 점은 분명하다. 전체주의운동은 각기 다른 계급에 속한 참여자들에게 강력한 하나의 정체성을 부여했고, 부조리한 현실을 파괴하려면 희생이 불가피하다는 알리바이를 제공했다.

2
전체주의는 무엇을 파괴하나?

전체주의는 수용소로 대표되는 정치질서이지만 수용소가 전부는 아니다. 아렌트는 전체주의 국가의 특징을 위계적이지 않은 국가기관, 즉 공식적인 의사전달체계 없이 끝없이 새로운 기관을 만들어 권위를 부여하는 통치질서에서 찾았다. 예를 들어 독일에서는 돌격대와 나치당, 친위대 등이 번갈아가며 히틀러의 뜻을 받들었고, 앞선 기관은 다음 기관의 견제와 탄압을 받으며 그 힘이 약해졌다. 오로지 지도자의 뜻만 따르는 비밀스런 기관에는 시민의 공적인 통제가 전혀 영향을 미칠 수 없었다.

전체주의에서는 지도자 외에 공식적인 의사결정 통로가 존재하지 않는다. 전체주의의 특징은 이런 질서 없는 지배가 일시적인 혼란이 아니라 일반적인 현상이라는 점이다. 아렌트의 표현을 빌리면, "전체주의 국가에 사는 모든 사람들이 확신할 수 있는 단 하나의 규칙은 정부기구가 더 잘 드러나는 만큼 그 기구의 권한이 줄어들고, 그 기구의 존재가 잘 알려지지 않을수록 행사하는 권력이 더 강력하다는 점이다"(『전체주의의 기원』, 403쪽). 전체주의를 제외한 다른 정부 형태에서는 민주적이든 권위적이든 일련의 위계질서가 만들어지는데, 전체주의는 그런 질서 자체를 넘어선다. "총통의 의지는 어느 시간, 어느 곳에서나 구현될 수 있고, 총통 자신은 그 어떤 위계질서에도, 심지어 자신이 만든 질서에도 얽매이지 않는다."(405쪽)

전체주의는 관료들이 지배하는 국가처럼 보이지만, 베버가 강조했던 관료제도의 특성인 전문성이나 사사로움에 얽매이지 않는 태도를 전체주의에서는 찾아볼 수 없다. 더 나아가 전체주의 국가에서의 관료제는 모두를 위한다고 말하지만 어느 누구도 책임을 지지 않는 지배the rule of nobody이다. "정치학과 사회과학에서 중요한 점은 전체주의 정부의 본질과 어쩌면 모든 관료주의의 본질 자체가 사람들을 공무원으로, 행정기구에서 톱니바퀴처럼 움직이는 사람으로 만들고, 따라서 이들에게서 인간적인 속성을 제거한다는 점이다."(『예루살렘의 아이히만』, 289쪽) 인간의 속성을 제거하는 관료제가 확장되고 강해질수록 사유하지 않는 인간도 늘어날 수밖에 없다. 또한 전체주의에서는 관료조직이 존재하지만 각 개인과 지도자 사이에는 공식적인 의

사소통 통로가 존재하지 않는다. 아렌트는 이를 '실체 없는shapelessness 지배'라고 부른다. 이런 지배는 고립된 개인이 지도자의 뜻을 실현하고 있다고 스스로 믿게 만듦으로써 폭력을 정당화시킨다. 실제로 독일에서는 개개인이 히틀러의 충실한 대변자이자 용감한 돌격대가 되어 빠르게 명령을 집행했고 이때의 폭력은 국익이나 지도자의 이름으로 정당화되었다.

그런데 전체주의 국가는 민족이나 국가의 이익을 내세우지만 그것을 실제 현실에서 찾지 않고 이데올로기의 허구세계에서 찾았다. 히틀러가 게르만제국의 부활을 주장했듯이 말이다. 이는 대중이 현실의 실제 이해관계를 보지 못하도록 만들었다. 그리고 과거의 영광을 되살리겠다는 허구는 무기력한 현실에 환멸을 느끼며 강한 힘을 추종하는 이들의 시선을 사로잡았다.

결국 전체주의는 시민을 고립된 대중으로 만들고 그들이 현실을 제대로 인식하지 못하도록 만든다. 그리고 대중이 자신의 이해관계를 대변할 공식적인 정부기관을 찾을 수 없게 만들어 지도자만 바라보게 한다. 정부가 존재하는 이유는 정치를 활성화시키기 위함인데, 전체주의는 이를 거부한다. 전체주의는 정치를 거부하면서 현실에 관해 논평을 하려 든다.

이런 과정이 마냥 자연스러울 수는 없기에 전체주의의 또 다른 특징인 비밀경찰이 필요하다. 지도자의 현실 해석과 다른 해석을 하는 세력, 정치를 추구하는 세력을 제거해야 하기 때문이다. 그런데 전체주의는 기본적으로 전 세계적인 제국을 지향하기 때문에 외국의 침략에 대비하는 군대보다 내부의 위험을 통제하는 경찰에 더 많이 의존한다. 아렌트의 말처럼 "모든 독재는 주로 첩보에 의존하고 외국인보다 자국민들에게 더 큰 위협을 느낀다"(『전체주의의 기원』, 421쪽). 전체주의에서 비밀경찰은 유사시에 임시로 만들어지는 기관이 아니라 공식적인 통치기관이고 그럼에도 공식적인 감시나 견제를 받지 않는다.

아렌트는 비밀경찰의 출현에 관해 흥미로운 이야기를 하는데, 비밀경찰은 "모든 정치적인 반대파가 사라지고 난 뒤에 만들어지고, 감시를 당해야 할 반대파가 사실상 사라졌을 때 그 업무가 늘어난다"(421쪽). 아렌트는 실제의 적이 사라지고 난 뒤 가상의 적을 찾으려는 과정에서 공포정치가 더욱더 확산되고 비밀경찰의 활동이 더 활발해진다고 본다. 예를 들어, 유대인은 제3제국의 객관적인 적이기 때문에 그 사람이 누구인지, 무엇을 하는지와 상관없이 제거되어야 하고 이를 위해 때로는 그 죄가 만들어져야 한다. 제국의 적은 어떤 잘못을 저질러서가 아니라 처벌을 받을 존재가 필요하기 때문에 처벌을 받는다. 그러니 전체주의 사회에서는 모범시민을 자처해도 언제 어느 순간에 객관적인 적으로 몰릴지 알 수 없다. 영화 〈25시〉의 주인공 모리츠(앤소니 퀸 분扮)가 유대인으로 몰려 수용소로 끌려갔다가 어느 순간에 생김새가 아리안족의 전형이라는 이유로 나치의 선전꾼이 되듯이 말이다. 생각하고 마음을 달리 먹을 수 있는 존재라는 인간의 특성이 그를 적으로 만들 수 있기에, 지배자가 보여주고 들려주는 것만을 믿지 않는 것, 어떤 다른 의지를 품는 것 자체가 적이고 비밀경찰의 추적 대상이다.

이런 과정을 통해 전체주의는 '총체적 지배total domination'를 실현하려 한다. "총체적 지배는 무한히 다양하고 서로 다른 사람들을, 마치 모든 인류가 한 사람인 것처럼 조직하려고 노력한다."(438쪽) 이런 지배가 제거하려는 대상은 인간의 '자발성'이다. 동물과 같은 조건반사가 아닌 인간의 자발성을 드러내려는 순간 그는 폭력을 경험하고 감옥이나 수용소에 감금된다. 영화 〈바스타드: 거친 녀석들 Inglourious Basterds〉에서 한스 대령(크리스토퍼 왈츠 분)은 유대인을 숨겨주려는 자발성 자체를 뿌리 뽑기 위해 (자신이 직접 수색해서 찾을 수 있음에도) 시민이 스스로 유대인이 있는 곳을 알려주도록 강요한다. 이렇게 선한 사람들조차 자신의 공범으로 만드는 체제가 바로 전체주의이다.

그럼에도 완전히 사라지지 않는 자발성을 제거하기 위해 만든 공간이 바로 수용소이다. 앞서 봤듯이, "강제 수용소와 집단학살 수용소가 정말 공포스러운 건 수감된 사람들이 우연히 목숨을 부지한다 해도 마치 죽은 것보다 더 효과적으로 산 사람들의 세계와 단절된다는 점이다. 공포는 망각을 강요하기 때문이다"(443쪽). 그래서 수용자들은 아우슈비츠를 '망각의 구멍'이라 불렀다. 그 속에서 우리는 서로를 기억하지 못하고, 아니 기억해서는 안 되고 존재 자체를 망각해야 한다. 실제로 수용소에서 살아남은 프리모 레비가 자살한 이유도 이와 무관하지 않다.

이런 점들을 따지면 전체주의는 단순히 정치인이나 시민을 감금하거나 숙청하기 때문에 끔찍한 체제가 아니다. 전체주의는 정치가 실현되는 공간 자체를 없애려 하기에 사악한 체제이다. 그런 의미에서 설령 사람은 사라질지언정 정치의 장은 결코 사라지면 안 된다. 추방당한 자의 삶을 산 아렌트는 그런 장의 필요성을 더욱더 절실하게 느꼈다. 자신을 드러낼 수 있는 공적인 장을 상실한 사람들에게 정치는 불가능하기 때문이다. 자신이 누구인지, 어떤 생각을 가지고 있는지를 드러낼 수 있는 공론장이 있어야 정치가 가능하다. 이렇게 보면 전체주의는 공통의 세계를 파괴하려는 위험이자 정치를 불가능하게 만들려는 체제이다.

그런 의미에서 '나는 누구인가?'라는 물음은 개인의 기원에 관한 질문이기도 하지만 사실 사회에 관한 질문이자 정치적인 질문이다. 우리에게는 이런 질문이 낯설까? 서경식은 『디아스포라 기행』(2006년 출간)에서 억지로 밀려난 삶을 사는 디아스포라diaspora의 삶을 재일조선인의 삶에서 본다. "조선 사람들 역시 과거 한 세기 동안 식민지배, 제2차 세계대전과 한국전쟁, 군사정권에 의한 정치적 억압 등을 경험해, 상당수에 달하는 사람들이 뿌리의 땅인 한반도로부터 세계 각지로 이산했다. 코리언 디아스포라의 총수는 현재 대략 600만 명이라고 한다."(14쪽) 그러니 우리에게도 이산離散은 남의 문제가 아니다. 이렇게 강제로 파괴된 세계는 쉽게 복구되지 않는다. 아렌트는 『정치의 약속』에서 "앞에서 우리는 인간의 손으로 파괴되어온 것이 다시 한번 인간의 손으로 생산될 수 있다고 썼지만, 이 주장은 생산이 아니라 인간 행위에 빚지는 [인간들] 사이의 세계에는 적용되지 않는다"(190쪽)라고 말한다. 한번 파괴된 세계는 쉽게 복구되지 않으니 한국의 정치가 계속 뒷걸음질할 수밖에 없는 것 아닐까?

인간은 서로 다르기 때문에, 독특함을 가지기 때문에 정치의 가능성이 생기는데, 전체주의는 인간이 각기 다르게 태어났고 그렇기에 다양해야 한다는 사실을 부정한다. 전체주의는 타자라는 형상을 우리의 시야에서 지운다. 생각해보면, 그런 수용소는 지금 우리 일상에도 존재한다. 계단이나 화장실을 청소하고, 아파트를 관리하고, 편의점이나 카페에서 계산대를 보는 등 우리 일상을 가능케 하는 여러 일을 하는 사람들이 투명인간이 될수록 우리 일상은 정치의 가능성을 봉쇄한다.

'시인과촌장'의 〈가시나무새〉라는 노래의 가사처럼 "내 속엔 내가 너무도 많"다. 이중인격이나 다중인격이라는 이야기가 아니다. 인간은 홀로 있을 때에도 자기 자신과 대화를 나눌 수 있는 존재이고, 자신과 대화하는 존재이기에 인간은 고독한 존재이나 고립되지 않는다. 그런 의미에서 고립과 고독은 다르다. 고독은 스스로의 선택에서 오지만, 고립은 타자의 강요에서 비롯된다. 전체주의는 사람들을 고립시키고 원자화시켜 세계와 접촉하지 못하도록 만든다. 열광에 들떠 "하일 히틀러"를 외치는 대중들은 하나의 거대한 무리처럼 보이지만 실제로는 무리를 유지하고 있는 고립된 개인들일 뿐이다. 그래서 이들은 무리 속에서만 움직이는 존재이고, 매우 활동적인 듯하지만 실제로는 무기력한 존재들이다. 이 존재가 얼마나 약한지는 고독한 상황 속에 그를 두면 금방 드러난다. 대중은 고독을 견디지 못한다. 전체주의는 인간을 고립시켜 세계를 파괴하려 한다.

이렇게 세계가 소멸하면 인간의 자유도, 인간의 자유가 가능케 하는 예측불가능함이나 영웅적인 행위도 사라진다. 국익이나 대의를 내세운 운동이 위험한 이유는 인간의 자유를 그 운동의 희생양으로 삼기 때문이다. 아렌트는『정치의 약속』에서 "우리가 새로이 [이 세계에] 도착한 사람들에게서 자발성을, 즉 새로운 무언가를 시작할 그들의 권리를 빼앗을 경우에만 세계의 행로는 결정되고 예측가능한 것으로 규정될 수 있다"(127쪽)고 말한다. 새로운 가능성이나 대안을 부정하고 이미 알려진 길만 가려는 태도는 전체주의의 흔적이다. 이 흔적은 우리를 고립으로 몰고 간다.

더구나 현대에는 또 다른 위험이 존재한다. 바로 과학기술이다. 가령 원자폭탄은 세계를 송두리째 파괴할 수 있다. 이런 과학기술은 "자유만이 아니라 생명 자체, 즉 인류와 아마도 지구상의 모든 유기체의 지속"(109쪽)을 어렵게 만든다. 과학기술의 위험은 아주 현대적인 위험으로 인류의 공통세계를 파괴하는 근본적인 악이다.

그렇다면 우리가 전체주의에 맞서 지켜야 할 것은 특정 정치인이나 이념이 아니다. 우리는 정치를 가능케 할 세계를 지키고 공론장을 활성화시키려 노력해야 한다. 악이 넘쳐나도 정치의 장이 완전히 소멸되지 않으면 새로이 정치가 시작되고 권력이 구성될 수 있기 때문이다. 제프리 골드파브J. Goldfarb는 『작은 것들의 정치The Politics of Small Things』(2006년 출간)에서 가정의 식탁, 서점, 살롱, 거리에서 시작된 새로운 정치가 사회주의권을 변화시키는 힘이었다고 말한다. 사람들이 일정한 거리를 두고 상호작용하는 곳에서는 권력이 구성되고 말과 행위를 통해 권력이 다시 구성된다. 공식적인 권력만큼 일시에 큰 변화를 만들 수는 없지만 지속적인 상호작용을 통해, 사적인 영역과 공적인 영역의 경계를 넘나들며 새로운 정치가 싹튼다. 골드파브는 "서점과 살롱은 비판적인 성찰과 독립적인 창작 활동이 출현할 수 있는 공적 공간을 더욱 발전시킨다. 식탁 주위에서 이루어지는 행위의 일반 원칙이 친밀한 신뢰의 결속을 넘어, 문자의 배포로 이어지며, 발화된 말로 확장된다"(35쪽)고 얘기한다. 이런 자리에서는 정부가 강요하는 일방적인 이야기와 다른 이야기들이 흘러나오고 '왜?'라는 물음과 '아니오'라는 답이 공유된다. 이런 상호간의 공감과 이해에 기반해 정치적인 행동이 시작되고 사회가 바뀔 수 있다. 그러니 세계가 유지된다면 정치도 새로이 시작될 수 있다.

골드파브는 대중매체나 소비자본주의가 전체주의의 경향을 자극하지만 이런 소소한 소통이 대안을 만들 수 있다고 얘기한다. 작은 것들의 정치는 변화를 자극하고, 이런 자극은 정당이나 교육, 미디어를 통해 제도화된다. 그러니 우리의 자유로운 정치적 삶을 위협하는 상황이 벌어진다면, "일상적 삶의 다차원적 특성과 다양한 프레임(그 안에서 상황에 대한 정의가 이루어질 수 있다)을 확립하려는 투쟁에 대한 이해"(184쪽)가 중요하다.

3
왜 우리는 아직도 박정희에 갇혀 있나?

사람에 대한 막연한 향수일까? 지금도 역대 대통령 인기투표를 하면 박정희가 1위나 2위를 차지한다. 독재자라는 이미지가 널리 알려졌을 뿐 아니라, 일본 관동군 장교이기도 했고 한일국교를 정상화시켰으며 헌법을 무시하고 파괴했던 사람에 대한 호감은 좀 과하고 기이하다고 여길 만하다. 그래도 경제발전을 이끈 성과가 있지 않은가 하는 말도 하지만, 경제발전 5개년 계획이 박정희 정부의 작품이 아니라 장면 정부의 작품이라는 사실도 이미 드러났다. 그리고 새마을

운동과 경부고속도로가 박정희의 업적으로 인정되곤 있지만, 그것만
으로 인기도를 설명하기는 어렵다.

이를 해명하려는 듯 2000년대 초반부터 '대중독재' 논쟁이 시작되
었고, 독재자 박정희라는 이미지만으로는 대중의 열광을 설명할 수
없다는 주장이 제기되었다. 독재는 독재자의 탄압만이 아니라 대중
의 자발적인 동의를 통해 수립되므로 지배/저항이나 강제/동의라는
이분법으론 설명하기 어렵다는 것이다. 영웅 숭배와 영웅만들기라는
스펙터클에 열광하는 대중의 속성이나 그런 이미지를 만들려는 정부
의 의도적인 조작을 고려하면, 독재를 탄압과 복종이라는 이분법으
로는 충분히 설명할 수 없다는 것이다.

적절한 지적도 있었지만 이 논쟁은 분명한 결론을 남기지 못한 채
독재자의 잘못만이 아니라 성과도 인정해야 한다는 묘한 합의로 이
어졌다. 그러면서 산업화/민주화라는 역사서술 방식이 일반적으로
받아들여지게 되었다. 산업화 단계가 있었기 때문에 민주화가 가능
했다는 식으로 이전 체제의 성과를 인정하는데, 이런 식의 서술은 새
로운 것이 아니라 경제발전이 정치발전의 전제조건이라는 낡은 정치
발전론의 변형에 불과한데도 말이다. 허나 정치발전론의 이런 전제가
적합하지 않다는 건 이미 남미나 동남아시아의 여러 사례를 통해 확
인되지 않았던가.

특히 더글러스 러미스D. Lummis는 『경제성장이 안되면 우리는 풍
요롭지 못할 것인가経済成長がなければ私たちは豊かになれないのだろうか』
(2000년 출간)에서 정치발전론의 출현 배경을 이렇게 설명한다.

이 새로운 학문 분야는 이른바 미국정부의 정책 변화에 따라 창립되었다고 보면 좋습니다. 그런 학자들은 자신의 학문 분야가 중립이라고 분명히 말하고 있지만 실은 지극히 정치적인 정책에 의해 생긴 분야입니다.

그 일을 위해 막대한 돈이 투입됐습니다. 바로 그때 나는 미국의 대학에 있었습니다. 학부 때도 대학원 때도 캘리포니아대학의 게시판은 이런 학문을 장려하는 장학금의 게시로 넘치고 있었습니다. 포드기금이라든가 록펠러기금이라든가, 특히 국방성의 장학금이 가장 좋았습니다. 국방성 장학금의 조건은 정부가 정한 '전략적으로 중요한 언어'를 하나 공부하는 것, 즉 정부가 배우길 바라는 제3세계의 언어를 어느 것이나 하나 배우는 것이었습니다. 그리고 경제발전 이데올로기를 공부합니다. 그러면 3년간 생활비와 학비를 대줍니다. 대단히 많은 액수의 장학금이었습니다. 내 동료 중에도 자신의 흥미나 관심 때문이 아니라 그렇게 하면 돈이 들어오기 때문에 전공을 바꾼 사람이 있었습니다. 이렇게 하나의 학문 분야를 돈으로 만들었던 것입니다.

그와 동시에 '남南'의 국가에서 온 젊고 유능한 사람들을 불러 미국의 대학에서 박사가 될 때까지 길러, 경제성장 이데올로기를 집어넣은 다음 그의 나라로 돌려보냅니다. 각 나라의 '경제발전 엘리트'를 길렀던 것입니다. 그것도 의도적인 국가정책이었습니다. 그에 따라 발전 이데올로기는 엄청난 힘을 지닌 이데올로기로 변해갔습니다.

― 『경제성장이 안되면 우리는 풍요롭지 못할 것인가』, 76쪽

이 주장을 받아들인다면, 산업화가 자연스럽게 민주화를 이룬다

164

는 것은 심각한 착각일 뿐 아니라 체계적으로 학습되고 강요당한 이데올로기이다.

정말 한국의 시민의식이 먹고사는 문제에만 맞춰져 있었다면 식민지 시절부터 해방 이후 4월항쟁까지의 다양한 정치활동과 시위, 목숨을 던지는 싸움은 어떻게 가능했을까? 정말 보릿고개를 극복한 업적에 대한 보답으로 대중은 박정희를 지지했고 지금도 사랑할까? 문제는 이런 발상이 경제성장을 당연시하는 발전 이데올로기에 사로잡혀 있고, 아렌트가 우려했던 사적인 이해관계가 공적인 관심을 압도하는 상황을 정당화시킨다는 점이다.

나오미 클라인N. Klein은 『쇼크 독트린The Shock Doctrine』(2007년 출간)에서 '시카고 보이즈Chicago Boys'라 불리는 밀턴 프리드먼M. Friedman의 제자들이 소위 자유로운 시장경제를 강요하기 위해 남미 군인들의 쿠데타와 학살을 어떻게 지원했는지를 추적한다. 클라인은 엘리트들이 자유시장을 내세웠지만 이를 거부하는 시민들을 억압하기 위해 실제로는 고문을 활용하는 잔혹한 통치체제가 반드시 필요했고 "프리드먼 식의 자유로운 사적 경제 설립과 인플레이션 통제는 평화적으로 이루어질 수 없"(132쪽)다고 봤다.

박정희 정부의 성장정책은 이와 달랐을까? 박정희 정부의 선성장 후분배 경제정책을 설계했던 남덕우, 이승윤, 김만제 등은 이른바 '서강학파'로 불렸는데, 이들 모두가 미국 유학파이고 자유로운 시장을 만들기 위한 강력한 정부정책을 주장했던 사람들이다. 실제로 박정희 시대의 성장은 반대하는 목소리를 철저히 차단한 채 농민과 노동자의 피땀을 착취하면서 이루어졌으니 한국에서도 '쇼크 독트린'이

실시되었을 가능성은 있지 않았을까? 그리고 브루스 커밍스의 『한국
현대사 *Korea's Place in the Sun: A Modern History*』(1997년 출간)에 나오듯, 박정
희 정부의 경제정책은 시민을 위한 것이 아니라 일부 기득권층을 위
한 경제정책이었다. 경제성장은 시민을 위한 것이 아니라 시민들을
장기판의 말로 삼아 자신들의 이해관계를 실현하려는 방법이었다.

경제를 바로 세우기는커녕 박정희는 정치자금을 마련하기 위해
1963년 중앙정보부장이던 김종필에게 지시해 대규모 증권조작사건
을 일으키기도 했다. 그리고 일본과의 외교관계를 맺을 때도 식민지
지배에 대한 배상이 아니라 징용/징병으로 끌려갔던 사람들의 임금
과 목숨값을 요구했다. 이것은 2005년에 공개된 외교문서에서 이미
드러난 사실이다. 더구나 이때 받았던 6억 달러(무상 3억, 차관 2억, 민간차
관 1억 달러)는 기업들에게 막대한 리베이트를 받으며 분배되었고, 이렇
게 축적된 자금은 정치자금으로 활용되었다(일부는 경부고속도로와 포항제
철을 만드는 데 쓰였다).

그래서 박정희가 집권하고 십여 년이 넘었을 때에도 여전히 보릿고
개는 존재했고 시민은 국가가 요구하는 절미운동이나 혼분식운동에
강제로 동참해야 했다. 심지어 모든 학교의 학생들이 저금통장을 만
들고, 폐지와 폐품을 모으고, 하다못해 오줌까지 모아서 국가에 헌납
해야 했다. 필요하다면 공권력을 남용해서라도 절약과 절제를 강요하
는 것이 그 시대의 방식이었다.

그런데도 왜 시민들은 자신들을 위하지도 않은 박정희를 존경할
까? 고된 '보릿고개'를 넘길 수 있었다는 기억 때문에? 수출금자탑의
후광 때문에? 숨죽여 고된 노동을 감당해야 했으면서도 살림살이가

나아질 거라는 기대가 우리의 민주주의를 잠식한 걸까? 일제 식민지 시절 일본의 총칼에도 굴하지 않았고 이승만 정부를 무너뜨렸던 한국인들이 먹고사는 것의 절박함을 뒤늦게 깨달은 걸까? 여전히 풀리지 않는 의문들이 많다.

만약 아렌트의 관점으로 박정희 정부를 분석하면 무엇이 드러날까? 독재가 아니라 전체주의의 관점으로 말이다. 앞서 정리했듯이 아렌트가 전체주의의 특징으로 지목하는 실체 없는 지배와 비밀경찰, 총체적 지배라는 틀로 박정희 체제를 분석하면 이떤 이야기를 할 수 있을까?

실체 없는 지배는 대중 개개인이 지도자와 일체감을 가지며 자신이 지도자의 위대한 뜻을 실현하고 있다고 믿게 만드는 지배 형태이다. 그래서 정치를 활성화시킬 수 있는 장은 위축되고 공식적인 정치 과정은 중단된다. 박정희는 1961년 5월 16일 군사쿠데타를 시도한 뒤 자신의 측근들로 '국가재건최고회의'를 구성했고, 그때의 주요정책은 정당과 사회단체의 해산과 언론의 검열이었다. 사회단체는 관변단체들만 인정되었고 정당은 사실상 역할을 하기 어려웠다. 주요한 정적이나 반대여론을 없앤 것이다.

그리고 5·16 쿠데타를 일으켰을 때에는 당시 참모총장이던 장도영을 끌어들였다가 쿠데타가 성공하자 군부 내의 반대세력을 '군 일부 반혁명사건'(알래스카 토벌작전)으로 몰아내고 박정희가 직접 국가재건최고회의 의장에 취임했다. 그리고 2년 7개월간의 군사통치가 끝나고 민정 이양 시기가 다가오자 차지철, 전두환 같은 부하장교들을 정치권에 끌어들여 민주공화당을 창당하고 직접 총재가 되었다. 이렇게 특정 인물을 중심으로 뭉치는 구조는 공식적인 의사결정구조보다 밀실타협을 활성화시켰다. 각 파벌을 대표하는 정치인들만 부각되고 그들에게 사회의 자원이 집중되다 보니 다원적인 정치의 활성화가 불가능했다.

　그 과정에서는 측근들의 숙청도 잇따랐다. 군사쿠데타를 함께 일으킨 동지이자 중앙정보부를 장악하고 있던 김종필이 공화당 발기위원회 의장을 맡으면서 과거 국가재건최고회의 구성원들을 배제하고 독자적인 힘을 기르자 1968년 '국민복지회 사건'으로 그의 지지세력이 제거되었다. 당시 중앙정보부장 김형욱은 박정희의 지시를 받아 김종필을 감시했고 국회의원을 고문하면서까지 사건을 조작해 김종필은 당직과 국회의원직 모두를 내려놓아야 했다. 그리고 박정희의 명령을 충실히 따르며 정치공작을 벌이던 김형욱은 '코리아게이트사건'이 미국 내에서 불거지고 박정희의 총애를 잃자 미국 의회에 출석해서 이 사건과 관련한 증언을 한 뒤 행방불명된다. 이 사건은 박정희의 명령으로 중앙정보부가 김형욱을 암살한 것으로 알려졌다. 즉 박정희 외에는 어느 누구도 지배할 수 없는 구조였다.

　박정희가 총재로 있던 당조직 역시 지도자를 중심에 놓고 형식적인 체제만 갖췄다. 민주공화당은 대표조직, 정책입안조직, 사무국조직으로 나뉘었는데, 총재의 명령에 따르는 사무국조직과 당무회의가 실질적으로 당을 이끌면서 업무와 자금을 관리했다. 이는 박정희 개인을 중심으로 일사불란하게 당이 움직이려 했던 탓이다. 형식적으로는 공식조직인 여당이 정권을 담당하는 것처럼 보였지만, 권력의 실세가 드러나지 않고 시민의 감시망에서도 벗어난 중앙정보부, 비서

실, 경호실과 같은 대통령의 직속기관이 엄청난 권력을 행사했다. 특히 유신체제에서 청와대 비서실은 실질적인 정책 결정을 담당했고, 정치와 무관해야 하는 경호실도 직접 정치와 행정을 관장하려 했다. 박정희가 자신의 측근이던 김재규 중앙정보부장에게 비밀요정에서 자신의 경호실장과 함께 권총으로 사살당했다는 사실만 봐도 이 지배체제가 공식적이지 않다는 점을 알 수 있다.

이런 억압적인 질서에 반발해서 중간중간 '항명파동'이 벌어지긴 했으나 신속하게 제압되있다. 예를 들어, 1969년 4월 8일 야당이 제출한 권고병 문교부장관 해임권고건의안이 통과되자, 박정희는 "1주일 안에 이번 사건을 주동한 반당분자를 철저히 규명하여 그 숫자가 몇십 명이 되더라도 가차 없이 처단하라"는 지시를 내렸다. 실제로 의원총회에서 5명의 국회의원이 제명되고, 중앙위원 11명, 지구당 부위원장 4명을 포함한 93명이 제명되었다. 그리고 이런 항명을 막기 위해 유신헌법은 국회의 구성에 대통령이 관여해서 3분의 1의 국회의원을 지명하도록 했고, 유신 이후에는 '유신정우회維新政友會'가 국회 내 친위부대 역할을 맡았다. 국회 내에 만들어진 원내교섭단체로 '유정회'라 불렸던 이 조직은 국회를 실질적으로 지배했다. 이런 지배질서에서는 박정희라는 개인이 불거질 뿐 다른 공식적인 정부기관이나 정당, 사회단체들이 공식적인 활동을 하지 못하거나 활동을 하더라도 책임 있는 권한행사를 하기 어려웠다. 이것을 실체 없는 지배라 부를 수 있지 않을까?

실체 없는 지배의 영향이 제도정치에만 미친 건 아니었다. 박정희 정부가 일제 시기의 국민학교를 그대로 유지하고 「국민교육헌장」을 보급하며 시민을 국민으로 만든 이유는 무엇일까? '국민총화國民總和' 와 '멸사봉공滅私奉公'을 강조하고 학교 교실마다 자신의 사진을 걸게 한 이유는 무엇일까? 아침과 저녁마다 국기게양식과 국기강하식을 하며 "나는 자랑스런 태극기 앞에 조국과 민족의 무궁한 영광을 위 하여 몸과 마음을 바쳐 충성을 다할 것을 굳게 다짐합니다"라고 되뇌 도록 하고 전 시민이 같은 시간대에 국민체조를 하도록 한 이유는 무 엇일까? 학교에 학도호국단을 설치하고 교련을 가르친 이유는 무엇 일까? 국민과 지도자의 일체감은 자연스럽게 형성된 것이 아니라 집 중적인 교화와 주입식 교육, 심한 처벌을 통해 형성되었다. 특히 한국 의 교육은 독특함을 가진 고유한 존재들을 똑같은 인간형으로 물건 처럼 찍어냈다.

전체주의의 특징인 비밀경찰도 활기를 쳤다. 미국의 중앙정보부 CIA를 본떠 만든 대한민국중앙정보부KCIA는 '중정'이라 불리기도 했 는데, 하늘을 나는 새도 떨어뜨린다고 할 만큼 힘이 강했던 조직이다. '시국정화단'이라는 임의조직을 이어받아 1961년 5월 정부의 직속기 관으로 만들어졌는데 입법·사법·행정 어느 쪽의 통제도 받지 않았 고, 1963년 3월부터는 사실상 대통령 직속의 최고권력기구가 되었다. 처음에 만들어질 때는 장관급 부서였으나 1972년 10월 10일 유신 선 포 이후에는 부총리급으로 격상되었다. 1964년에는 중정요원의 수가 무려 37만 명에 이르기도 했으니 조직이 얼마나 곳곳에 퍼져 있었을 지 짐작할 수 있다. 중정은 이런 엄청난 조직력을 바탕으로 정보·첩보 업무 외에 대공업무 및 내란죄·외환죄·반란죄·이적죄 등을 담당했 다. 박정희가 암살될 때까지 이 비밀경찰을 담당한 인사들을 살펴보

자. 중앙정보부장들은 김종필, 김용순, 김재춘, 김형욱, 김계원, 이후락, 신직수, 김재규 순으로 모두 당시에 사회를 호령했던 인물들이다.

아렌트에 따르면 비밀경찰은 단지 비밀스럽게 활동하기 때문에 위협적인 것이 아니다. 비밀경찰이 확산시킨 공포정치는 실제 범죄자가 아니라 잠재적인 범죄자를 적발한다. 비밀경찰은 적을 검거하는 장치가 아니라 내부의 적을 만드는 장치였다. 실제로 중앙정보부가 수많은 간첩단 사건을 조작한 것을 보면 아렌트가 말한 비밀경찰의 의미가 딱 들어맞는다. 비밀경찰은 정부가 보여주는 것을 믿지 않으려는 '의지', 정부가 제시한 것과 다른 의견을 말하려는 '생각' 자체를 단속한다. 그러면 정부가 알려주는 것을 믿지 않더라도 저항하지 않고 무조건 받아들여야 한다는 이상한 습성이 시민의 생각을 지배하게 된다.

남북한의 대치 상황이 비밀경찰의 존재를 정당화시킬 수도 있지만, 중앙정보부의 활동은 아렌트의 말처럼 북한보다 남한에 맞춰져 있었다. 시민들 서로가 서로를 끊임없이 경계하고 감시하도록 만들어서 시민들 사이에 등장하는 공통의 세계를 붕괴시키는 것이 비밀경찰의 역할이었다. '대공분실'이라는 말만 들어도 국민들이 벌벌 떨도록 만드는 것이 비밀경찰의 목적 아니었을까?

또한 1948년에 제정된 국가보안법과 1961년 7월에 공포된 반공법은 비밀경찰의 만능도구였다. 특히 반공법은 "국가재건과업의 제1목표인 반공체제를 강화함으로써 국가의 안전을 위태롭게 하는 공산계열의 활동을 봉쇄하고 국가의 안전과 국민의 자유를 확보함을 목적으로 한다"는 명목으로 반反국가단체에 가입하거나 가입을 권유한

자, 반국가단체를 찬양·고무한 자, 반국가활동을 목적으로 모이거나 상호 연락하는 자 등은 7년 이하의 징역에, 이러한 죄를 범할 목적으로 예비·음모한 자는 5년 이하의 징역에 처하도록 했다. 흥미로운 점은 실제로 활동하지 않더라도 '예비'하거나 '음모'했다는 사실만으로도, 즉 생각하고 이야기를 나눴다는 사실만으로도 처벌이 가능하고, 반국가단체에 편의를 제공한 자도 10년 이하의 징역을 받았다는 것이다. 또한 이런 활동을 인식하고서도 수사기관 또는 정보기관에 신고하지 않은 사람 또한 불고지죄不告知罪로 5년 이하의 징역 또는 10만 원 이하의 벌금형을 선고받았고, 반대로 이런 활동을 신고한 사람은 상금을 받았다. 조금이라도 의심이 들면 간첩으로 신고하고 그러지 않으면 처벌을 받도록 하는 체제, 한마디로 시민들에게 감시 본능을 심는 체제였다.

심지어 박정희 정부는 시민들에게 '간첩식별요령'까지 친절하게 알려줬다. 이런 식이다.

- 새벽에 등산복 차림으로 출현하는 자
- 은연중 '동무'란 호칭을 사용하는 자
- 6·25 때 행방불명되었다가 최근에 나타난 자
- 갑자기 생활수준이 높아진 자
- 담뱃값 등 남한 실정에 어두운 자
- 심야에 이북방송을 청취하는 자
- 군부대 주변을 배회하는 자
- 현 정부에 불평불만이 많은 자

- 직업 없이 사치 생활을 영위하는 자
- 군부대 상황을 알려고 하는 자
- 장기간 행방불명(行不)되었다가 나타난 자
- 연고자 없이 외국여행이 잦은 자

　이런 식별요령에 따르면 시민 상당수가 의도하지 않게 간첩 혐의를 받을 수 있다. 이 모든 것은 시민들이 서로를 감시하도록 만들고 비밀 경찰이 우리 곁에 있다고 느끼도록 만드는 장치였다.

　이런 과정을 통해 박정희 정부가 추구한 것은 무엇일까? 아렌트는 이를 '총체적 지배'라 불렀다. 수없이 다양하고 독특한 사람들을 마치 하나의 인간인 것처럼 조직하려는 지배, 인간의 자발성을 완전히 거세시키려는 지배가 바로 총체적 지배이다. 아침이면 "새벽종이 울렸네. 너도 나도 일어나 새마을을 가꾸세"라고 노래 부르며 쓰레기를 치우고, "우리도 한번 잘살아보세"라며 정부의 지시를 따른다. 심지어 머리가 길면 장발 단속, 치마가 짧으면 미니스커트 단속, 풍기를 문란하게 만든다며 노래도 금지곡, 이런 식으로 사람들의 일상을 일일이 관리했다. "아들딸 구별 말고 둘만 낳아 잘 기르자"며 시민의 내밀한 성생활에도 개입했다.

　이러니 박정희 정권 이전에 일제 식민지를 경험하면서 권력을 곧 폭력이라 여겼던 인식은 바뀔 수 없다. 식민지 35년과 미군정 3년, 이승만 집권 12년을 거치며 시민들은 한편으로 정치권력에 대한 부정적인 인식만을 키웠고, 다른 한편으로 무조건적인 복종을 생존의 지혜로 받아들이게 되었다. 더구나 한국전쟁과 남북한의 대치라는 상황은 정부나 정치인에 대한 반대를 국가에 대한 부정이나 배신으로 여기게 만들었다. 시민들이 공적인 부분에서 행복을 경험하는 것은 금지되었고 오로지 사적인 행복, 경제적인 삶에 집중할 것을 강요당했다.

심지어 박정희 정권은 외화벌이를 목적으로 기생관광을 주도하기도 했다. 많은 여성들의 신체가 국가사업을 위한 도구가 되었고, "'국제수지 개선을 위한 무형 수출산업', '무역수지 적자폭을 메우는 유일한 흑자산업', '자본도 시설도 원자재도 필요 없는 매우 유리한 외화획득책', '굴뚝 없는 산업', '수요도 공급도 얼마든지 있는 인기 산업'이라는 이야기가 1970년대 초부터 정부기관과 언론을 통해 봇물처럼 터져나왔다"(『유신을 말하다』, 187쪽). 그리고 알려졌다시피 베트남전쟁에서도 박정희 정권은 국민의 목숨과 경제적인 이해관계를 거래했다. 경제적인 이해관계를 위해 사람의 신체와 목숨이 거래되고, 이는 국익의 이름으로 정당화되었다. 이런 사회에서 인간의 가치는 무엇이었을까?"

그뿐 아니다. 나치의 아우슈비츠만 수용소가 아니었다. 박정희 정부 말기에는 부랑자들의 수용소가 만들어지기 시작했다. 1975년 12월 15일 내무부는 '훈령 410호(부랑인의 신고, 단속, 수용, 보호와 귀향 및 사후관리에 관한 사무처리지침)'를 발표해서 부랑자를 거리에서 '사냥'해 강제로 수용소에 수용했다. 이때의 부랑자는 "일정한 주거가 없이 관광업소, 접객업소, 역, 버스정류장 등 많은 사람이 모이거나 통행하는 곳과 주택가를 배회하거나 좌정하여 구걸 또는 물품을 강매함으로써 통행인을 괴롭히는 걸인, 껌팔이, 앵벌이 등 건전한 사회 및 도시 질서를 해하는 사람"이라 규정되었다. 질서를 해친다는 모호한 규정으로 시민이 체포되고 수용소에 감금된 셈이다. 더구나 이들이 수용된 수용소는 열악한 조건으로 수용자들을 학대했고, 대표적인 사례인 부산형제복지원은 12년 동안 밝혀진 것만 513명의 목숨을 빼앗았고 수용자들에게 강제로 노동을 시킨 대가를 착취했다. 우리 사회에 살고 있지만 시민권을 누리지 못한 사람들은 질서를 내세운 폭력의 희생양이, 수용소 밖의 시민들에게 보내는 경고장이 되었다.

이런 점을 고려하면, 그동안 박정희 정권을 단순히 독재라고 규정해온 것은 한계를 갖지 않을까? 독재라고 규정하면 독재자에게만 초점이 맞춰지는데, 우리가 관심을 가져야 하는 건 바로 공적인 세계이다. 시민의 공적인 정치를 봉쇄하고 권력 자체를 없애려 한다는 점에서 전체주의는 독특하다. 박정희는 정치를 독점하려 했을까, 정치를 제거하려 했을까?

그리고 자발성을 거세당한 존재, 개인의 독특성을 상실하고 집단화된 존재, 서로를 끊임없이 경계하고 감시하면서 개별화된 대중으로 변해 버린 존재, 그래서 공적인 권력을 구성하는 것보다 지도자와의 연결고리에 더 많이 의존하는 존재, 이런 존재가 우리의 지난 모습 아닐까? 아렌트의 말처럼 파괴된 세계를 복원하는 것은 인간의 노력만으로 가능하지 않다. 그렇다 하더라도 공통의 세계를 복원하려는 노력이 중요할 텐데, 그런 시도가 얼마나 있었을까? 그런 시도들이 얼마나 있었고 왜 실패했는지는 제3장에서 구체적으로 살펴보자. 다만 그동안의 시도들이 무너진 공통의 세계를 복원하는 것보다 폐허 속에 남은 한 줌의 힘을 차지하기 위한 경쟁에 관심을 쏟았음은, 사회변화를 주장하던 사람들도 기성체제가 만든 인간형에서 벗어나지 못했음은 지적하고 넘어가자. 사회변화를 주장하던 사람들도 공통의 세계, 자유의 공간을 구성하려고 노력하지 않고 그 힘을 가지는 것에만 관심을 기울였다. 저쪽이 가지면 악이고 내가 가지면 선이라는 이분법은 정치를 다시 진리의 영역으로 몰아갔고, 우리 내부에서 권력이 구성될 수 있고 권력을 구성해야 한다는 점은 무시되었다. 그리고 그 권력이 다시 공통의 세계를 건설해야 한다는 점도 무시되었다.

4
우리는 전체주의의 조건에서 벗어났을까?

아렌트가 분석했듯이, 박정희 체제라는 전체주의의 등장을 가능케 한 사회적 조건을 이해하는 것이, 그 조건을 대면하는 것이 필요하다. 아렌트는 유대주의와 제국주의, 대중사회에 기반한 전체주의운동이 그런 조건을 만들었다고 봤다. 그렇다면 우리는 이제 그런 조건들에서 벗어났을까?

가장 먼저 드는 의문, 지금 우리 사회의 '유대인'은 누구일까? 사회에서 같이 생활하고 있지만 비국민의 지위를 강요당하는 시민들은 누구일까? 여성과 청소년, 성소수자, 이주노동자 등 여러 존재들이 생각나지만 가장 결정적인 단어는 바로 '종북從北'이라고 생각한다. 한때는 '간첩'이나 '빨갱이'로 불렸던 사람들. 간첩이나 빨갱이라 호명되는 순간 그 모든 관계와 인격, 가장 기본적인 인간성도 부정되었던 때가 있었다. 종북이란 호명도 이 연장선상에 있다. 종북이라 규정되는 순간 이들의 목소리는 소음이 되고 이들의 권리는 부인되어야 할 위협 요인이 된다. 엄연히 우리 사회에 함께 존재하고 국민의 지위를 가지고 있음에도 이들은 북한과의 특수한 관계 때문에 언제라도 비非국민, 반反국민의 지위로 떨어질 수 있는 존재들이자 객관적인 적이다. 그리고 한국의 기득권층은 이들에 대한 반감을 활용해서 자신들에게 필요한 정치적인 조건과 상황을 만들어낸다.

그리고 유대인 내부가 서로 다른 지위로 구분되었듯이 종북에도 그런 구분이 존재한다. 한때 사회정의를 내세웠으나 어느 순간 강력한 이해관계집단으로 변한 상층 운동권들은 사회적인 권력과 지위를 누리지만, 북한과의 특수한 관계 때문에 보수적인 세력에게는 "증오의 대상이자 '악덕'의 표상"이다. 그런데도 상층 운동권들은 자신의 경력을 팔아 자리를 얻는 것에, 특권에 관심을 가졌을 뿐, 운동사회 전체의 시민권을 복원시키려 하지 않았다. 그러니 국가보안법은 지금도 존재할 수밖에 없다. 그리고 하층(?) 운동권들은 여전히 자신의 존재를 숨긴 채 일상을 살고 자신들만의 '게토'에 머물게 되었다. 그렇지만 국가보안법이 폐지되지 않는 이상 누구라도 집권층의 뜻에 따라 비국민·반국민의 지위로 전락할 수 있다.

비슷한 맥락에서 전체주의 조직이 아니라 전체주의운동이 전체주의의 조건을 만드는 것이라면, 지금 우리 사회에 출현한 '일간베스트(일베)'의 존재에 주목할 필요가 있다. 그리고 일베가 전파하는 담론보다 일베의 주체와 일베가 희생양으로 삼는 존재들에 주목할 필요가 있다. 여성과 이주민, 좌좀(좌익좀비)들이 일베의 주된 공격 대상인데,

이들의 공격에 환호하는 보수적인 지식인과 기득권층에도 관심을 쏟을 필요가 있다.

『한겨레21』 제1038호(2014년 12월 1일자)에 실린 박권일과 나영의 대담에서 전체주의운동의 징후를 느낄 수 있다. 「'막장성' 만나 터져나오는 혐오」라는 기사에서 박권일은 일베의 활동을 혐오의 논리를 담은 경제·보건 담론이라고 본다. 일베는 아직 시민권을 갖지 못하거나 시민권을 제대로 행사하지 못하는 소수자들을 공격하고, 그들이 세금을 갉아먹는다며 불만을 터뜨린다. '종북 게이'라는 호명은 한국사회의 특수성을 극명하게 드러내는데, 비국민의 지위 중 가장 극단적인 지위를 드러내는 호칭이다. 국민으로서의 권리만 누리지(실제로는 그 권리를 누리지 못하고 있음에도) 의무를 다하지 않는다는 주장인데, 이것이야말로 전체주의운동의 중요한 특징이다. 과거의 빨갱이와 달리 종북은 사회적인 의무를 다하지 않는 권리주체라는 낙인까지 찍힌다.

이렇게 사회적인 증오가 아무런 여과 없이 표출되는데 공권력은 이를 방치하고 있다. '막장'이라는 말이 들어맞을 만큼 무덤의 묘비를 부수고, '테러'라고 부를 만큼 콘서트장에 난입해 인화물질을 던지는 수준까지 활동이 진행되는데도 공권력은 이를 방치한다. 그리고 세월호 참사나 대통령 비판 전단지 사건에서 드러났듯이 공권력은 스스로 법을 무시하고 어기면서까지 시민의 권리를 억압한다. 이런 공권력의 태도 역시 전체주의운동이 성장하던 시기의 특징과 일치한다. 그러니 우리는 지금 매우 위험한 시대를 살고 있는 셈이다.

더구나 우리는 경제가 모든 것을 압도한 사회를 살고 있다. 한국사회의 경제 집중도는 점점 더 심화되고 있고, 1997년 IMF 이후에는 국제금융자본과 재벌, 자유주의 정부의 동맹체제가 한국사회를 지배하며 '기업하기 좋은 나라'를 만들고 있다. 이 와중에 고용 없는 성장과 비정규직 증가는 바꿀 수 없는 흐름이 되고 있고, 대기업과 중소기업의 하도급거래는 사라지지 않고 있다. 최근 들어서는 기업의 사회적 책임CSR이나 사회공헌활동을 비롯한 여러 기업의 경영전략들이 사회를 관리하는 새로운 규율을 만들고 있다. 아렌트가 가장 우려했던 상황이기도 하다.

그러니 시민의 수동성 순응은 정치만이 아니라 경제에서도 강요당하는 셈이다. 한국정부와 재벌들은 공유지들을 사유화하고 기존의 사회적 관계들을 화폐관계로 대체하면서 시민을 소비자로, 일하는 노예로 전락시켰다. 대표적으로 손낙구의 『부동산계급사회』(2008년 출간)에서 드러나듯이, 땅은 철저히 사유화되었을 뿐 아니라 투기의 대상으로 전락했고 월세·전세에 쫓기며 긴 노동시간을 감당해야 하는 시민들은 공적인 영역에서 점점 더 멀어졌다. 기본적인 노동조건이나 사회복지의 부담은 가정으로 떠넘겨졌고, 기업들은 '가족임금'을 내세워 남성을 가족 부양자로 만들고 사회의 가부장주의를 더욱더 강화시켰다. IMF를 거치며 한국사회는 무한경쟁과 승자독식의 원리에 따라 재편되고 있으니 정치의 조건은 점점 더 어려워지고 있다. 우리가 '공통의 세계'에 살고 있다는 사실은 점점 잊혀졌다.

아렌트는 '공적인 행복public happiness'을 얘기하면서 이 행복감의 상실이 공동체나 정치의 상실과 맞물려 있고 공적인 자유의 상실로 이어진다고 봤다. 공권력에 접근하고 그것을 공유하는 과정에서 참여자가 되는 경험은 사적인 행복과는 전혀 다른 경험을 개인에게 주는

데, 우리는 경제라는 이름으로 이 자유를 잃어버린 것은 아닐까? 우리는 그 잃어버린 자유에 대한 보상을 경제적인 삶에서 찾아야 한다고 세뇌당하고 있는 건 아닐까? 그리고 그것이 부메랑처럼 되돌아와서 다시 우리의 먹고사는 문제를 위협하는 건 아닐까? 이 악순환 고리는 아마도 박정희 체제에서부터 만들어졌다고 봐야 한다.

함석헌은 『사상계』 1961년 7월호(통권 96호)에 실은 「5·16을 어떻게 볼까?」라는 글에서 "사람됨이 어디 있느냐? 자유自由지. 자유自由에만 있다. 자유自由가 무엇이냐? 정신의 맘대로 자람 아니냐? 정신이 어떻게 자라느냐? 말함으로만, 말 들음으로만 자란다. 제 발이 오천 년 아파도 아프단 소리를 못 하고, 슬퍼도 목을 놓고 울어도 못 본 이 민중을, 이제 겨우 해방이 되려는 이 민중을 또 다시 입에 굴레를 씌우지마라. 정신에 이상이 생겼거든 지랄이라도 맘대로 하게 해야 될 것이다. 4·19 이후 첨으로 조금 열었던 입을 또 막아? (…) 군인이 왜 그리 기백이 없으냐? 나는 공산당 터럭만큼도 무서운 것 없더라" 하고 호통쳤다. 우리가 진정 자유로운 존재를 지향한다면 '정치의 부활'이 가능하지 않을까?

『전체주의의 기원』

Arendt, Hannah, The Origins of Totalitarianism, 1951.

『과거와 미래 사이』

Arendt, Hannah, Between Past and Future, 1961.

한 계급에의 소속감과 집단의 편협한 의무, 정부에 대한 전통적인 태도는 개인적으로나 인격적으로나 나라의 통치에 책임감을 느끼는 시민의 성장을 방해했다. 계급체계가 파괴되고 사람들을 정치체제에 묶어두었던 유무형의 그물망 구조 전체가 완전히 무너지자 비로소 국민국가의 주민들의 비정치적인apolitical 특성이 드러났다. 이해관계를 따르던 정당들이 더 이상 계급의 이해관계를 대변할 수 없었기 때문에 계급체계의 붕괴는 자연스럽게 정당제도의 붕괴를 의미했다. (…) 그래서 정당들은 점점 더 심리적이고 이데올로기적인 선전을 하게 되었고, 정치적인 관점에서 점점 더 변명을 늘어놓고 과거지향적으로 변했다. 더구나 정당들은 어느 정당도 자신들의 이해관계를 신경 쓰지 않는다고 느끼면서 정치에 아무런 관심을 갖지 않게 된 중립적인 지지자들을 눈 깜짝할 사이에 놓쳐버렸다. 그래서 유럽의 정당구도가 붕괴했음을 알리는 첫 신호는 오랜

당원들의 탈당이 아니라 청년들을 새로운 당원으로 모집하지 못한 것과 조직되지 않은 대중의 암묵적인 동의와 지지를 잃어버린 것이었다. 이 조직되지 않은 대중은 갑자기 무관심해졌고 폭력적인 반대 목소리를 새로 낼 수 있는 곳이라면 어디든 달려갔다.

－『전체주의의 기원』, 314~315쪽

계급이라는 말이 정치무대에 제대로 등장조차 못한 한국사회이지만 이 문장의 분위기는 우리에게 낯설지 않다. 한국이라면 이 문장을 이렇게 바꿀 수 있을 것 같다. "연고집단에 대한 헌신, 미군정과 한국전쟁 이후 국민에 속하기 위해 무조건 받아들여야 했던 반공이데올로기와 정부에 대한 전통적인 태도는 개인적으로나 인격적으로 국가 통치에 책임감을 느끼는 시민계급의 성장을 가로막았다. 독재가 무너지고 국민을 국가에 묶어두었던 끈들이 끊어지자 국민국가 주민들의 비정치성이 드러났다. 독재의 붕괴는 자동적으로 이해관계에 따른 이합집산을 자극했다. 주로 기득권을 대변해온 정당들은 여전히 계급의 이익을 고려하지 않았기 때문이다. 그 결과 정당들은 더욱더 심리적인 이데올로기전에 몰두했고, 과거지향적인 정치 관점을 고수했다. 투표권을 획득한 중립적인 지지자들은 어떤 정당도 자신들의 이익을 돌보지 않는다고 느껴서 정치에 전혀 관심을 두지 않았다. 그래서 한국의 정당체제는 젊은 층의 탈정치화와 조직되지 않은 대중의 무언의 동의와 지지를 상실하며 붕괴되었다. 이에 대중은 빠른 속도로 냉담해졌고 적대감을 불태울 수 있는 곳이라면 어디라도 달려갔다." 다른 과정이지만 비슷한 결론이다. 아렌트의 책

곳곳에서 이건 지금 우리 현실과 똑같네, 라는 느낌을 받는 문구들을 찾을 수 있다.

> [양파의 구조를 닮은] 체계의 가장 큰 장점은 전체주의운동이 [양파껍질처럼 나눠진] 각각의 층위들에 [자신들이] 평범한 세계와 다르고 그보다 더 급진적인 의식을 가지고 있다며 평범한 세계에 관한 이야기를 꾸며낸다는 점이다. 심지어 전체주의가 지배하는 상황에서도 말이다. 그래서 [일반] 당원과 비교할 때 신념의 강도에서만 차이를 보이는 비밀조직의 지지자들이 전체 운동을 에워싸고, 밖으로는 자신들의 광기와 과격함이 덜하다면서 평범한 척 가장한다. 동시에 전체주의운동에게는 이들이 평범한 세계를 대표하므로, 전체주의운동의 참여자들은 자신이 다른 사람들과 비교할 때 확신의 정도만 다르다고 믿게 한다. 그래서 운동의 참여자들은 자신을 둘러싼 실제 세계와 자신들의 세계 사이에 놓인 깊은 심연을 알 필요가 결코 없다. 이런 양파 구조는 실제 세계의 사실성에 맞서 충격을 견디는 조직구조를 만든다.
>
> — 『과거와 미래 사이』, 99~100쪽

전체주의운동은 자신이 다른 사회운동보다 훨씬 근본적이고 급진적이라고 주장한다. 이 운동은 누구도 먼저 나서지 않으려는 세계에서 자신만이 의미 있는 활동을 펼치고 있다는 강한 확신을 조직원들에게 준다. 그래서 뿌리 없이 흔들리는 대중일수록 이 강하고 매력적인 운동에 휩쓸려 들어간다. 우리는 흥분한 군중이 세상을 잘 모른다고 비판하지만 그들이 사는 세상은 우리가 사는 세상보다 훨씬 더 분명하고 단단하다. 실제 현실과 접촉하지 못하도록, 생각하지 않도록 가려주는 막이 존재하기 때문이다.

더구나 이들은 자신의 정체성과 질서를 동일시하기 때문에 질서에 대한 비판을 자신에 대한 비판으로 받아들인다. 대통령이나 미국의 잘못된 정책에 대한 비판을 국가질서에 대한 도전이나 자신에 대한 모욕이라 생각하는 사람들이 전체주의운동의 지지자들이다. 그리고 이들 곁에는 소위 합리적인 세계, 합리적인 보수를 대표한다는 사람들이 있다. 합리적인 보수는 그렇게까지 할 일은 아니라며 전체주의운동을 타박하지만 그 일을 막지는 않는다. 예를 들어, 종북콘서트를 막는다며 황산을 던진 고교생의 폭력을 나무라지만 그 의도를 탓하지는 않는다. 방법이 나빴을 뿐이라는 식이다. 이처럼 합리적인 보수를 자처하는 자들이 극우파를 조금 더 견딜 만한 것으로 만들 뿐 아니라 그들의 신념을 지속시킨다. 이런 양파 구조가 실제 세계에 대항해 허구의 세계를 지속시키고 현실의 충격을 완화시킨다.

그리고 이것은 진보를 자처하는 사람들에게서도 똑같이 확인할 수 있는 현상이다. 아렌트의 이런 분석은 우리가 사는 세계의 속내를 드러낸다는 점에서 매우 매력적이다.

정치와 권력

전체주의를 막을 힘은 민주적인 지도자를 뽑는 것이 아니라 시민의 정치력에 달려 있다. 제아무리 훌륭한 정치인을 선출하더라도 시민의 정치적인 힘이 살아나지 않으면 민주주의는 언제라도 위기를 겪을 수 있다. 그런 점에서 사람에서 시민으로 되어가는 과정, 시민됨을 자각하는 과정이 매우 중요하다.

요즘 정치교육이나 시민교육, 민주시민교육 등이 많이 강조된다. 그런데 한국사회의 문제는 교육이라는 틀이 너무 왜곡되었다는 점이다. 초·중·고등학교 교육의 문제, 심지어 고등교육의 문제로도 지적되는 주입식·암기식 교육의 문제점은 시민교육이나 평생교육에서도 비슷하게 드러난다. 교육은 특정한 내용을 주입하거나 암기하는 과정이 아니라 각자에게 내재된 진리를 드러내고 상기시키는 과정이고 이 과정은 서로 간의 대화를 통해 구성되어야 하는데, 우리의 교육은 그렇지 않다. 사람의 시민됨/시민-되기를 방해하는 건 교육의 문제이자 그런 대화와 체험을 할 수 없는 사회구조의 문제이기도 하다.

그리고 기득권을 가진 사람에게 일방적으로 유리한 규칙과 구조들도 그런 체험을 가로막고 시민을 무기력하게 만든다. 열심히 문제를 제기하고 참여해도 문제가 해결되지 않고 외려 적극적으로 참여한 사람이 빨갱이나 종북으로 비난받는 사회는 시민됨의 과정을 방해한다. 전체주의를 경험했던 아렌트는 어떤 구상을 했을까?

1
소크라테스는 왜 독배를 받았나?

아렌트의 글에서 많이 거론되는 고대의 사상가는 소크라테스와 플라톤, 아리스토텔레스이다. 그 당시의 구술문화가 그러했듯이 직접 지은 책을 단 한 권도 남기지 않았기 때문에 소크라테스는 그의 제자인 플라톤이 쓴 책으로 이해된다. 그러다 보니 소크라테스와 플라톤은 같은 생각을 가진 사람이란 오해를 받기도 한다. 그렇지만 플라톤이 소크라테스의 제자였을 뿐 소크라테스와는 근본적으로 다른 사상가였다고 아렌트는 이야기한다. 플라톤이 이데아라는 유일한 진리를 추구했다면, 소크라테스는 다양한 의견을 추구했다. 플라톤이 금·은·동으로 구성되는 계급의 본성에 따른 교육을 추구했다면, 소크라테스는 대화를 통한 산파술産婆術을 추구했다. 산파가 출산을 도울 뿐 대신 아이를 낳아줄 수는 없듯이, 산파술은 대화를 통해 자신의 생각을 드러내고 스스로 각성하도록 돕는 교육방식이다.

아렌트는 『정신의 삶 1: 사유 *The Life of the Mind: Thinking*』(1978년 출간, 유고작)에서 소크라테스를 쇠파리gadfly, 산파midwife, 전기가오리electric ray 라는 세 가지 존재에 비유한다. 플라톤이 쓴 『변명*apology*』을 보면 소크라테스 스스로 자신을 쇠파리라고 부른다. 그 책에서 소크라테스는 "신은 나를 마치 등에[쇠파리]처럼 이 나라에 붙어 살면서 여러분을 일깨우고 진종일 어느 곳에나 따라다니면서 여러분을 설득하고 비판하는 일을 그치지 않게 하려는 것이 아닌가 하고 나는 생각합니다"(『소크라테스의 대화록』, 37쪽)라고 말했다. 사람들이 깨어 있도록 끊임없이 괴롭히는 존재, 소크라테스는 그것이 자신의 소명이라 믿었다.

그리고 소크라테스는 언제나 나는 아무것도 모른다면서 질문을 던지고 그 질문을 통해 다른 사람들의 무지를 드러냈다. 그는 자신의 지혜나 기술을 뽐내는 사람에게 가서 왜 당신이 탁월한지, 탁월함이란 무엇인지를 끝없이 물어서 상대방의 무지를 드러냈다. 앞서 말한 출산을 돕는 산파이다.

마지막 전기가오리는 자신과 만나는 사람들과 심지어 자기 자신까지도 모두 감전시킨다는 의미인데, 이 감전을 통한 마비는 쇠파리와 반대로 사람들을 움직이도록 하는 게 아니라 그 자리에 멈춰서 생각하도록 만든다. 전기가오리가 필요한 이유는 쇠파리에 자극을 받은 사람들이 꼬리를 잇는 질문에 지쳐 지나친 부정과 허무에 빠지는 걸 막기 위해서이다.

아렌트가 볼 때, 소크라테스는 플라톤과 달리 철학자도 아니고 소피스트들처럼 자신들이 다른 사람들을 현명하게 만든다고 주장하지도 않았다. 외려 소크라테스는 사람들이 현명하지 않다는 것을 스스

로 인정하도록 만들고 가르치지 않음을 통해 스스로 가르침을 얻게
했다.

이렇게 끊임없이 사람들을 괴롭히고 대답을 끌어내고 마비시킨 탓
인지 소크라테스는 아테네가 믿는 신을 믿지 않고 젊은이들을 타락
시켰다는 이유로 고발을 당했다. 그리고 법정에서도 유쾌하게 재판
자체를 비꼬다 당시 추첨으로 선출되던 배심원들의 심기를 건드려
사형을 선고받는다. 이에 그의 친구들이 소크라테스를 아테네 밖으
로 빼내기 위해 모든 준비를 마치고 그를 찾아오지만 소크라테스는
이 제안을 거부했다. 이 이야기는 플라톤이 쓴 『크리톤』에 담겨 있다.
우리가 소크라테스의 말로 오해하는 "악법도 법이다"도 이 책에서 연
유된 것인데, 책의 이야기를 옮기면 나쁜 법이라도 무조건 복종해야
한다는 이야기가 아니었다. 책의 이야기는 이렇다. "자네는 한 나라에
서 일단 내려진 판결이 아무 효력도 거두지 못하고 한 개인의 임의대
로 무효가 되고 파괴될 경우, 그런 나라가 쓰러지지 않고 전복되지 않
을 수 있다고 생각하는가?"(『소크라테스의 대화록』, 176쪽) "탈주와 같은 행
위는 자네가 국법을 따라 살기로 동의한 약속을 어기는 것일세."(181
쪽) 소크라테스는 사형선고가 법에 따른 것이니 무조건 지켜야 한다
고 생각하지 않았고 자신이 그 법을 따름으로써 그 법의 부당함을 드
러낼 수 있다고 생각했기 때문에, 그리고 죽음을 끝이 아니라 새로운
시작이라고 보았기 때문에 부당한 판결을 스스로 받아들였다. 소크
라테스는 자신의 목숨을 걸고 다시 한번 당시의 아테네를 깨우려 한
셈이다. 그렇다면 소크라테스에게 시민들의 정치공동체인 폴리스는
왜 그리 중요했을까? 소크라테스는 시민의 삶과 폴리스를 구분하지

않았고 폴리스를 지속시키는 것이 자신의 목숨보다 중요하다고 생각했다. 그에게 폴리스는 한 사람이 일방적으로 지배할 수 없는 정치공동체였기 때문이다.

아렌트 유고집인 『정치의 약속』은 아예 소크라테스를 한 장으로 다룬다. 아렌트가 보기에 산파술의 달인인 소크라테스가 법정에서 배심원들을 설득하지 못한 건 소크라테스의 실수 때문이었다. 왜냐하면 두 사람 사이의 대화에서나 효과적인 산파술을 다수의 사람들이 모인 법정에서 활용했기 때문에 "그의 참됨은 여러 의견들 가운데 하나가 되었고 재판관들의 비진리nontruths보다 조금도 나을 것이 없었다. 소크라테스는 아테네 시민이나 제자들과 일 대 일로 온갖 일들을 토론하려고 했듯이, 재판관들과도 사안을 끝까지 토론하려고 [산파술을 쓰려고] 고집을 부렸다. 소크라테스는 그렇게 해서 어떤 진리에 이를 수 있고 그것으로 다른 사람들을 설득할 수 있다고 믿었다. 그렇지만 설득은 진리가 아니라 의견에서 나온다"(『정치의 약속』, 13쪽). 설득과 산파술은 서로 다른 것이고, 소크라테스의 장기인 산파술은 주입이나 학습이 아니라 상기시키고 드러내는 것이기 때문에 시야가 열려진 만큼만 볼 수 있다. 그런데 소크라테스는 보려고 눈을 뜨지 않는 사람에게는 효과가 없는 산파술을 법정에서 사용했다. 위대한 철학자도 가끔은 실수를 하는 걸까? 아니면 산파술이 그에게 너무 익숙했던 탓일까? 아니면 그는 재판관들의 편견도 깨려는 욕심을 부렸던 것일까?

소크라테스의 마음을 헤아릴 수는 없지만, 볼 수 있는 만큼만 인식이 가능하다는 점은 분명하다. 김춘수의 「꽃」이라는 시처럼 이름을 불러준 뒤에야 상대 존재를 인식할 수 있다. 아렌트의 말처럼 "의견은 주관적 환상이나 자의성이 아니고, 절대적인 어떤 것도, 모두에게 정당한 것도 아니다"(14쪽). 세계는 "모든 사람들에게 그들이 세계 안에 선 위치에 따라 다르게 열린다"(14쪽). 세계는 모든 사람들에게 열려 있으나 세계의 드러남은 그 사람이 서 있는 위치에 따라 달라진다. 산꼭대기에서 보는 자와 해안에서 보는 자의 세계가 같을 수 없듯이 말이다. 모두가 인간이라는 점에서는 동일하지만 서로의 생각은 다를 수밖에 없다. 결국 소크라테스는 자신의 의견을 진리라고 주장할 수 없었기 때문에 배심원들을 설득할 수 없었다. 산파술이 소크라테스를 죽음으로 몰고 간 셈이고, 역설적이게도 이 죽음은 스승의 죽음을 목격한 플라톤에게 진리의 필요성을 납득시켜 철인왕이라는 해결책을 찾도록 했다.

플라톤과 달리 소크라테스에게 정치행위는 대화로 시작되고 대화 자체의 진리성보다는 이런 대화로 맺어진 우정이 정치를 활성화시킨다. 이런 우정이 공유되고 확장되면 작은 세계를 구성할 수 있고, 아리스토텔레스의 설명에 따르면 이런 공동체는 "동등한 사람들이 아니라 반대로 서로 다르고 동등하지 않은 사람들로 이루어진"다. 즉 이 공동체는 차이로 구성되고 공동체를 유지시키는 원리는 우정의 평등이다. 우정의 평등은 "친구들이 서로 똑같거나 동등해진다는 것이 아니라 공통의 세계에서 동등한 파트너가 된다는 것을, 즉 친구들이 함께 하나의 공동체를 세운다는 것을 의미한다. 공동체는 우정이 실현할 수 있는 성취이고, 논쟁을 즐기는 장소에서의 동등한 관계가 논쟁적인 삶에 기본적으로 필요한 시민들의 차이를 끝없이 증가시킨

다는 점은 분명하다"(16~17쪽). 플라톤과 달리 "소크라테스는 철학자
의 정치적 기능이 어떤 지배도 필요하지 않은no rulership is needed 우정
에 대한 이해로 구성되는 이런 공통의 세계를 세우도록 돕는 것이라
고 믿었던 것 같다"(18쪽). 각기 다른 차이로 이루어진 공통의 세계, 우
정의 정치가 지속되는 그 공간을 위해 소크라테스는 목숨을 걸고 싸
웠다. 목숨을 잃을 수 있는데도 소크라테스는 왜 산파술을 포기하지
않았을까? 그것은 놀랍게도 정치 때문이었다.

　보통은 소크라테스가 억울하게 죽임을 당했다고 얘기된다. 그런데
철학자 알랭 바디우A. Badiou는 『투사를 위한 철학La relation enigmatique
entre la philosophie et la politique』(2011년 출간)에서 흥미로운 주장을 한다. 소
크라테스의 적들이 소크라테스가 젊은이들을 타락시켰다고 했던 주
장은 매우 적절했다는 것이다. 다만 "'타락시킨다'는 의미를 잘 이해
한다는 조건하에서 그러하다. 여기서 '타락시킨다'는 것은 기존의 의
견들에 대한 맹목적인 복종을 전적으로 거부할 가능성을 가르친다
는 것을 의미"(『투사를 위한 철학』, 43쪽)하기 때문이다. 그래서 "타락시킨
다는 것, 그것은 청년들에게 사회적 규범에 대한 의견을 변화시키는
어떤 수단, 모방과 찬양을 토론과 합리적인 비판으로 대체하는 어떤
수단, 그리고 심지어는 원칙의 문제가 중요시될 때 복종을 반란으로
대체하는 어떤 수단을 부여하는 것이다"(43~44쪽). 타락이라 비방되는
것들은 기본적으로 기성질서에 대한 거부, 반란을 내포하는 새로운
정치의 가능성일 수 있다. 그러니 우리 시대에 타락이라 비난받는 것
들을 유심히 살펴야 새로운 정치의 가능성을 찾을 수 있지 않을까?

　이런 가능성은 어떤 정형화된 이념을 학습시키는 것이 아니다. 우

리는 새로운 정치를 언제나 특정한 이념이나 조직이라 단정한다. 반면에 소크라테스의 방법은 철저히 묻고 답하는 방식이었고, 이런 물음이야말로 기성체제를 위협하는 '위험한 산파술'이었다. 철학자 가라타니 고진柄谷行人은 『트랜스크리틱Transcritique』(2001년 출간)에서 "애당초 철학은 소크라테스의 '대화'에서 시작되었다"고 단언한다. 더구나 소크라테스의 질문은 "'가르치는 것'이나 '배우는 것'은 존재하지 않으며, 사람들은 단지 '상기할' 뿐이라는 사실을 보여준다"(93쪽). 소크라테스는 질문을 던질 뿐 답을 알려주지 않고 생각의 갈래를 정리해줄 뿐이다. 물론 플라톤이 그린 소크라테스는 어떤 특정한 방향을 마음속에 품고 있는 듯 보이지만, 소크라테스는 자신의 머릿속이 아니라 대화를 나누는 상대 속에 있는 이야기를 끄집어내고, 그들이 스스로 이야기를 떠올리도록 만들었다.

　이런 생각을 더욱 발전시켜서 가라타니 고진은 "소크라테스(플라톤)가 제출한 것은 세계나 자기에게 이성이 내재한다는 생각이 아니라 '대화'를 통과한 것만이 이성적이라는 것이다. 대화를 거부하는 자는 아무리 심원한 진리를 파악하고 있다 하더라도 비이성적이다. 세계나 자기에게 이성이 있는가의 여부는 문제가 되지 않는다. 대화를 통과한 것만이 합리적이다"(124쪽)라고 주장한다. 대화는 단순히 내 생각을 드러내고 다른 이의 생각을 듣는 것에 그치지 않는다. 우리는 대화를 통해 공감하고 타자를 타자로 인식하며 하나로 합쳐질 수 없는 이질성을 느끼고 본다. 내 생각조차 말을 하는 순간에도 생각이 달라지기 때문에 대화는 내가 일방적으로 설정하는 지점을 언제나 넘어선다.

사상가 파울루 프레이리Paulo Freire는 '억압받는 사람들의 교육학'이라고 명명한 『페다고지Pedagogy of the oppressed』(1970년 출간)에서, 길들여진 현재로 미래를 재생산하려는 우파와 미래를 불가피한 숙명으로 받아들이는 좌파 모두를 비판하면서 억압당하는 사람들이 주체로 서는 혁명을 주장했다. 그러면서 프레이리는 사람들에게 희망을 심어줄 수 있는 교육의 역할을 강조했다. "진보적 교육자의 한 가지 과제는, 어떤 장애가 있더라도 진지하고 정확한 정치적인 분석을 통해서 희망을 위한 기회를 밝혀내는 것이다."(『희망의 교육학』, 12쪽)

특히 프레이리는 억압당하는 사람들 내면에서 재생산되는 지배구조를 타파하려고 노력했다. 프레이리는 이런 재생산이 이루어지는 원인을 "그것을 낳은 구체적이고 실존적인 상황의 모순"(『페다고지』, 56쪽)에서 찾고 자기의식화만이 이런 모순을 타파할 수 있다고, "해방교육의 관점에서 중요한 것은 민중이 자기 사고의 주인으로 느끼도록 하는 데 있다"(158쪽)고 강조했다. 그런 의미에서 프레이리는 억압받는 사람들을 위해서for가 아니라 그들과 함께with 가야 한다고 끊임없이 강조했다.

그렇다고 프레이리가 무조건 억압받는 사람들의 말을 듣기만 해야 한다고 주장한 것은 아니다. 프레이리는 "민중지식의 신비화, 민중지식의 절대 찬양은 민중지식의 거부만큼이나 문제가 된다"고 얘기한다. "민중지식을 거부하는 것이 엘리트주의라면, 민중지식을 절대 찬양하는 것은 '근본주의'이다. (…) 산 경험에서 얻은 지식에서 시작해야 한다는 내 주장을 마치 내가 기본적으로 교육자는 피교육자의 상식적 지식에 머무르면서 결코 그 상식적 지식을 넘어서서는 안 된다고 제안하고 주장한 듯이 말하는 비판들은 나를 적잖이 놀라고 당황스럽게 한다."(『희망의 교육학』, 133쪽) 프레이리가 비판하는 것은 민중과 지식인의 지식을 이분법으로 나누고 어느 한편을 무조건 따르며 대화를 거부하는 태도이다.

프레이리는 어느 한편이 억압받는 사람들을 일방적으로 교육하고 의식화시키는 방식으로는 결코 인간해방을 이룰 수 없다고 믿었다. 해방에 필요한 것은 선전이나 의식화가 아니라 바로 대화이다. 인간은 서로 대화를 나누며 세계를 인식하고 변화시키기 때문이다. 현실을 있는 그대로 받아들이거나 다가올 미래를 예정된 법칙으로 받아들이지 않는 인간은 끊임없는 변화의 과정에 놓여 있다. 그런데도 많은 사회운동가들은 이런 대화를 무시한다. 이들은 "자신들의 근본적인 목적이 '민중을 자기들 편으로 끌어들이는' 데 있는 게 아니라 민중의 잃어버린 인간성을 되찾기 위해 민중과 더불어 싸우는 것임을 잊고 있다. 민중을 끌어들인다는 말은 혁명 지도부의 어휘가 아니라 억압자의 어휘다. [반대로] 혁명가의 역할은 민중을 획득하는 게 아니라 민중을 해방시키고 자신들도 함께 해방되는 데 있"(『페다고지』, 121쪽)다. 그래서 교육하는 사람과 교육받는 사람은, 엘리트와 대중은, 혁명가와 민중은 서로 다른 존재일 수 없고 서로가 서로를 변화시켜야 한다. 프레이리는 해방을 추구하는 사람들과 억압받는 사람들이 공동연구자가 되어야 한다고, 소크라테스와 아리스토텔레스, 아렌트 식으로 얘기하면 친구가 되어야 한다고 강조했다.

이처럼 대화를 통해 현실을 인식하는 정치를 어릴 적부터 경험해야 하는데, 한국의 교육은 이런 과정을 마련하지 않는다. 교육에 관한 이야기는 많지만 그것이 민주주의와 연결되는 못하는 건 내용만이 아니라 이런 교육관, 즉 산파의 교육관이 없어서가 아닐까? 우리의 교육은 보수든 진보든 정형화된 지식을 주입하려고 하지, 무엇이 옳고 그른지를 따지려 하지 않고 대화를 거부하니까.

정부와 기업이 집단주의 문화와 획일성을 강요하는 한국사회에서 소크라테스 식 대화와 교육의 의미는 매우 중요하다. 교육은 지배자의 생각을 피지배자의 생각에 주입하는 것이나 철학자의 진리를 대중의 상식에 주입하는 과정이 아니다. 반대로 교육은 자기 속에 내재하는 의견을 드러내고 밝히며 합의하는 과정이다. 교육의 라틴어인 에두카치오educatio는 '이끌어냄'이라는 의미였다고 한다. 교사는 능동적으로 학생을 가르치지만 그를 지배하는 것이 아니라 그의 정신을 끌어내는 산파여야 하는데, 한국의 교사는 그러한가?

김상봉은 『도덕교육의 파시즘』(2005년 발간)에서 한국에서 '시민'이 출현하지 못하는 원인을 노예교육에서 찾는다.

교사의 능동성과 학생의 자발성을 양립시키는 것이 교육의 가장 중요한 문제였던 까닭은 서양에서 교육이 처음부터 노예를 훈련시키는 것이 아니라 자유인의 자기실현으로 이해되었기 때문이다. 그러나 이 점에서 우리의 교육은 첫 단추부터 잘못 끼워진 것이나 마찬가지였다. 왜냐하면 이 땅에서 신교육의 역사는 불행하게도 제국주의적 침략의 역사에 의해 처음부터 왜곡될 수밖에 없었기 때문이다. 그리하여 자기를 스스로 형성하는 자유로운 시민을 기르는 것이 아니라 타율적 지배에 양순하게 순종하는 노예를 기르는 것이야말로 교육의 가장 중요한 목적이 되었던 것이다.

— 『도덕교육의 파시즘』, 148쪽

노예를 만들려는 교육틀이 내용과 대상을 아무리 바꾼다 한들 주인을 만들 수는 없다. 주인이 된다는 건 참 나를 찾는 멀고 험한 과정에 오른다는 의미이기도 한데 노예교육은 이를 거부한다.

그리고 대화와 산파술이 없는 사회는 전체주의에 빠지기 쉽다. 상관의 명령과 권위를 무조건 받아들이는 인간은 그 사회의 공통감각에 기반해 도덕적으로 생각할 수 있는 능력, 타인의 입장에서 생각할 수 있는 능력을 잃어버린다. 우리 식으로 얘기하면 역지사지易地思之의 자세를 잃어버리는 것이다. 타자도 나와 같다고 전제하는 순간 질문은 사라지고 나와 다름은 배제해야 하는 이유가 된다. 모두가 동의하는데 너만 반대한다면 너는 빨갱이, 종북이라는 식이다. 하지만 타자의 목소리에 귀를 닫고 빨갱이, 종북으로 규정하는 순간, 타자는 사라지고 그와 더불어 대화를 나눌 존재를 잃어버린 나도 괴물로 변할 수밖에 없다. 지금 우리 사회에도 아이히만들이 살고 있다.

상호적인 의미로 생각하면 타자와 함께 살아야 나도 온전한 나를 찾고 드러낼 수 있고 그런 드러냄을 통해 나를 확인하며 우리의 세계를 만들 수 있다. 그런 과정의 시작은 독특하게 태어난 각각의 사람들이 자신의 모습을 공적인 장에서 드러내는 것이다. 설령 그 사람의 말이나 행동이 사회의 합의를 해친다 하더라도 그에게는 자신의 목소리에 귀를 기울여달라고 요구할 권리가 있다. 모두가 동일하다고 전제하는 근대적인 의미의 '법 앞의 평등'보다 모두가 다르기 때문에 동등하게 대우받을 권리를 뜻하는 희랍어 '이소노미아isonomia'가 더 중요하다고 아렌트가 주장하는 것도 그 때문이다. 반드시 어떤 합의를 이루어야 한다는 건 그 합의 속에 어떤 진리성이 내포되어 있다고 보는 건데, 아렌트는 그런 진리보다 인간의 고유함과 독특함이 더 중요하다고 봤다. 아렌트가 소크라테스를 통해 말하고자 하는 바도 이런 부분이었다.

심지어 아렌트는 이런 생각을 더 깊이 하면서 소크라테스의 말을 빌려 '하나 속의 둘two-in-one'을 주장한다. 내 속에 내가 많은 건 장애가 아니라 다원성의 반영이다. 인간의 사유는 기본적으로 이원적이기 때문에 한 개인이라도 그의 사유는 온전한 하나일 수 없다. 인간이 고독할 때조차도 외롭지 않을 수 있는 것은 이런 다원성 때문이다. 하물며 한 개인이 이럴진대, 인류 전체를 본다면 무한한 다원성이 존재할 수밖에 없다. 따라서 이 다원성을 부정하는 것이야말로 인류에 대한 가장 큰 위협이자 정치를 가로막는 장애물이다.

아렌트는 『정신의 삶』에서 "인간 생활의 자연적인 필요로서의 사유를, 인지적이거나 전문적이지 않은 의미의 사유를, 의식에 이미 주어진 차이를 실현하는 것은 소수의 특권이 아니라 누구에게나 있는 능력이다. 마찬가지로 사유하지 않는 무능력은 지력이 부족한 대다수 사람들의 결점이 아니라 누구에게나 있는 가능성이다. 즉 과학자나 학자, 정신 활동을 하는 다른 전문가들도 예외는 아니다"(191쪽)라고 주장한다. 전문가나 학자라는 명함이 타자의 말을 막거나 무시할 수 있는 근거일 수는 없다. 모든 인간이 독특성과 사유할 수 있는 능력을 가지고 있다면, 마찬가지로 사유하지 못하는 것도 모든 사람에게 생길 수 있는 일이다. 그러니 전체주의는 특별한 사람, 특별한 나라에서 발생하는 일일 수 없다.

정치란 무엇인가?

서울대 교수 박종홍 등이 초안을 작성하고 박정희가 1968년 11월 26일에 발표한 「국민교육헌장」은 교육이 상호 간의 대화를 이끌어내기보다 특정한 이념을 가르치고 어떠한 인간을 만들어야 한다는 점을 분명하게 밝혔다. 앞에서 살폈던 소크라테스식 교육과는 완전히 다른 방향을 잡은 셈이다. 이런 교육은 차이와 다양성보다는 획일성과 집단성을 가르쳤다. 1994년에 폐기될 때까지 「국민교육헌장」은 무조건 외워야 하는 교육의 필수사항이었고, 심지어 제대로 외우지 못한다고 학생이나 교사가 벌을 받기도 했다. 이런 사회에서 민주적인 시민이 등장하는 건 매우 어렵고, 이런 교육은 전체주의의 등장을 손쉽게 한다.

아렌트라면 아마도 「국민교육헌장」의 첫 문장을 듣는 순간부터 기겁했을 것이다. "우리는 민족 중흥의 역사적 사명을 띠고 이 땅에 태어났다." 아렌트에게 인간은 역사적 사명을 띠고 태어난 존재가 아니다. 아렌트는 인간에 대한 어떤 본질적인 규정을 거부한다. 반대로 아렌트에게 출생은 '새로운 시작'을 의미한다. 새로운 시작이 없다면 그 세계는 이미 죽은 세계이다. 인간이 행위를 통해 역사를 만드는 것이

지, 역사가 인간을 지배하는 것이 아니다. 역사가 인간을 지배하는 순
간 그것은 이데올로기로 변한다. 아렌트라면 이렇게 말했을 것이다.
"교육은 아이들을 우리 세계에서 쫓아내서 그들이 제멋대로 살도록
방치하지 않을 만큼 충분히 사랑할 것인지를, 우리가 예상하지 못한
어떤 새로운 일을 하는 기회를 빼앗지 않을 정도로 충분히 사랑할 것
인지를, 공통의 세계를 새롭게 하는 임무를 위해 아이들을 미리 준
비시킬 만큼 충분히 사랑할 것인지를 결정하는 장이다."(『과거와 미래 사
이』, 196쪽) 교육은 낡은 세계에서 새로운 정치가 가능한 조건을 우리
스스로 마련하는 과정이지, 우리가 만든 세계를 미래 세대에게 강요
하는 과정이 아니다. 그러면 공통의 세계는 멸망한다.

　"나라의 융성이 나의 발전의 근본임을 깨달아, 자유와 권리에 따르
는 책임과 의무를 다하며, 스스로 국가 건설에 참여하고 봉사하는 국
민정신을 드높인다"는 「국민교육헌장」의 규정 역시 인간의 다원성을
부정한다. "나라의 융성이 나의 발전의 근본"이라니. 나의 발전이 나
라의 융성과 무관하진 않겠으나 인간이 만드는 세계는 나라의 경계
를 넘어서 존재한다. 아렌트가 정치공동체의 중요성을 강조했지만 그
건 배타적인 국민국가보다 세계시민공동체에 가까웠다. 또한 '나의
발전의 근본'이라는 발상은 '나라의 융성'이라는 목표가 매우 추상적
이고, 공을 위해 사를 희생해야 한다는 멸사봉공식의 논리를 전제한
다는 점에서 위험하다. 그리고 무엇이 나라의 발전일까? GNP/GDP
의 성장? 군사력의 증강? 추상적인 개념이 구체적인 개인의 삶을 지
배하면 새로운 정치가 시작되지 못한다. 정치는 다원성을 통해서만
꽃을 피우기 때문이다.

1994년에 「국민교육헌장」이 학교에서 사라졌다고 해서 이런 고정 관념이 함께 사라진 것은 아니다. 2010년 법무부가 만든 「법질서 탐구생활: 나의 법질서는 몇 점?」이라는 만화를 보자. 이 만화의 취지는 자신이 법질서를 얼마나 잘 지키고 있는지 자가진단을 하자는 것인데, 최근 1개월을 기준으로 X의 개수를 체크한다. 그 지문을 보자.

1. 영화, 드라마, 책 등을 불법 다운로드해본 적이 있다.

2. 쓰레기를 아무 데나 버린 적이 있다.

3. 무단횡단하거나 초록불이 깜박일 때 길을 건너본 적이 있다.

4. 줄을 서지 않고 새치기를 해본 적이 있다.

5. 악성 댓글을 달아본 적이 있다.

6. 길거리에 침이나 껌 등을 뱉은 적이 있다.

7. 공공장소에 낙서를 해본 적이 있다.

8. 무임승차 또는 나이에 맞지 않는 요금을 낸 적이 있다.

9. 불법주정차를 해본 적이 있다.

10. 휘발유 대신 유사휘발유를 사용해본 적이 있다.

체크를 하고 나면 이런 평가가 있다.

— 모범시민 8점 이상: 법질서를 준수하는 모범시민! 아차 하고 지키지 못했던 법질서가 있다면 이제부터 조금 더 주의를 기울여보세요.

— 노력시민 3~7점: 모범시민의 문턱을 눈앞에 둔 노력시민! 조금만 더 노력해봅시다. 법질서란 크게 어려운 것이 아니랍니다.

― 불량시민 0~2점: 이제 불량시민 노릇은 그만! 지금까지의 잘못된 행동들을 반성해보고 모범시민으로 재탄생해봅시다. 나부터 시작하는 작은 실천이 보다 행복한 세상을 만들 수 있다는 것 이미 알고 계시죠? 지금부터 하나씩 실천해보면 어떨까요?

한국사회에서 모범시민은 자신의 의견을 밝히고 정치적으로 행동하는 시민이 아니라, 침 안 뱉고 새치기를 하지 않는 사람이다. 모범시민에 대한 고정관념은 정권이 바뀌고 세월이 흘러도 여전한 셈이다. 이런 사회 분위기와 문화를 바꾸지 않고 정치가 바뀔 수 있을까? 정치는 정치인만의 몫이 아니라 시민의 몫인데, 고정관념이 바뀌지 않는 이상 정치의 활성화를 기대하기는 어렵다.

이제 우리는 '모범시민'이라는 관념에서 자유로워져야 한다. 한국과 같은 곳에서의 정치는 모범시민보다 '시민불복종'과 훨씬 더 잘 어울린다. 정치 참여의 통로가 막힌 한국에서 정치적인 활동은 일상적이고 제도화된 정치과정보다 예외적이고 제도화되지 않은 곳에서 등장하기 쉽지 않을까? 소크라테스가 젊은이들을 '타락'시켰듯이, 기존의 규범과 질서를 더 이상 묵묵히 받아들이고자 하지 않을 때 정치적인 존재가 출현한다. 과제는 이런 정치의 등장이 일시적인 흥분과 열광 속에 수그러들지 않도록 할 방법이다. 그러려면 우리의 정치에도 타자가 필요하고 중요해진다.

아리스토텔레스가 인간을 정치적 동물이라 규정한 것은 인간이 홀로 살 수 없는 존재이자 말을 할 수 있는 동물이기 때문이다. 인간은 말하고 행동하면서 각기 다르지만 서로에게 필요한 관계망을 형성할 수 있다. 김선욱은 『한나 아렌트 정치판단이론』(2002년 출간)에서 "아렌트가 인간의 조건을 논한 것은 인간적 삶의 조건을 현상학적으로 분석하는 것이지, 인간에게 고정된 본질이 존재한다는 것을 주장하기 위해서가 아니다. 따라서 아렌트의 『인간의 조건』을 인간본질론으로 이해해서는 안 된다. 인간의 복수성[다원성]과 같은 인간학적 사실은 고정적 실체로서 인간에게 '주어져 있는' 것이 아니라, 정치적 행위를 통해 형성해가는 것이다. 인간의 정체성은 타인과의 정치적 관계를 맺는 가운데 형성되며, 이렇게 형성된 정체성이 정치적 행위를 통해 드러나게 되는 순환구조를 갖는다. 따라서 우리는 정치행위란 인간다운 삶을 위해서 반드시 해야 하는 것이라고 말할 수 있게 된다"(50쪽)고 얘기한다. 정치는 나를 나답게 너를 너답게 만드는 가장 기본적인 활동이고 공통의 세계 위에 구현되는 나와 너, 우리의 좋은 삶이다.

아렌트에게 정치적인 존재는 특정한 속성이나 능력을 가진 사람이 아니라 행위를 하고자 하는 사람이다. 말과 행위를 함으로써 인간은 타자에게 호소하고 동의를 구하며 공동체의 방향을 정하는 과정에 참여할 수 있다. 이것은 특정한 사회가 실현되었다고 해서 중단되는 것도 아니고 인간이 살아 있는 한 계속되어야 할 과정이다. 김선욱은 "시민의 정치 참여는 바로 이러한 다양한 가치와 시각을 존중하고 인정하는 운동을 의미"하고 "시민운동에의 참여는 바로 자신의 누구됨을 형성하는 행위가 되는 개인의 표현 행위"이자 "참여는 곧 자기 형성의 실존적 행위"(167쪽)라고 말한다. 인간이 정치에 참여하는 것은 당위나 의무감이 아니라 자기 자신의 모습대로 살기 위해서이다. 참여하지 않고도 생존할 수 있지만, 그건 시민으로서의 삶이 아니라 동물로서의 생존에 가깝다. 정치에 관심을 쏟지 않고도 살 수 있지만 그건 나 자신을 이해관계에만 집착하는 사적인 인간으로 만든다. 행동하고자 할 때 우리는 시민이 되고, 타자를 만나고, 나를 만난다.

그런데 공적인 일에 참여한다고 해서 참여자가 어떤 진리를 담보하고 있는 것은 아니다. 아렌트는 정치를 진리의 실현 과정으로 본 플라톤을 비판하면서 정치의 세계를 진리의 세계, 철학의 세계와 구분했다. 왜냐하면 정치는 행위의 영역이어서, "특별한 일에 몰입하거나 급한 업무로 압박감을 느끼는 참여자는 세계 속의 모든 특별한 일과 인간사의 특정한 행동이 함께 어우러지고 조화를 이루는 방법을 이해할 수 없"(『정신의 삶』, 133쪽)기 때문이다. 참여자는 관찰자보다 현안에 몰입할 수밖에 없고 그만큼 시야가 좁아진다. 그리고 정치에 참여하는 행위자의 성공과 실패는 그의 진리가 아니라 그에게 명예를 주려는 구경꾼의 시선에, 그리고 그들의 의견에 달려 있다. 아렌트에게 정치의 성공과 실패는 진리의 문제일 수 없고, 행위자와 관찰자는 정치적인 의견 형성을 통해 서로 대화해야 한다.

그렇지만 한국사회는 진리나 기준, 정답/모범답안이 없으면 불안해 하고 활동을 하지 않으려 한다. 그리고 각자가 자기 생각을 드러내고 자기 의견을 고집한다면 공동체는 어떻게 가능한가, 라는 질문이 따라온다. 아렌트는 이 질문을 받으면 이렇게 되물을 것이다. 타자와 차이 없이 공동체가 어떻게 가능한가? 두 명 이상이 만나면 차이가 있을 수밖에 없고, 공동체는 서로 다른 사람들이 함께 사는 세계일 뿐 어떤 고정된 실체가 아니다. 그리고 차이가 존재한다고 나라가

망하는 것도 아니다. 만일 그렇다면 전 세계의 나라들은 이미 망했을 것이다. 말 그대로 지구화의 시대, 이주의 시대인데 차이 없는 공동체가 어떻게 가능할까? 그리고 민주적인 공동체를 생각한다면 차이는 반드시 전제(존중이 아니다!)되어야 한다.

그러니 정치에서 중요한 것은 세계가 공동의 것이라는 점, 공유물이라는 점이다. 누구의 소유가 되는 순간, 세계는 인간들 사이에 존재하는 세계로서 유지될 수 없기 때문에 공유물로 남아야 한다. 그리고 공동의 것이기에 세계는 지금 현재 우리들만의 것이 아니라 미래 세대의 것이기도 하다. 지금 현재를 사는 우리는 언젠가는 죽을 운명이지만 세계는 유지되어 미래로 이어진다. 정치경제학자 사이토 준이치齋藤純一는 『민주적 공공성公共性』(2000년 출간)에서 자신과 다른 관점을 가진 타자가 존재함을 고려하는 것이 세계 구성에 반드시 필요하다고 주장한다. 우리의 시선에 잡히지 않는 타자가 항상 존재하기 때문에, "보편적인 타당성을 단념하는 것(명확히 보는 것)이, 사람-사이의 근원적인 복수성[다원성]을 폐기하지 않기 위한 조건, '세계를 타자와 공유하기|sharing-the-world-with-others' 위한 조건이다"(70~71쪽). 사이토 준이치는 그런 조건을 만드는 방식에서는 아렌트와 달리 사적 영역과 공적 영역의 경계를 횡단하며 새로운 정치행위를 벌여야 한다고 주장한다. 하지만 사이토 준이치 역시 타자성을 위한 장소로서 사적 영역과는 다른 공적 영역이 존재하고, 이 영역을 지켜야만 정치가 가능하다고 본다.

시간이 흐를수록 시민의 삶이 공적인 영역에서 사적인 영역으로 밀려나는 우리 시대에 이런 조건을 만들기 위한 싸움은 더더욱 중요해진다. 아렌트가 사적 영역의 문제를 무시하거나 배제하려는 경향을 보이거나 사적인 영역으로 침투하는 생명정치의 영향력을 주목하지 못했다는 사이토 준이치의 비판은 타당하다. 그렇지만 아렌트의 의도가 그 사적 영역조차도 공적인 관계 속에서만 지속될 수 있다는 사실을 강조하기 위해서였다는 점, 단지 살아 있음에 감사하는 것이 아니라 공적인 존재로서 생활하고 행복을 느끼고 있음의 의미를 드러내기 위해서였다는 점은 기억해야 한다.

그래서 아렌트는 『정치의 약속』에서 자유와 평등을 서로 대립된 개념으로 파악하는 자유주의나 우리의 상식을 비판한다. 평등과 자유를 대립시키는 자유주의는 시민의 자유를 사적인 영역에서 찾게끔 하고 정치의 범위를 축소시킨다. 하지만 자유롭기 위해 나는 평등해야 하고, 평등한 존재로서 자각하기 위해 나는 자유로워야 한다. "자유는 유일하고 [사람들을] 매개하는 정치공간에서만 존재"하고 "정치는 절대적으로 서로 다른 관점을 가진 사람들을 상대적으로 평등하게, 그들의 상대적인 차이들에 견주어 조직한다"(95쪽). 정치세계에서 자유를 누리려면 우리는 평등한 관계를 구성해야 한다. 서로 다른 환경에서 성장해 지금 당장 가지고 있는 부나 학식이 다를지라도 공적인 존재로서 우리는 평등을 요구하고 나와 너, 우리의 목소리가 공적인 영역에 반영되도록 요구해야 한다.

다른 책에서도 아렌트는 이 부분을 강조한다. 아렌트는 『혁명론*On Revolution*』(1963년 출간)에서 동등한 대우를 받을 권리인 "이소노미는 평등을 보장했지만 모든 인간이 평등하게 태어나거나 창조되어서가 아니라 반대로 본질적으로 평등하지 않기에 법으로 인간을 평등하게 만들 인위적인 제도, 즉 폴리스가 필요했다"(30쪽)라고 말한다. 즉 평등은 인간에게 내재된 속성이 아니라, 인간이 노력을 통해 달성해야 할 목표이자 인위적인 세계의 특성이었다. 이처럼 아렌트는 인간이 정치세계를 창조함으로써 세계에 평등하게 모습을 드러내고(정치적으로 탄생하고) 자신의 존재를 각인시킨다고 보았다. 그러니 인간의 노력에 따라 선거만이 아니라 다양한 공적 영역에서 평등을 요구하기 위한 정치가 시작될 수 있다. 한국처럼 평등이 아니라 위계질서가 지배하고 신분과 재산의 경계를 넘어선 만남이 불가능한 사회에서 정치는 힘을 얻기 어렵다. 한국사회에서 정치가 활성화되지 못하는 건 시민이 정치에 참여할 수 있는 세계 자체가 의도적으로 파괴되었고 민주화 이후에도 그 세계가 작아지고 분리된 상태로 유지되었기 때문이다.

그런 의미에서 우리에게도 평등을 요구할 세계가 필요하고 그런 세계에서 참된 권력이 구성될 수 있다.

실제로 야만적인 강제력이 좁은 의미에서의 정치영역을 구성하는 이 진정으로 인간적인 세계 전체를 파괴할 수 있지만, 이 세계는 힘으로 만들어지지 않았고 그 타고난 운명도 힘으로 소멸되지 않는다. 이 관계의 세계는 확실히 개인의 신체적인 힘이나 에너지가 아니라 다수의 사람으로 구성된다. 권력은 다수의 모여 있는 존재에서 생기고 이 권력은 가장 강력한 개인의 신체적인 힘도 무기력하게 만든다. 이 권력은 새롭게 될 수 있듯이 수많은 원인으로 약화될 수도 있다. 만일 야만적인 힘이 온 힘을 다해, 말 그대로 돌멩이 하나 남기지 않아 어떤 사람도 함께 있지 못하게 된다면, 야만적인 힘만이 권력을 영원히 파괴할 수 있다. (…) 전면전은 중요한 군사목표물을 전략적으로 파괴하는 데 만족하지 않고 사람들 사이에서 생겨난 세계 전체를 파괴하려고 한다.

— 『정치의 약속』, 162쪽

그러니 한국전쟁과 군사독재가 파괴시킨 세계, 야만적인 강제력으로 변질된 권력을 복원하는 것은 한국정치의 가장 중요한 과제다.

또 하나, 정치에서도 공통감각이 중요하다. 각기 다름에도 우리가 뭉쳐져 사는 것은 어떤 공통감각을 공유하고 있기 때문이다. 거꾸로 묻는다면 정치에서 중요한 것은 우리가 대체 어떤 공통감각을 공유하고 있는가 하는 것이다. 우리는 어떤 것에 함께 반응하나? 무엇에 기쁘고 무엇에 슬픈가? 한국인은 유달리 이런 감각이 뛰어났다고 얘기되지만 시간이 흐를수록 이 공통감각의 기반은 사라지고 있다. 국가와 자본이, 그들을 대리하는 전문가들이 현실에 대한 느낌을 서로 공유하고 소통할 수 있는 공통감각을, 우리의 판단력을 끊임없이 지배하려 들기 때문이다(대표적인 예가 애국심과 개발주의이다). 공통감각은 참여를 통해 자연스럽게 형성되는데, 그런 참여 과정을 거부하는 사회에서는 뒤틀릴 수밖에 없다. 그리고 아름다움과 성공만을 강조하고 비장미나 실패를 은폐하는 문화에서도 공통감각이 왜곡된다. 한국사회의 비민주성이 가장 부각되는 영역이 바로 문화라는 점은 이와 무관하지 않다. 함께 애도하고 고통과 기쁨을 공유하는 과정에서 공통감각은 회복될 수 있고, 그래야 정치가 가능하다.

그렇다면 아렌트는 실제 정치가 진행되는 과정에서 어떤 가능성을 보았을까? 아렌트는 새 정치의 상징으로 많이 이야기되는 프랑스혁명에 대해서는 부정적인 반응을 보인다. 『혁명론』에서 아렌트는 프랑스혁명보다 미국혁명을 더 높이 평가한다. 아렌트가 미국의 건국 과정에 찬사를 보낸 것은 그 사건이 자유를 확립하면서도 그 자유를 지속시킬 수 있는 틀을 만들었기 때문이다. 아렌트는 미국 헌법이 "새로운 정치공간의 경계를 정하고 그 내부의 규칙들을 정하"면서 "'공적 자유에 대한 열정'이나 '공적인 행복의 추구'가 도래할 세대의 자유로운 활동을 받아들일 새로운 정치공간을 만들도록 했고, 그럼으로써 자신들의 '혁명' 정신이 혁명의 실질적인 종결을 견딜 수 있도록 했다"(126쪽)고 봤다. 혁명은 낡은 질서를 파괴시키는 동시에 새로운 질서의 틀을 짜야 한다. 그래야 세계가 지속될 수 있다.

그런 지속성에서 중요한 것이 바로 권력이다. 현실 정치를 보면서 우리는 권력을 더럽고 타락한 것이라고 생각하지만, 아렌트는 부패한 정치와 폭력을 권력과 구분해야 한다고 봤다.

3
왜 정치에서 권력이 중요한가?

정치가 지속되려면 자유로운 시민도 필요하지만 그 시민들이 만드는 세계의 지속이 중요하다. 아렌트는 『정치의 약속』에서 "정치는 인간 존재가 아니라 사람들 사이에서 등장하고 사람들보다 더 오래 지속하는 세계에 관한 것이다. 정치가 파괴적이 되고 세계를 종말로 몰고 가는 만큼 정치는 자신을 파괴하고 파멸로 이끈다. 달리 말하면, 이 세계에서 서로 특별한 관계를 맺고 있는 사람들이 많아질수록 그들 사이에 구성되는 세계는 더 커지고, 세계는 점점 더 커지고 풍부해진다"(175~176쪽)고 말한다. 우리는 지금 현재의 사회 운영이나 현안을 해결하는 것을 정치라고 여기지만 아렌트는 정치가 더 근원적인 역할을 한다고 봤다. 즉 정치는 드러나지 않은 본질이나 이념을 실현하는 과정도, 그렇다고 지금 당장의 이해관계와 사회문제를 다루는 과정만도 아니다. 정치는 근본적으로 인간이 생활하는 세계의 지속에 관한 것이다.

인간의 자유는 고립이나 고독이 아니라 세계를 통해 실현된다. 인간이 모든 것을 자급하지 않는 이상 함께 살아야 하고, 함께 살기 위해서는 서로의 거리를 조절하고 관계를 맺고 끊는 방식에 관한 소통과 합의가 필요하다. 이런 과정을 보장하는 것이 바로 권력이다. 권력을 정의하는 것이 중요하니 좀 길지만 『혁명론』을 인용해보자.

다른 모든 인간들에 맞서 고립을 택한 사람들의 타고난 능력이자 소유인 신체의 힘과 달리, 권력은 사람들이 행동을 위해 모일 때에만 구성되고 어떤 이유에서건 그렇게 모인 사람들이 흩어지고 서로를 버리면 권력은 사라질 것이다. 따라서 결속과 약속, 연합과 계약은 권력을 유지시키는 수단이다. 사람들이 특별한 활동이나 행동을 하는 동안 갑자기 나타나는 권력을 온전히 유지시키는 데 성공한다면 그들은 이미 [나라를] 세우는 과정에, 집의 인공적인 구조를, 말하자면 행위에 따른 권력을 안정적으로 만드는 과정에 있는 것이다. 약속을 하고 약속을 지키는 인간의 능력에는 인간이 가진 세계 구성 능력이라는 요소가 존재한다. 약속과 합의가 미래를 다루고 모든 방향에서 예측하지 못한 일이 벌어질 수 있는 불확실한 미래의 바다에 안정감을 주는 것처럼, 나라를 세우고 세계를 구성하는 인간의 능력은 우리 자신과 지구상의 우리 시대만이 아니라 우리의 '후손'과 '후대'에도 항상 관심을 가진다. 행위의 문법은 이렇다. 행위는 다원성을 요구하는 인간만이 가진 능력이다. 권력의 문법은 이렇다. 권력은 사람들이 서로 관계를 맺고 정치영역에서 인간의 능력 중 가상 뛰어난 능력이 될 약속을 하고 약속을 지키면서 나라를 세우는 과정에 결합하는 인공적인 사이공간에만 적용되는 인간만의 속성이다.

— 『혁명론』, 174~175쪽

　일정한 권력은 영원한 것이 아니라 어떤 목적을 위해 함께 행동할 때 생기고, 그 목적을 이루고 뿔뿔이 헤어지면 소멸한다. 이것이 더 안정화되면 정치공동체가 구성되는데, 이를 위해서는 약속하고 계약하는 능력과 약속의 준수가 중요하다. 그리고 이 약속이 지켜져서 후손들에게 이어질 때 건국 행위는 지속되고 권력은 유지된다. 그런 점에서 정치에서 약속을 지키지 않는 거짓말과 배신은 나라를 뒤흔드는 범죄이고 지금 당장보다는 미래의 안정을 위협하는 행위이다.

　인간은 죽음을 피할 수 없는 존재이기에 그 삶의 궤적은 그 자신이 아니라 그가 남긴 세계에 새겨진다. 아렌트가 강조하는 세계는 우리를 둘러싸고 있는 것이기도 하면서 우리 자신이 그 속에서 행하는 장소이기도 하다. 다양한 행위자들이 함께 움직이기에 어느 순간에 우리는 그 무대의 주인공이기도 하고 어느 순간에는 다른 주인공들의 행위를 보는 관객이 되기도 한다. 사람은 들고 빠질 수 있지만 그 장을 유지하는 것이 필요한데, 그것이 바로 권력의 역할이다. 사적인 영역에서의 생활과 달리 공적인 영역에서의 삶은 누구나 보고 들을 수 있는 장소에 나 자신을 드러낸다는 것을 뜻한다. 내가 공적인 영역에서 행하는 모든 것이 공적인 가치를 얻는 것은 아니고, 그럴 만한 가치가 있다고 판단되는 것만이 공적인 의제가 된다(예를 들어, 공개된 장소에서 연애를 한다고 해서 그것이 공적인 사안이 되는 것은 아니다). 이를 위해 우리는 모였다 헤어졌다 하고, 공적인 세계는 이런 결사와 해산이 이루어지는 곳이다.

그런데도 한국에서 정치인들의 공약公約은 헛된 약속空約이고 정치에서의 술수는 전략으로 인정된다. 이런 과정은 약속과 계약의 중요성을 왜곡시키고, 세계의 지속이 아니라 지금 쥐고 있는 권력의 지속만을 최우선 과제로 만든다. 그러면서 모이고 하나될 뿐 아니라 흩어지고 헤어지는 과정의 중요성은 사라지고, 정해진 규칙을 따를 때에만, 그리고 이미 어떤 자격이나 정체성을 가진 사람들만 정치의 무대에 오를 수 있다. 바로 여기에 근본적인 문제가 있다. 정치행위를 통해 다양한 시민들이 등장하고 영예와 불멸성을 획득하는 것이 아니라, 이미 드러난 소수의 전문가들/직업정치인들만이 공적인 행복을 독점한다. 그러면서 그들의 영향력은 더욱 커지고, 이를 정당화하는 영웅 신화는 비정상적인 정치를 정상적인 것으로 만든다.

그리고 타자와 공유하는 것이기 때문에 이 세계를 움직이는 방식은 말과 행동이다. 타자의 존재를 위협하거나 부정하려는 폭력을 사용하는 순간, 세계에는 균열이 생긴다. 그래서 권력과 폭력은 완전히 다른 속성을 가진다. 서로 다른 속성이기에 권력에 폭력으로 맞서거나 폭력에 권력으로 맞서는 것은 불가능하다. 한국정치는 권력을 빌미로 내세우거나 권력을 가장한 채 노골적인 폭력을 행사해 왔기 때문에, 우리는 권력을 폭력으로, 폭력을 권력으로 혼동한다. 우리의 민주주의가 정치인의 정치를 가만히 관찰만 하고 시민이 직접 정치무대에 서지 못하는 '관객민주주의'로 전락한 것은 이런 과정과 무관하지 않다.

이런 사회가 바뀌려면 '새로운 시작'이 중요한데, 아렌트는 『혁명론』에서 프랑스혁명과 미국혁명을 비교하며 세계가 지속되려면 거리가 필요하다고 강조한다. 공통감각은 개별 감각의 소멸을 뜻하지 않는다. 같이 느낄 수 있지만 우리는 다르게 생각한다. 그런데 동정이나 사랑 같은 감정은 다른 존재에 쉽게 동화되기에 아렌트는 "동정은 사람들의 교류에서 생길 수밖에 없는 사이공간, 즉 거리감을 없애려 한다는 점에서 사랑과 다르지 않다"고 지적한다. 이 "동정은 거리감을, 즉 정치적인 사안들이 발생하는 사람 사이의 인공적인 장소를, 인간사의 전부라 할 영역을 없애기 때문에, 정치적인 면에서 부적절하고 중요하지 않다"(『혁명론』, 81쪽). 자유·평등·박애라는 프랑스혁명의 구호는 중요했지만, 주요한 정치의제와 정치 활력은 빈민의 삶을 개선시키는 데 집중되었을 뿐 빈민을 자유롭게 만들지는 못했다.

반면에 미국혁명은 "끊임없이 공적인 의견을 구성하는 제도를 공화국 자체의 구조로 만드는 방법"(230쪽)을 알았다. 미국의 상원제도는 대법원 제도와 함께 정제되지 않은 대중의 의견을 세련되게 만드는 중간 과정으로, 아렌트 식으로 말하면 참여자가 아닌 관찰자로

자리를 잡았고, 특히 미국혁명은 국가를 세운 이념을 뜻하는 헌법정
신을 만들었다.

아렌트는 미국의 사건이 보여준 핵심을 '주권을 일관되게 폐기하
는 과정'에서 찾았고, 무기력한 주권에 호소하는 것보다 시민들의 정
치적인 능력이 살아나고 권력이 구성되어야 한다고 봤다. 그런 능동
성이 유지되어야 헌법이 생명력을 가질 수 있고, 헌법에 기초한 법률
들이 의미를 가질 수 있다. "자유란 오로지 공중 속에서만 존재할 수
있"고, "구체적이고 인위적인 현실, 타고난 재능이나 능력보다 인간이
누리도록 창조된 어떤 것이었다"(121쪽).

이렇게 보면 한국정치의 무대는 매우 제한되어 있다. 우리 역사에
는 혁명에 견줄 만한 사건들이 여럿 있었지만 그 사건들이 실제로 사
회를 크게 바꾸지는 못했다. 시민들의 역량이 부족했던 탓도 있겠지
만 혁명을 준비하는 방법이나 그 이후에 대한 사유가 우리 사회의 근
본 구조를 건드리지 못한 탓도 크다. 시민을 대변한다던 지도부들이
자신들의 '집권'이나 자기 노선의 정당성만을 생각하고 국가의 성격
자체를 바꿀 방법을 고민하지 않았기 때문이다. 한번에 전체 사회를
바꿀 생각만 했지, 아래로부터 권력을 구성할 생각은 하지 않았기 때
문이다.

이런 식으로 정치를 하기엔 이미 불가능한 사회가 되었다고 생각
하는 사람이 있을 수 있다. 그렇다면 타인과 세계를 공유하고 권력을
구성하는 건 어느 정도의 규모까지 가능할까? 아렌트가 대중사회의
등장을 걱정하는 이유는 단순히 인구가 많아졌기 때문이 아니다. 세
계는 사람들을 맺어주기도 하고 떨어뜨려 놓기도 하는데, 대중사회

는 사람들 사이에 존재하는 세계가 "사람들을 모으고 그 관계를 맺어주고 갈라놓는 힘"(『인간의 조건』, 53쪽)을 잃어버리도록 만들었다. 정말 무서운 건 이 힘의 상실이다. 이 힘이 살아 있다면 공적인 세계는 언제든 다시 재구성될 수 있다. 하지만 이 힘이 사라진다면 시민은 고립된 개인이나 뭉쳐진 오합지졸이 되어버리고, 이 세계에서 정치의 가능성은 축소되거나 사라진다.

보통 민주주의를 수의 문제로 다루는 것도 비슷한 맥락에서 얘기될 수 있다. 작은 곳에서는 직접민주주의가 가능하고 수가 많아진 현대사회에서는 민주주의가 어렵다는 식이다. 물론 도시에 거주하는 사람의 수가 엄청나게 많아진 것은 사실이다. 예를 들어, 천만 명이 넘는 서울 시민이 한자리에 모여 서울시의 의제를 다루기는 어렵다. 하지만 그 사실 자체가 민주주의의 불가능을 얘기하는 것은 아니다. 우리가 민주주의를 제도로 이해하지 않는다면, 민주주의에 중요한 것은 직접/간접 선거방식이나 국회의 구성방법이 아니라 "공통의 세계에 대한 관심"이고 "세계를 바꿀 만큼 충분한 사람들의 결속"이다.(53쪽) 그리고 이렇게 서로 관계를 맺는 사람들이 구성하는 '관계의 그물망'이다. 이런 그물망이 촘촘하게 맺어져 있다면 수가 많아도 공통감각을 공유하는 시민들의 평등을 요구하는 정치가 시작될 수 있다.

공식적으로 드러난 제도와 기구도 있지만 정치는 이 그물망의 영향을 받는다. 왜냐하면 앞서 봤듯이 권력을 구성하는 것은 시민의 결속과 약속, 연합과 계약이기 때문이다. 기존의 정치제도나 기구는 공동체의 약속과 합의를 반영할 뿐이다. 아렌트는 『정치의 약속』에서

"만일 우리가 세계 안에 존재하는 어떤 기관이나 조직, 공적인 기구를 바꾸고 싶다면, 우리는 그 헌법과 법, 법령을 개정할 수만 있고 나머지는 스스로 처리하기를 기대해야 한다. 그 이유는 인간이 함께 하는 곳이면 그곳이 사적이거나 사회적인 장소이든 공적이거나 정치적인 장소이든 사람들을 자연스럽게 그곳으로 모으는 동시에 서로를 구분하는 하나의 공간이 만들어지기 때문이다. 그 모든 공간은 시간이 흐르면 변하고 관습처럼 사적인 맥락으로, 협회와 같은 사회적인 맥락으로, 법률과 헌법, 법령 등과 같은 공적인 맥락으로 자신을 드러내는 구조를 갖춘다"(106쪽)고 말한다. 법은 우리가 사는 세계의 틀을 짜고, 권력은 그 세계에서 구성된다. 그러니 우리가 세계를 구성하는 방법에 따라, 사는 세계에 따라 다른 권력이 구성될 수 있다.

그렇기에 반대로 생각하면 세계는 시민들이 사는 방식에 따라 끊임없이 위기를 경험할 수밖에 없다. 예를 들어, 아렌트는 『혁명론』에서 미국의 국부들이 지역의 중요성을 파악하지 못하고 그 동력을 연방정부로 흡수하지 못한 것을 실패의 원인으로 꼽는다. "혁명의 궁극적 목적이 자유와 자유가 출현할 수 있는 공적인 공간의 구성, 즉 자유의 구성이었다면, 모든 사람이 자유로워질 수 있는 유일하고 유효한 공간인 구 단위의 기초를 이루는 공화국들이 사실상 위대한 공화국의 목적"(『혁명론』, 258쪽)임을 미국의 국부들이 간과했기 때문이다. 아래에서부터 단단히 공화국의 기초를 다지지 못한다면, 그런 기초가 자유롭고 공적인 공간으로 구성되지 못한다면, 공화국은 유지될수 없다. 그런 의미에서 공화국은 공화국들의 연합이기도 하다.

그리고 지속적인 실패와 변화는 인간사회의 숙명이기도 하다. 이 세상에는 끊임없이 새로운 사람이 탄생하기 때문이다. 지금 세대가 만든 약속과 합의는 새로 태어난 이들에게 낯선 것이고 아직 충분히 논의되지 않은 것이다. 그렇기에 새로이 태어난 세대는 기존의 합의를 새로이 변화시켜야 한다. 새로운 시작을 의미하는 희랍어 '아르케 arche'와 라틴어 '프린키피움principium'은 시작과 원리라는 의미를 모두 담고 있다.

그렇다면 어떤 기구가 세계의 변화와 새로운 인간의 시작을 가장 잘 반영할까? 아렌트가 가장 긍정적으로 봤던 정치기구는 평의회 council였다. 아렌트는 평의회를 "자유의 공간"(268쪽)이라 칭송하면서 파리꼬뮨의 붕괴를 아쉬워했다. 평의회의 평의원들도 일종의 엘리트이지만 이들은 "근대 세계에서 지금까지 목격되었던 정치 엘리트 중유일하게 민중에서 나오고 민중의 편에 서는 엘리트"였고 "관심을 가지고 앞장서는 사람들로 조직된 엘리트, 혁명으로 드러난 인민의 정치 엘리트"였기 때문이다. 그리고 "그들의 직위는 동등한 사람들의 신뢰에만 의지했고, 이 평등은 자연적인 것이 아니라 정치적인 것이었고, 공동의 기획에 몸을 맡겼고 지금도 참여하는 사람들의 평등이었다. 선출되어 다음 단계의 상위 평의회로 파견된 대표는 다시 한번 자신이 동료들과 함께 있음을 깨달았다"(282쪽). 아렌트는 평의회를 통해 고대의 평등인 이소노미아와 권위의 조화가 근대사회에서도 이루어질 수 있다고 봤다. 그 의미를 아렌트는 이렇게 정리했다. 평의회는 "누군가에게 선택되지 않고 스스로를 구성하는 엘리트를 풀뿌리 차원에 배치하는 최선의 방법이자 가장 자연스운 방법"이고 "공적인 자유를 맛본 사람들에게 공공 영역의 적절한 지위를 보장하는 것은 좋은 정부의 과제이자 질서 잡힌 공화국의 징표"(283~284쪽)이다. 공화국에 가장 적합한 정치기구는 풀뿌리에서 구성되어 연합과 연방의 원리에 따라 운영되는 다양한 평의회들이다.

그렇다고 아렌트가 평의회를 이상화한 것은 아니다. 아렌트는 평의회의 현실적인 한계를 평의원들 개개인의 능력 부족보다 "공적 사안들에 참여하는 것과 행정이나 공적인 이해관계에 놓인 물건들의 관리를 분명하게 구분하지 않았다는 점", 즉 정치능력과 행정능력을 구분하지 않았다는 점에서 찾았다. 앞서 노동이나 작업을 행위와 구분했듯이, "한편으로 자유를 원리로 삼는 인간관계의 장에서 사람들을 다루는 법을 알아야만 하고, 다른 한편으로는 필요를 원리로 하는 생활 영역에서 물건과 사람을 관리하는 법을 알아야만"(277~278쪽) 하는데, 이런 능력을 한 사람이 모두 갖기는 어렵기 때문이다. 그럼에도 평의회의 정치적인 평등과 그것을 통한 자유는 아렌트의 많은 관심을 받았다. 그러니 우리도 이 평의회에 한번 관심을 가져볼 만하다.

사실 평의회가 우리 역사에 낯선 정치조직은 아니다. 한국에서도 일제 식민지 해방 직후 많은 평의회들이 구성되었다. 우리가 '인민위원회'라고 들었던 조직들이 지역에서 일정 정도 그런 역할을 담당했다. 한국에서 인민위원회는 "누군가의 선동에 따라 이끌리는 대리 기구가 아니라 스스로 자신과 공동체의 삶을 다스리려는 자치기구"(『풀뿌리민주주의와 아나키즘』, 121쪽)였다. 인민위원회는 한국식 평의회 실험이었다. 그렇지만 아래로부터 새로운 권력을 구성할 수 있는 조직이었기 때문에 역으로 인민위원회는 미군정과 이승만 정권의 심한 탄압을 받을 수밖에 없었다. 그리고 철학자 김상봉이 『기업은 누구의 것인가』(2012년 출간)에서 지적하듯이 한국의 기업 내에서도 노동자들의 경영 참여는 거부되고 "한 기업 내에서 노동하는 자는 모두 동등한 권리를 가져야 한다는 원칙"(56쪽)은 지켜지지 않는다. "기업을 노동자가 주권자인 민주공화국으로 만들자"(58쪽)는 주장은 지금도 허튼소리로 치부된다. 아렌트의 시각으로 본다면 한국 정치에서 어떤 가능성을 볼 수 있을까?

4
한국 정치에도 가능성이 있나?

아렌트는 『인간의 조건』에서 "정치적이 된다는 것, 폴리스에 산다는 것은 힘과 폭력이 아니라 말과 설득으로 모든 것이 결정된다는 점을 의미한다"(26쪽)고 못을 박으며 폭력과 권력의 경계를 분명하게 갈랐다. 그렇지만 현실적으로 한국 정치에서는 권력보다 폭력이 공권력을 주도했고, 약속보다는 선전과 여론몰이가 정치의 주요한 방법이었다. 정부의 정책과 다른 입장을 드러낼 수 없는 사회, 국민을 위해 일한다는 정치인들이 시민의 목소리를 차단하는 사회, 민심을 내세워 민심을 차단하는 사회가 바로 한국이었다.

제아무리 민심을 내세워도 어느 누가 일방적으로 민심을 대변할수 없다. 민심은 다양한 시민들이 드러내는 다양한 의견과 의지이지 어떤 사람이 하나로 정의할 수 없는 것이기 때문이다. 그러니 민심을 내세우는 사람을 경계해야 한다. 우리는 모두를 위해 열심히 일하겠

다는 정치인을 좋아한다. 하지만 모두를 위하는 건 인간이 아닌 신의
영역이거나, 아니면 다양한 인간들을 특정한 유형의 인간으로 똑같
이 만들 때에만 가능한 일이다. 모든 사람을 위해 일하겠다는 정치인
도 경계의 대상이다. 아렌트의 말처럼 모든 사람을 위한다는 사람은
모든 사람에게 맞서는 사람만큼 고독한 인물이고, 그래서 그는 정치
인으로 적합하지 않은 사람일 뿐 아니라 독재자가 될 가능성이 크다.

아렌트의 논리를 따르면 그동안의 한국 정치는 권력이 아니라 폭
력에 기반한 정치였다. 아니, 정치라고 말할 수조차 없는 폭력 그 자
체였다. 앞서 박정희 정권을 전체주의의 관점에서 살펴봤듯이, 정권
의 폭력은 단지 반대세력을 억압하는 것을 넘어서 정치와 세계를 파
괴하려 들었다. 박기석은 「국가폭력범죄와 피해자」(2012년)라는 논문
에서 국가폭력범죄의 구체적인 유형을 다음과 같이 나눈다.

— 고문 등 가혹행위(협박, 폭행, 물고문, 전기고문, 잠 안 재우기, 성추행, 욕설이
나 희롱에 의한 모욕감 주기, 약 먹이기, 세뇌와 암기 강요)

— 민주화 운동 등 시위에 대한 폭력진압

— 집단수용 및 집단희생(삼청교육대나 제주 4·3사건)

— 정치테러(김구나 여운형 암살, 조봉암과 조용수 사법살인, 장준하 등의 의문사,
김대중 납치사건)

— 노동운동 탄압

— 군대 의문사

— 그 외에도 전향서 강제 사건, 간첩조작 사건, 학원 감시, 도청, 강제
연행, 과도한 불심검문, 밤샘조사·반말조사 등의 과잉수사, 사형·신상

공개 등의 비정상적 형벌제도, 중형주의 입법, 과잉범죄화 등

이처럼 한국사회에서는 국가가 주체인 폭력과 범죄가 흔히 벌어진
다. 조세희의 소설 『난장이가 쏘아올린 작은 공』(1978년 출간)에 묘사되
듯이 빈민과 장애인, 노동자, 농민, 여성, 청(소)년 등 사회의 약자들일
수록 잔인한 일상의 폭력을 경험한다.

특히 2014년 4월 16일 세월호의 침몰은 국가폭력의 새로운 양상
을 드러냈다. 국가는 일종의 합의와 약속의 산물인데, 권력을 장악한
이들이 그런 약속을 무시하고 국민의 생명을 팔아서 기업들의 배를
불렸다. '민영화'로 알고 있는 시장의 변화가 실제로는 '사영화'이고,
국가가 이를 뒷받침하고 있다는 점은 세월호의 침몰과 많은 승객의
희생으로 분명하게 드러났다. 더 큰 문제는 이를 은폐하기 위해 국가
가 거짓말을 하며 시민을 제물로 삼기 시작했다는 점이다.

그래서 우리는 정부의 거짓말에 대해 강력하게 대응해야 한다. 사
람이 하는 일이니 거짓말이나 실수도 할 수 있다는 것과 시민의 약속
과 합의로 구성된 정부가 시민을 속이는 것은 질적으로 다른 문제이
다. 예를 들어 1960년대 말, 아렌트는 미국정부가 통킹만 사건을 조
작해 베트남전쟁을 일으키는 등 의회와 국민을 속이거나 기밀이라는
이유로 정보를 감추는 현실을 목격하면서 그것의 정치적 의미를 파
헤치려 노력했다. 그러면서 아렌트는 이런 거짓된 정부정책에 복종하
기를 거부하는 '시민불복종'의 의미가 매우 중요하다고 봤다.

아렌트는 정부의 정책이나 법에 따르지 않는 시민을, 개인으로 행
동하지 않고 집단적으로 자신들의 뜻을 밝히려는 정치적 인간으로 본

다. 아렌트는 『공화국의 위기Crises of the Republic』(1972년 출간)에서 "시민
불복종은 보통의 변화 경로가 더 이상 작동하지 않고 불만이 전달되
지 않거나 애를 먹는다고, 아니면 반대로 정부가 변화를 추구하거나
합법성과 합헌성을 의심하게 만드는 활동 방침을 세우고 고집한다고
다수의 시민들이 확신하게 될 때 일어난다"(74쪽)고 얘기한다. 만일 정
부가 시민을 속이고 부패하는 등 헌법을 파괴한다면, 그것은 현 상태
에 대한 암묵적 합의를 철회하는 것이다. 따라서 시민의 불복종은 실
정법을 어기더라도 헌법정신을 실현하려는 시민의 권리로 인정되어
야만 한다.

특히 아렌트는 "자발적인 결사체들을 구성하는 것과 동일한 정신
에 따라 형성"(98쪽)되기 때문에, 시민불복종이 개인의 주관적인 양심
에 따라 사회의 습관과 법에 도전하는 것이라는 생각은 잘못이라고
주장한다. 시민불복종을 옹호하는 사람들 사이에서도 퍼져 있는 이
런 오해는 불복종 시민을 개인적인 범법자로 여기게 하고, 법원은 불
복종 시민이 "다른 사람들과 공유하고 법정에서 말하려 하는 의견
이나 시대정신"(99쪽)을 품은 사람이라는 점을 인정하지 않으려 한다.
따라서 아렌트는 시민불복종 행위에 대한 정치적 판단을 일방적으
로 법원에 위임하면 안 된다고 주장한다. 기존의 법률을 따르기만 하
는 법관이나 법원은 새로운 행위로 사람들의 상식을 일깨우려는 시
민불복종을 판단할 수 없으니 이에 대한 판단은 공적인 토론과 결정
으로 내려져야 한다. 한걸음 더 나아가 아렌트는 시민불복종이 '결사
의 자유'라는 헌법상의 권리와 동일한 것임을 강조한다.

아렌트의 주장을 받아들인다면, 시민불복종은 법을 정립하는 정

치행위, 공동체의 기반을 세우는 정치행위이다. 정치는 자신의 독특성을 드러내는 공적 과정이기 때문에 권력은 그것을 보장할 의무를 가지는 것이지, 시민의 말과 행위를 가로막아서는 안 된다. 그런데도 오늘날의 한국정부처럼 시민의 정치행위를 판단하고 가로막는 정부는 권력이 아니라 폭력일 뿐이다. 따라서 시민은 어떻게든 권력을 한 사람(집단)의 수중에 몰아주려는 주권의 기획을 거부하고 그 모든 주권들에 도전할 수 있어야 한다.

마찬가지로 진정한 법치는 시민들이 공정하고 자유로운 법질서 확립을 위해 끊임없이 노력할 때에만 확립될 수 있고, 그 속에서 시민의 권리와 법치는 서로 충돌하지 않는다. 그런 의미에서 시민불복종은 시민사회에 중요한 의제를 확산시키고 토의를 활성화하면서 정치질서의 정당성을 확보하는 역할을 맡는다. 법치를 파괴하는 행위가 아니라 법치를 강화시키는 행위인 것이다. 정부나 기업의 부당한 압력에 직면하더라도 시민사회를 활성화시키기 위한 인정투쟁으로서 시민불복종의 의미는 매우 중요하다고 하겠다. 이것은 이랬으면 좋겠다는 당위나 이런 사건이 벌어졌으면 어떨까 하는 가정이 아니다. 지난 한국 역사에서는 정치를 살아 있게 만들고 잘못된 부조리를 바로잡으려는 많은 행위들이 있었다(부족하지만 이런 사례들을 『민주주의에 反하다』에 소개했다).

아렌트는 『과거와 미래 사이』에서 우리가 서 있는 위치는 '현재'가 아니라고 얘기한다. 우리가 서 있는 위치는 "끊임없는 투쟁, 즉 '그'가 과거와 미래에 맞서 저항하고 살아 있으려는 시간의 틈"(11쪽)일 뿐이다. 우리를 어떤 방향으로 인도하려는 힘에 맞서, 또는 그 힘을 타고 우리가 자신의 위치를 정할 때 우리는 과거와 미래를 경험할 수 있다.

아렌트는 이런 경험이 사유를 통해 이루어진다고 보지만, 이런 경험은 타자와의 부대낌을 통해 얻어질 수도 있다. 타자와의 만남과 부대낌을 통해 우리는 우리가 서 있는 위치를 확인하고 현재를 더 분명하게 정의할 수 있기 때문이다. 사유를 연습해서 더 깊이 생각할 수 있는 것처럼, 행동도 꿈틀거림을 통해 더 확장될 수 있다. 함석헌의 말처럼, "'꿈틀거림'은 어떻게 해석을 해보면 '꿈을 튼다'는 말도 되"고, "나무에 눈이 있으면, 꽃 피고 잎 필 것이 겨울 동안 이 속에 요렇게 있으면서 꿈을 길러 가지고 봄이 오면 '꿈을 튼다'는"(『끝나지 않은 강연』, 118쪽) 것이다. 그러니 꿈틀거림은 꿈을 틔우는 과정이다.

그리고 이런 꿈틀거림은 선언에서 시작되기도 한다. 지금껏 나의 관계로 인정되지 않았던 사람들을 향해 그들이 나일 수 있음을, 나와 연관된 사람임을 선언하는 것이다. 죽은 그가 나일 수도 있음을, 크레인과 철탑에 오른 사람이 나의 친구, 나의 형제자매, 나의 부모, 자식일 수 있음을 인정한다면 희망의 싹이 틀 수 있다. 예를 들면, 노동자 김진숙이 다시 땅을 딛도록 만든 희망버스는 권력과 자본이 사람들을 분리시키기 위해 세운 벽을 허물고 "그가 나일 수 있다"고 선언하게 만들었다. 아름다움과 성공만이 아니라 고되고 힘든 삶에서도, 정부와 기업에 짓밟히면서도 무너지지 않는 삶에서도 공통감각이 재구성되고 새로운 정치가 선언될 수 있다.

현재의 세계적인 정치·경제·생태 위기는 사람들에게 다시금 '공통의 정체성'을 부여하고 있다. 모든 차이를 무無로 만드는 공통성이 아니라 함께 살아가는 사람들로서의 공통성 말이다. 과거와 달리 이런

공통성은 나의 연고나 계급이 아니라 절박한 필요나 공통의 감수성
을 통해 인식되고, 어떤 면에서는 그렇기에 더 강한 연대감을 형성하
고 있다. 아직 정치의 가능성은 남아 있다.

『정치의 약속』

Arendt, Hannah, The Promise of Politics, 2005.

『정신의 삶 1: 사유』

Arendt, Hannah, The Life of the Mind: Thinking, 1978.

정치와 자유는 동일하고, 이런 종류의 자유가 존재하지 않는 곳이라면 참된 의미의 정치영역도 존재하지 않는다. 그렇지만 사람들이 정치공간을 만들고 그 공간을 보호하는 수단들이 언제나 또는 반드시 정치적인 수단인 것은 아니다. (…) 여기서 우리에게 중요한 것은 자유 자체를 정치적으로 이해하는 것이지, 정치적인 수단으로 획득해야 할 어쩌면 최고의 목적으로 이해하는 것이 아니다. 그리고 억압과 야만적인 힘이 언제나 정치공간을 보호하거나 만들거나 확장하는 수단이었지만 그 자체는 결코 정치적이지 않다는 점을 깨닫는 것이 중요하다. 억압과 야만적인 힘은 정치에 부수적인 현상이기에 정치 자체는 아니다.

－『정치의 약속』, 129~130쪽

정치와 자유가 동일하다는 것은 노예의 정치가 불가능함을 뜻한다.

가진 것이 아무것도 없어 남의 노예가 된 사람이나 가진 것이 너무 많아 쥐고 있는 것을 놓지 못하는 사람은 정치를 할 수 없다. 자유롭고 활동적인 삶을 사는 사람이 공적인 장에서 자신을 기꺼이 드러낼 때 정치는 시작된다.

그렇지만 아렌트는 자유가 정치의 최고 목적이라고는 생각하지 않았다. 정치적인 자유는 지배자와 피지배자를 구분하지 않는 정치조직을 구성하는 것이기도 한데, 그러려면 이소노미아, 즉 법 앞의 평등이 중요하다. 아렌트는 고대 폴리스의 특징을 이소노미아에서 찾는데, 모든 인간이 평등하게 태어나기 때문이 아니라 모든 인간은 다르기 때문에 법을 통해 평등을 실현해야 한다는 얘기이다. 즉 평등은 인간에게 내재된 속성이 아니라 인간이 노력을 통해 달성해야 할 목표이자 인위적인 세계의 속성이다. 아렌트에게는 자유만큼 이런 평등이 매우 중요했다.

이처럼 자유롭고 지속적으로 평등해야 하는 정치의 장을 보장하는 것은 권력의 주요한 기능이다. 때로는 정치의 장을 유지하기 위해 힘을 사용할 수 있다. 폭력이나 전쟁, 전체주의가 공통의 세계를 파괴하려 할 때 우리는 능동적으로 저항해야 한다. 우리는 정치를 공권력이나 힘으로 여기는 데 익숙하지만 그런 힘 자체가 정치일 수는 없고 그래서도 안 된다. 설령 정치의 장을 지키기 위해 힘을 써야 한다고 할지라도 그 힘을 정치라고 여겨서는 안 된다. 폭력은, 차이를 인정하고 보호하는 권력과 양립할 수 없기 때문이다. 아렌트는 태어난 인간의 수만큼 다양한 관점과 시각이 존재하기 때문에 정치는 그 자체로 다원적이어야 한다고 믿었다. 그러니 폭력이나 힘이 정치의 속성일 수는 없다.

사유하지 않음은 정치적이고 도덕적인 문제에 관해 아주 바람직한 태도처럼 보이지만 위험한 태도이기도 하다. 꼼꼼하게 따져보는 어려움을 피하면서 사유하지 않음은 어떻든 간에 특정 사회의 특정 시기에 규정된 행동규칙들에 매달리도록 가르친다. 따라서 사람들에게 익숙한 것은 규칙의 내용, 머리를 복잡하게 만들기 일쑤인 꼼꼼한 검토보다 특정한 부분에 적용하는 규칙을 그냥 받아들이는 것이다.

— 『정신의 삶』, 177쪽

아렌트에게 정치란 공적인 의견을 나누는 것이고, 그 과정에서 드러나는 다원성이 정치를 움직이는 동력이다. 정치는 진리의 영역이 아니기에 시민들 각자는 행위자와 관찰자로서 공적인 것을 확립하기 위한 경쟁을, 적대적이지 않은 경쟁을 벌인다. 이런 정치를 가로막는 근본적인 문제는 답을 찾을 수 없는 상황이 아니라 '사유하지 않음'이다. 사유하지 않음은 문제를 해결하기보다는 문제를 지속시키고 다른 대안의 출현을 방해하기 때문이다.

그런 점에서 "쟤는 왜 이리 삐딱해?", "쟤는 왜 이리 까다로워?" 같은, 사유를 가로막는 편견들은 정치의 활성화를 막는다. "가만히 있으면 중간이라도 가겠지" 하는 태도 역시 정치를 가로막는다. 의견을 내지 않는 것이 회의를 빨리 진행시키고 사람들에게 호의적인 반응을 얻는 방법 같지만, 실제로는 우리가 사는 세계를 조금 더 위태롭게 만든다. 각자의 다양성을 모아 하나의 퍼즐을 맞추는데, 몇몇 조각이 계속 부족하기 때문이다. 더구나 그렇게 부족한데도 이미 다 맞췄다고 착각하도록 만들기 때문이다. 사유하는 것, 그런 사유를 돕도록 부지런히 몸을 움직이는 것, 그런 생각을 드러내는 활동, 생각대로 행하는 삶을 통해서만 우리는 세계를 만들고 세계를 지속시킬 수 있다.

혁명과 풀뿌리

박정희 정부는 반공과 경제발전을 빌미로 시민의 정치세계를 근본적으로 파괴하려 들었다. 그렇지만 박정희의 사망이라는 '사건'은 그 체제를 위로부터 허물었다. 그 사건이 정치세계의 재구성이라는 과제로 자연스럽게 이어졌을까?

1979년 10월 26일 박정희 사망 이후 다시 정치의 장이 열렸고 1980년 봄은 소위 '서울의 봄'이라 불리며 사회변화를 기대하는 희망의 계절이 되었다. 봄이 되면서 헌법개정과 관련된 논의가 시작되고, 노동3권이 확대되고, 언론의 검열이 폐지되고, 주요 정치인이 복권되고, 각 대학에서 총학생회가 부활했다. 어용 교수나 학내 비리를 없애려는 대학생운동이 시작되고, 노동조합의 결성과 시위가 잇따랐다. 그동안 폭력에 억눌렸던 목소리와 족쇄에 묶였던 말과 행동이 시작된 셈이다.

그러나 전두환의 계엄사령부는 1980년 4월 30일 "과격한 노사분

규, 학원소요, 정치인들의 학원 내 집회 금지"를 공포했다. 그리고 5월 초 '시국수습방안'을 마련해 5월 17일 비상계엄을 전국으로 확대하고 20일 임시국회를 무산시키고 국가보위위원회를 설치했다. 이에 학생과 시민들은 "비상계엄 철폐", "전두환 퇴진" 등을 외치며 시위를 벌였으나 광주시를 시민의 피로 물들인 광주항쟁을 거치면서 서울의 봄은 막을 내린다. 그리고 1980년 9월 1일 통일주체국민회의라는 허수아비들을 내세운 전두환이 체육관에서 박수로 제11대 대통령에 당선되었다.

정통성 없이 쿠데타와 폭력으로 집권한 전두환 정권은 박정희 정부를 부정과 부패 정부로 규정하면서 '정의사회 구현'이라는 거창하고 허황된 구호를 내세웠다. 정의사회를 내세웠으면서도 야당의 정치활동을 금지한 채 민주한국당이나 한국국민당 같은 가짜 야당을 내세워 정치를 조작하려 했다. 그리고 시민들에게는 야간통행금지 해제, 교복 자율화 등 자유를 허용하는 척하며 불만을 잠재우고, 대중의 관심을 정치보다 오락으로 돌리려는 소위 3S정책(Sports, Screen, Sex)을, 즉 프로스포츠와 올림픽, 컬러텔레비전과 에로영화를 도입했다. 또 사회를 정화한다는 구실을 내세워 이런 정책에 반대하는 사람이나 세력들을 삼청교육대와 수용시설로 몰아넣었다.

공교롭게도 1980년대 초반의 전 세계적인 경기 호황은 이제 막 억압에서 풀려난 시민들의 정치의식을 소비로 마쳐시킬 수 있도록 뒷받침했다. 이제 민주화가 되었으니 정치적인 사안에 관심을 가지지 말고 경제발전을 위해, 사적인 이익을 위해 노력하는 게 중산층이라는 메시지가 사회를 뒤덮기 시작했다. 가진 것이 점점 더 많아질수록 시민들은 사적 영역에 더 많은 관심을 쏟게 되었다. 그러면서 잠깐 열렸던 자유의 공간은 다시 폐쇄되었고, 노골적인 폭력과 은밀한 거래, 위선적인 만족감이 정치세계의 등장을 계속 가로막았다. 다만 광주항쟁을 거치면서 폭력적인 정권은 계엄령과 같은 극단적인 조치를 자제하게 되었고, 반대로 각성한 시민들은 광주항쟁의 기억을 토대로 조직운동에 나섰다.

싸우고 뒤로 물러서는 과정을 반복하다 보니 한국사회에서 정치와 민주주의는 언제나 미완의 숙제이고 아직도 실마리는 잘 보이지 않는다. 여러 중요한 사건들을 거치면서도 왜 정치에서는 유독 긍정적인 면보다 부정적인 면만 부각되었을까? 여러 번의 중요한 정치적인 사건들이 있었는데, 왜 근본적인 사회변화를 이루지 못했을까? 한국사회의 중요한 사건들이 정치를 활성화시키지 못했던 이유는 무엇일까?

1
자유로서의 혁명은 왜 어려웠을까?

아렌트의 시선으로 본다면, 혁명에서 중요한 것은 누가 권력을 잡았는가 하는 것이 아니다. 혁명은 새로운 정치행위자가 계속 등장할 수 있는 정치의 기본틀을 만드는 과정이다. 예를 들어 헌법을 제정 또는 개정하고 시민의 정치활동을 보장하는 기구와 제도들을 만들며 앞서 봤듯이 "끊임없이 공적인 의견을 구성하는 제도를 공화국 자체의 구조로 만드는 방법"을 찾는 것이다. 격동의 현대사를 거쳤다고 평가되는 한국의 중요한 사건들은 이런 과정과 방법을 어떻게 준비했을까?

1960년 2월 28일 대구에서는 고등학생 1,200여 명이 당시 야당의 선거유세 참석을 막으려는 정부의 일요일 등교지침을 거부하고 시위를 벌이며 "학생의 인권을 옹호하자", "민주주의를 살리며 학원 내에 미치는 정치력을 배제하라", "학원을 정치도구화하지 말라" 등의 구호를 외쳤다. 이를 계기로 3월 8일에는 대전에서 고등학생 1천여 명이, 10일, 12일, 14일에는 여러 지역의 고등학생들이 시위를 벌였고 14일에는 서울에서 학생들이 "대한민국은 민주공화국이다"라는 헌법 제1조를 연필로 써서 유인물로 만들어 돌리다 경찰과 충돌했다. 사실 이 당시까지만 해도 중고등학생이나 청(소)년들은 지금과 달리 돌봄이나 감시의 대상이 아니라 사회변화의 주요한 행위자였고, 시민들도 사회민주화를 요구하는 학생들의 행동을 지지했다.

이에 이승만 정권은 3월 15일 부정선거로 대응했고, 시민들은 '선거 무효'를 선언하며 가두시위를 벌였다. 4월 11일 마산에서 경찰의 최루탄에 머리를 관통당한 고등학생 김주열의 시신이 바다에서 떠올랐고, 4월 14일 마산의 고등학생들이 "민주주의 바로잡자"며 가두시위를 벌였다. 이를 계기로 전국의 고등학생들이 시위를 벌이기 시작했고, 뒤늦게 대학생들이 시위에 동참했다. 4월 18일 고려대생 4천여 명이 뒤늦게 시위를 벌이면서 소위 4·19의 서막이 열렸다. 당시 고려대생들은 "기성세대는 자성하라", "마산 사건의 책임자를 즉시 처단하라", "우리는 행동성 없는 지식인을 배격한다", "경찰의 학원 출입을 엄금하라", "오늘의 평화적 시위를 방해치 말라"는 다섯 개의 요구 사항을 발표하고 거리를 행진했다. 평화로운 행진이었는데도 경찰의 사주를 받은 깡패들이 학생들을 습격했고, 4월 19일 시위를 준비하던 고등학생, 대학생, 시민들은 거리에서 대규모 시위를 벌였다. 이런 상황에서도 시위의 구호는 급진적으로 변하지 않고 "민주주의 바로 잡아 공산주의 타도하자", "협잡과 부정선거를 규탄한다", "정부통령 선거 다시 하라"라는 온건한 노선을 지켰다. 그런데도 경찰은 시위대에 총을 쏘며 강제로 진압하려 들었다. 4월 25일 대학교수단이 "대통령을 위시하여 여·야 국회의원 및 대법관 등은 책임지고 물러나라"고 요구하며 시위를 벌였다. 4월 26일 이승만 대통령이 하야를 선언하자 학생들은 "민권은 승리했다", "질서를 지킵시다"라는 현수막을 들고 시가행진을 했다.

1960년대 초반에는 사적인 영역으로 억눌렸던 목소리가 터져나왔고, 대통령을 권좌에서 끌어내리면서 시민들의 억눌려온 자존심이 다시 어깨를 펴기 시작했다. 그렇지만 한국전쟁을 겪고 남한과 북한이 서로 대치하고 있다는 현실은 시민들이 자기 목소리를 자꾸 검열하게 만들었고, 더 심각한 것은 질서를 내세워 이미 목소리를 낼 수 있었던 사람들만이 '사건 이후'의 과정을 주도하게 만들었다는 것이다.

이승만 대통령이 쫓겨나고 난 뒤 허정의 과도정부가 수립되고, 국회는 내각책임제와 미국식 상원/하원과 같은 참의원/민의원 양원제를 도입하는 헌법개정안을 통과시켰다. 그리고 7월 29일 국회의원 선거에서 민주당이 민의원 전체 233석 중 175석을, 참의원 58석 중 32석을 차지하며 압승을 거뒀다. 윤보선이 국회에서 대통령으로 선

출되고 윤보선 대통령은 장면을 국무총리로 지명했다(그보다 먼저 국무
총리로 지명되었던 김도연은 국회 투표에서 부결되었다).

4월항쟁으로 폭력적인 정부가 무너지고 자유의 공간이 열렸다는
점은 분명하다. 그리고 통치구조의 문제를 바로잡기 위해 헌법도 개
정되었다. 헌법재판소를 신설하고 중앙선거관리위원회를 헌법상의
독립기관으로 만들었으며, 지방의회의원과 단체장을 직선으로 선출
하는 지방자치제도를 부활시켰다. 또한 직업공무원제도를 분명하게
규정해서 공무원의 정치적 중립과 신분을 보장했다. 언론·출판·집
회·결사의 자유에 대한 사전검열이나 허가제도 금지되어 표현의 자
유가 보장되었고, 정당 활동과 관련된 근거조항도 만들어졌으며, 선
거 연령이 만 20세로 낮춰졌다. 4월항쟁의 성과로서 이런 변화들은
그동안 억눌려온 시민의 정치적 자유를 보장하는 중요한 계기가 되
었다.

그런데 4월항쟁이 자유를 권리로 보장하는 계기만이 아니라 자유
를 지속시키기 위한 정치세계를 만들려 했다면, 헌법개정이나 정부
기구·제도를 만드는 일은 기득권을 가진 세력이 아니라, 사건을 통해
새로이 드러난 다양한 정치행위자들이 공적인 토론을 통해 진행했어
야 옳았다. 하지만 거리로 쏟아졌던 시민들은 이승만 대통령을 쫓아
낸 이후(스스로 물러난 게 아니니 '하야'라는 표현은 부적절하다) 다시 일상으로
'돌아갔다'. 학생들은 학교로, 시민들은 공장과 사무실로 돌아갔다.

권명아는 『음란과 혁명』(2013년 출간)에서 풍기문란을 막고 질서를
세워야 한다는 논리가 새로운 정치행위자들의 열정을 가로막고 이들
을 일상의 질서 속으로 '돌려보냈다'고 평가한다. 권명아는 4월혁명

이후 학생들이 학교로 돌아가면서 청소와 추도라는 의례를 하며 '사회혼란을 틈탄 준동'과 자신들의 행위를 구별했다는 사실에 주목한다. "혼란과 혁명의 경계에 대한 두려움은 쿠데타 세력의 이데올로기와는 또 다른 맥락에서 4월혁명 당시의 담론 공간을 사로잡은 것이기도 했다. 그런데 이 혼란에 대한 두려움은 혁명 때문에 발생한 것이기도 하지만, 실은 이미 혁명 이전에 내재해 있던 불안감을 투영한 것이기도 하다. '구두닦이'로 표상된, 당시 시위에 적극 참여한 비엘리트층의 분출하는 열정을 무지한 대중의 부정적 정념으로 간주하는 태도 또한 혁명의 와중에 형성된 것이 아니라 이미 형성된 비엘리트층에 대한 '사회적 불안'이 투영된 것이다."(234쪽) 이런 불안을 언론인 레베카 솔닛Rebecca Solnit은 『이 폐허를 응시하라 *A Paradise Built in Hell*』(2010년 출간)에서 '엘리트 패닉'이라고 부른다. "공황에 빠진 대중과 영웅적 소수의 이미지를 거꾸로 뒤집"는 엘리트 패닉은 "사회적 무질서에 대한 두려움, 빈민과 소수자와 이민자에 대한 두려움, 약탈과 경제범죄에 대한 강박관념, 치명적인 무력에 기대려는 마음, 헛소문에 기초한 행동"(195쪽)들에 사로잡히게 한다. 엘리트 패닉은 새롭게 열린 정치공간을 폐쇄시키고 새롭게 출현한 행위자들을 풍속과 질서의 틀 속에 가두려 한다.

그러면서 정치행위자들은 서서히 사라졌고 역사 속에서도 지워졌다. 사실 1960년 4월항쟁의 불씨를 당겼던 행위자들은 대학생이 아니라 중·고등학생과 시민이었다. 이승원의 「4·19혁명과 피해대중」(대안지식연구회, 『인문정치와 주체』, 2012년 출간)에 따르면, 대학생들의 시위를 촉발시켰던 마산의 시위에서 경찰의 폭력진압으로 13명이 사망했는데, 중학교 재학생 2명, 중학교 졸업생 2명, 공장 직공 2명, 행상 1명, 고교 재학생 4명, 상인 1명으로, 대학생은 한 명도 없다. 대학생은 사회를 바꾸겠다는 시민들의 열정이 돌이킬 수 없을 정도로 드러난 뒤에야 시위에 동참했는데도, 마치 4월항쟁의 주역이 대학생인 것처럼 기록되었다. 기록에서 지워진 이들은 어떤 세상을 꿈꿨을까? 누군가가 자신을 대변하는 것이 아니라 직접 결정에 참여하고 싶었을 사람들은 다시 역사의 무대 뒤편으로 밀려났다.

이렇게 정치행위자들이 정리되면서, 정치의 경계를 설정하고 내부의 규칙을 정하며 새로운 정치공간을 보장하는 역할은 '다시' 기성 정치인들의 몫이 되었다. 이승만 대통령은 쫓겨났지만 원내 다수당이었던 자유당은 국회를 해산하지 않은 상태로 헌법을 개정하기로 민주당과 거래했다. 그러면서 논의의 속도가 빨라져 이승만을 쫓아낸 뒤 불과 50일 만에 헌법개정안이 마련되었고, 이 개정안은 국회에서 찬성 208표, 반대 3표라는 압도적인 지지를 받으며 채택되었다.

만일 시민들이 일상으로 돌아가지 않았다면 상황은 어떻게 되었을까? 시민들이 이승만과 같은 독재자나 부패한 정치인들이 다시는 등장하지 못하도록 정치구조를 직접 바꿨다면? 물론 자유의 공간이 전혀 열리지 않았다고 평가하기는 어렵다. 지방자치제도가 부활하고 시민의 정치적인 자유를 보장하려는 시도도 있었다. 하지만 그런 과정을 이끄는 행위자는 시민이 아니라 기성 정치인이었고, 새롭게 등장한 정치행위자들도 다시 비정치의 영역으로 내몰렸다. 결정적으로는 시민들이 공적인 자유와 행복을 지속시킬 수 있는 세계를, 서로 관계를 맺고 끊으며 형성하는 세계를 서서히 복원했어야 했는데, 박정희의 군사쿠데타는 그런 기회를 빼앗았다.

그런 기회가 전혀 없었던 것은 아니다. 이승만 대통령을 쫓아낸 뒤에도 민주당이 제 역할을 하지 못하자 시민들은 거리로 나왔다가 일상으로 돌아가기를 반복했다. '한국 위키피디아'에 따르면, 민주당이 집권했던 이 시기에 시위가 1,835건, 참여자가 총 97만 명이었고, 하루 평균 7.3건의 시위가 발생하고 3,800명이 참여했다고 한다. 그리고 1960년 10월 11일에는 항쟁 과정에서 희생당한 유가족과 학생, 시민들이 국회에 들어가 부정선거와 발포명령자에게 무거운 형벌을 내릴 법을 만들라고 요구하기도 했다. 노동운동이나 통일운동도 활성화되어 노동쟁의는 두 배가량 증가했고 교원노조도 결성되었다. 금기시되었던 통일 논의도 활성화되어 시민들은 1960년 9월 '민족자주통일중앙협의회'를 결성했고, 대학생들은 1961년 5월 말에 판문점에서 남북학생회담을 개최하자고 제안했다. 언론사도 늘어나 일간신문은 41개에서 112개로 늘었고, 주간지도 많이 늘어났다.

그러나 이 모든 시도들은 박정희와 그 무리들의 군사쿠데타 때문에 다시 원점으로 돌아갔다. 어찌 보면 박정희는 식민지 해방 이후 잠깐 부활했던 적극적인 정치의 의미를 알았기에 정치세계 자체를 완전히 폐쇄시켜야 한다고 생각한 것인지도 모른다. 박정희 정권을 거치며 시민들은 공적인 세계를 박탈당했을 뿐 아니라 일상의 사소한 영역에서도 다른 사람의 눈치를 살펴야 했다. 자신의 정체성을 솔직하게 드러낼 수 없는 곳에서는 시민이 등장하기 어려웠고, 자신을 드러내는 건 이미 드러난 인물들, 정치인이나 지역유지들을 '통해서만'

가능했다. 시민들은 직접 정치무대에 오를 생각을 하지 못했고 정치 지원군의 자리에 머물렀다.

더구나 박정희의 뒤를 이어 집권한 전두환 정권도 박정희 시대의 통치 전략을 유지했다. 그러다 1985년 2월 12일에 치러진 국회의원 선거의 투표율은 84.6퍼센트에 이른다. 김영삼과 김대중이 급하게 창당한 신한민주당이 '직선제 개헌'을 내세워 기성 야당인 민한당을 제치고 제1야당이 되었다. 이런 기회를 살려 신한민주당은 단독으로 '헌법개정특별위원회 구성결의안'을 국회에 제출하며 다시금 개헌을 주요한 정치의제로 만들었다.

그러자 1986년 1월, 전두환 정권은 개헌을 1988년 서울 올림픽 뒤로 미루자며 개헌 논의를 금지하는 국정연설을 하고, 야당과 학생운동 등이 반발하면서 '1천만 명 서명운동'이 벌어진다. 이후 대통령직선제 개헌을 쟁취하자는 운동이 활발해졌고, 1987년 4월 13일 전두환 정권은 현재의 헌법으로 정권을 이양하고 연내에 대통령 선거를 실시한다는 '호헌조치'를 발표했다. 이로써 개헌에 관한 논의는 불법이 되었고, 정부는 시국사범을 일제히 검거하라는 명령을 내린다. 이후 수배자를 찾는 경찰의 고문에 대학생 박종철이 목숨을 잃고, 이 사건의 진상을 밝히려는 범국민대회가 준비되고, 5월 27일 민주헌법쟁취국민운동본부 발대식이 열려 4·13조치 철회 및 직선제 개헌 공동쟁취를 선언했다. 집권당인 민정당의 대통령 후보 지명대회에 맞춰 6월 10일 '박종철 군 고문치사 조작·은폐 규탄 및 호헌철폐 국민대회'가 전국에서 열렸고, 22개 지역에서 약 30만 명이 시위에 참여했다. 그리고 6월 26일의 '민주헌법 쟁취를 위한 국민평화대행진'에는 전국 37개 도시에서 약 150만 명이 참여했다. 결국 6월 29일, 노태우 민정당 대표위원이 직선제 개헌, 김대중 사면·복권, 시국사범 대폭 석방 등을 약속하는 특별선언(소위 6·29선언)을 발표했다. 그리고 7월 1일 전두환 정권은 이 선언을 수용한다고 발표하면서도 불법 집단행동과 좌경용공세력을 엄단하겠다고 밝혔다. 이후 10월 29일 전두환 정권은 여야 합의로 헌법을 개정하는데, 대통령의 권한을 약화시키고 대통령의 직선제를 부활시켰으며 국회의 권한을 강화시켰다. 헌법 전문도 수정되고 헌법재판소를 설치했다.

문제는 전두환 정권이 6·29선언을 받아들임과 동시에 거리에서의 시위나 조직활동을 방해하면서, 이번에도 개헌을 논의하는 과정에 참여할 수 있는 정치세력이 야당뿐이었다는 점이다. 그리고 정치인들이 주도하는 의제 외에 다른 의제에 관한 주장은 점점 배제당했다. 예를 들어 그해 7월부터 시작된 노동자들의 투쟁, 즉 민주노조 건설, 생존권과 노동3권을 보장해 달라는 노동자대투쟁은 좌경용공세력으로 규정되어 강제로 경찰에 진압되었고 노동자가 최루탄에 맞아 목숨을 잃기도 했다. 그러면서 시위는 점점 수그러들었다.

앞서 1960년 4월항쟁이 그러했듯이 1987년에도 헌법을 개정할 기회는 시민들의 참여로 마련되었다. 그러면 시민들의 다양한 목소리가 반영되어야 했는데, "직선쟁취"라는 구호가 모든 논의를 대통령직선제로 압축시켜버렸다. 6월민주항쟁계승사업회와 민주화운동기념사업회가 공동발행한 『6월항쟁을 기록하다』(2007년 출간)에 따르면, 당시에는 "8시간 노동으로 생활임금 쟁취하자", "노동자 단결하여 민주노조 결성하자", "민주헌법 쟁취하여 민주정부 수립하자", "통장에서 대

통령까지 내 손으로", "공정보도 언론각성", "경제침략 자행하는 미·
일 외세 몰아내자"와 같은 다양한 구호들이 거리에 등장했다. 그리고
시위가 만든 새로운 정치공간인 시국대토론회, 시민대토론회, 시국기
도회, 시국강연회 등에서 시민들은 "농민이 빚을 져서 야반도주한 후
목매어 자살하게 만든 현 정권은 즉각 퇴진하라", "우리 아들이 간첩
입니까? 노동3권 보장 못 하는 거짓정권이야말로 벌받아야 합니다",
"잔업특근, 철야작업 없이도 노동자가 먹고살 수 있게 힘쓰자"고 외
쳤다. 이런 구호와 목소리들이 1987년 헌법개정 과정에는 어떻게, 얼
마나 반영되었을까?

헌법개정 과정은, 과거 헌법조문의 37퍼센트나 되는 많은 부분을
개정하면서도 1961년 때처럼 신속하게 진행되었다. 왜냐하면 민정당
과 민주당을 대표하는 8인 정치회담이 이 과정을 주도했기 때문이
다. 이들은 7월 31일부터 9월 16일까지 총 48일이라는 짧은 시간 동
안 헌법을 개정했다. 그리고 대통령 5년 단임제와 대통령의 국회해산
권 폐지, 국회의 국정조사권/국정감사권 부활, 헌법재판소 신설 등을
골자로 한 헌법개정안은 국회의 압도적인 찬성(272명 출석, 254명 찬성)과
10월 27일 국민투표에서의 압도적인 찬성(78.2% 투표, 93.1% 찬성)으로
확정되었다.

앞서 4월항쟁 때와 마찬가지로 몇몇 제도가 개선되고 헌법도 바뀌
었지만 헌법을 개정하는 과정은 민주주의의 뿌리를 단단하게 만들
새로운 정치공간을 열지도, 시민의 사회경제적인 권리를 강화시키지
도 못했다. 생활임금이나 노동권의 보장, 자립경제, 국가보안법의 폐
지 등의 주요한 의제는 헌법 논의에서 배제되고 대통령을 뽑는 절차

와 선거가 주요한 협상의제가 되었다. 민주헌법쟁취국민운동본부가 개헌 논의를 시작할 사건을 만들었지만 정작 이들은 그 논의에 참여할 수 없었다.

1980년대의 학생운동이 진행되는 과정에서 헌법을 주요한 화두로 내세웠던 사회운동그룹이 있긴 했다. 바로 제헌의회파CA이다(지금은 여당인 김문수와 심상정·유시민 등의 야당 인사, 박노해 시인 등이 이 제헌의회파였다). 거리투쟁을 적극적으로 벌였던 이 제헌의회파는 노동자 투쟁으로 제헌의회를 소집해서 새로운 정부를 수립하자고 주장했다. 지금은 잘 얘기되지 않는 비합법 전위정당이 이들의 방법이었다. 그렇지만 이들은 소련식 사회주의로 가기 위한 절차로서 제헌의회를 구상했지, 헌법 그 자체를 정치의 장으로 여기지 않았다.

아렌트의 시선으로 1960년 4월항쟁과 1987년 6월항쟁을 살핀다면, 몇 가지 공통된 특징이 지적될 수 있다.

첫째는 대안적인 정치세력이 구성될 수 없는 상태에서 공명선거와 직접선거를 외쳤다는 점이다. 헌법이 문제가 되었고 시민들이 그것을 논의하고 개정하는 과정에 참여하며 공적인 자유와 공적인 행복을 느낄 수 있었지만 실제로는 기성 정치인이 그 결정 과정을 독점했다. 그러면서 선거가 그 모든 요구를 대체하며 정치를 또다시 대상화시켜 버렸고 시민들은 수동적인 유권자가 되었다. 그도 아니면 특정 후보를 열정적으로 지지하는 사람이 될 수 있었을 뿐이다. 대통령만 사퇴시키거나 양보를 얻을 게 아니라 정치구조 자체를 기초부터 다시 세우며 시민들의 논의가 활성화되었어야 했는데 기성 정치세력이 자리를 잡고 있었기 때문에 자유를 지속시킬 수 있는 틀은 만들어지지 못했다.

　두 번째 공통점은 개헌을 주도하는 세력이 철저히 기성 정치세력이었다는 점이다. 즉 헌법개정과 관련된 공론화가 잘 이루어지지 않았다. 논의와 협상 과정은 철저히 국회 내부로 제한되었고, 정작 개헌의 계기를 만든 사건의 주인공들, 용기를 내어 거리로 뛰쳐나온 시민들은 그 과정에서 철저히 배제되었다. 대규모의 시민항쟁이었음에도 시민의 정치영역, 공론장이 구성되지 못했거나 만들어지는 과정에서 탄압을 받았다. 그러면서 거리로 나왔던 시민들의 말과 행동은 사라져버렸고, 그들의 독특함과 다원성은 특정 구호로 정리되어버렸다. 다양한 정치행위자들이 참여할 수 있는 공론장은 구성되지 않았고, 그러면서 정치 부활의 무대인 세계가 제대로 구성되지 못했다.

　세 번째 공통점은 항쟁 과정에서 드러났던 정치행위자들이 이후에는 사라졌다는 점이다. 4월세대, 6월세대라 불리는 세대들은 철저히 대학생 중심이다. 하지만 구체적인 항쟁 과정에 등장한 사람들은 다양했고, 심지어 6월항쟁에도 초등학생까지 참여했다는 기록을 찾을 수 있다. 그리고 여성과 노동자, 도시빈민, 농민까지 많은 행위자들이 사건을 일구어냈다. 하지만 이 행위자들은 자기 역사를 구성하거나 기록하지 못하고 '모범시민'이 아니라는 이유로 배제되거나 '특정 세대론'에 밀려 사라져버렸다. 타자와 세계를 공유하는 방식이 아니라 특정 주체가 중심이 되어 세계를 독점해 버렸다. 그러면서 다양한 행위자들이 서로를 마주 보며 관계를 맺고 새로운 세계를 구성할 기회는 사라졌다.

　네 번째 공통점은 각 지역에서 일어났던 일들이 잘 서술되지 않고 시간이 흐를수록 서울 중심성, 국가 중심성이 강화되었다. 사실 4월 항쟁이나 부마항쟁, 광주항쟁은 서울이 아니라 지방이 중심이었다. 지방의 사건과 지방의 죽음이 서울을 부활시켰다. 그런데 6월항쟁의 진행 과정을 보면 서울이 주도하고 지방은 집행하는 형태의 운동 과정이다. 그 과정이 잘못되었다고 평가할 수는 없지만, 중앙권력으로 집중될수록 시민이 개입할 여지는 줄어든다. 사유가 공간의 다양성을 반영한다면 한국은 그 사유가 점점 더 중앙으로, 서울로 집중되었고 시민사회운동 역시 중앙화, 표준화되었다.

결국 아렌트의 시선으로 본다면 한국사회의 다양한 사건들은 혁명이 되지 못하고 기성질서를 일부 고치고 연장시키는 수준에 머물렀다. 한국사회에 서구와 비견할 만한 혁명들이 없었던 것이 아니라 혁명정신을 지속시킬 수 있는 정치공간을 구성하지 못했던 것이다. 성과가 없지는 않았으나 그 성과를 '우리의 성과'라 자신하며 자존감을 회복하고 새로운 정치 활력을 만들 만한 계기는 없었다.

2

고난과 슬픔의 정치는 가능한가?

왜 우리에겐 아렌트처럼 정치를 해석해줄 만한 사람이, 정치세계의 중요성을 강조하는 사상가가 없었을까? 그런 사람이 있었다면 지금 우리의 상황이 좀 달라지지 않았을까? 그런 사람이 전혀 없지는 않았다. 아렌트가 20세기를 대표하는 독특한 사상가이긴 하지만 한국에도 그에 못지않은 사상가가 있었다고 생각한다. 일제 식민지 시기와 해방 이후 현대사를 살았던 함석헌이 바로 그런 사상가이다.

평생 동안 함석헌은 용기 있게 억압적인 권력과 맞섰고 전체주의나 국가주의와 타협하지 않았다. 타협하지 않는 삶을 살았지만 퀘이커교도였던 함석헌은 폭력에 폭력으로 맞서는 것보다 민중 속에서 그들과 함께 변하리라는 신념을 품었다. 불의에 저항하고 자유를 추구하는 말과 행동이 정의와 평화를 보장하리라 믿었다. 흥미롭게도 함석헌은 기독교 신자이면서도 교회보다 신앙공동체를 추구하는 무교회주의자였고, 타협하지 않는 신념을 지키면서도 평화를 추구하는 퀘이커교도였고, 간디와 비노바 바베를 따르면서도 노자와 장자의 사상을 함께 소화한 사상가였다. 아렌트에게 많은 영향을 미쳤던 하이데거가 노자와 장자의 사상에 깊은 관심을 보였다는 사실은 아렌트와 함석헌의 지적인 유사성을 유추해보는 흥미로운 실험도 가능케 한다.

앞서 아렌트의 사상을 설명하면서 소크라테스 이야기를 했었다. 공교롭게도 함석헌 사상을 연구하는 박재순은 2008년 3월 『대학신문』에 기고한 「사람이 씨올이다: 유영모, 함석헌이 말하는 우주와 역사와 신과 생명의 씨올」이라는 글에서 함석헌을 '20세기의 소크라테스'라고 부른다. 그 이유는 함석헌이 "앎과 행함의 변증법적 통일을 추구한 것[知行合一], 쉬운 글 속에 심오한 진리를 담은 것, 정해진 답을 주지 않고 근본적인 물음을 물음으로써 삶과 역사 앞에서 스스로 생각하고 결단하게 했"기 때문이다. 북한에서 소련군의 탄압을 받고 남한에서 이승만과 박정희 정권의 탄압을 받으면서도 민주주의에 대한 신념을 꺾지 않았고 권력을 통한 변화보다 민중과 함께 꿈틀거리는 변화를 추구했던 함석헌의 삶은 실제로 진리보다 의견을, 지도나 지휘보다 우정을 추구했던 소크라테스의 삶과 묘하게 맞닿아 있다. 『끝나지 않은 강연: 함석헌 미간행 강연 유고집』(2001년 출간)을 보면, 함석헌은 사악한 세력과 맞설 때 "저기다 대고 하지 마시고 민중을 향해 데모를 하세요. 그래서 '나라라는 건 이렇습니다. 이렇게 해 가지곤 민주주의가 안 됩니다'"(213~214쪽)라고 말해야 한다고 외쳤다. 소크라테스가 저잣거리로 내려간 이유는 이와 다를까?

소크라테스와 함석헌의 차이가 있다면, 함석헌은 『씨올의 소리』를 비롯한 여러 매체에 많은 글을 썼다는 점이다. 대략 20권 정도 되는 『함석헌 전집』은 그가 얼마나 많은 글과 강연으로 사람들과 소통하려 했는지를 증명한다(강연은 말이지만 그 시대에 경찰을 피해 강연장까지 가려면 수많은 행동이 필요했다는 점에서 말과 행동의 새로운 연관성도 엿볼 수 있다). 그리고 그런 활동만큼 함석헌을 해석하는 다양한 시각들이 존재하는데, 역사학자 김삼웅은 『저항인 함석헌 평전』(2013년 출간)에서 함석헌을 아나키스트, 소로주의자, 간디주의자, 유목주의자, 퀘이커교도, 풍류사상가, 평화사상가로 정의하기도 했다.

그 중에서 아렌트, 함석헌과 관련해 읽어볼 만한 철학자는 칸트철학으로 사회에 개입하는 김상봉이다. 김상봉은 『나르시스의 꿈』(2002년 출간)에서 서구 철학의 타자성을 해체할 수 있는 힘을 함석헌의 역사철학에서 찾으며 그것을 '슬픔의 해석학'이라 부른다. 한국 현대사를 고난의 현대사로 해석하는 함석헌의 사상을 받아들이며 김상봉은 "고난과 슬픔이란 우리에겐 '지금과 역사의 산 관련'이다. 우리는 고난을 통해, 아픔을 통해 우리 자신에게 복귀하고 우리 자신과 하나 된다. 그리하여 역사의 슬픔이 곧 지금 우리 자신의 아픔과 슬픔이 될 때, 우리는 자기 자신에게 되돌아가며, 모든 주체가 그러하듯, 우리 또한 자기 자신에게 되돌아감으로써 주체가 된다. 이런 의미에서 고난과 슬픔은 우리의 자기의식의 본질적 내용"(『나르시스의 꿈』, 328쪽)이라고 해석한다.

고난과 슬픔이라 해서 그것이 반드시 체념과 무기력만을 낳는 건 아니다. 고난과 슬픔을 대면하는 자의식은 슬픔과 하나 되어 체념하지 않고 불행한 현실을 부정할 또 다른 현실을 사유하게 한다. "그리하여 현실 속에서 슬픔과 고통을 이기기 위해서 사람들은 자기를 억누르는 모든 타자적 힘들을 이길 수 있는 힘을 가짐으로써 슬픔과 고통에서 벗어날 수 있을 것"(334~335쪽)이라고 김상봉은 기대한다. 함석헌의 사상은 우리가 겪는 사회의 부조리를 고난과 슬픔으로 받아들이되 그것을 우리 자신의 문제로 받아들여 주체가 되기를 원한다. "나는 당신을 동정한다"고 말할 수 있지만 "나는 당신을 슬퍼한다"고 말하기는 어렵다. 결정적으로 김상봉이 주목했듯이, 나와 우리의 슬픔, 이런 공통의 슬픔은 일상의 굴레에서 벗어나도록 용기를 낼 수 있는 정서를 형성한다.

그런 점에서 슬픔은 수동적이면서도 능동적인 감정이다. 혼자 울먹이며 고난을 인식하지 못할 때는 그냥 아프기만 하지만 고난을 인식하면 그것은 슬픔이 되고 함께 슬퍼하는 사람들을 마주하게 된다. 이런 점에서 이 슬픔은 아렌트가 경계했던 동정심과 다르다. 동정이 대상에게 몰입하며 그 감정에 빠져든다면, 슬픔은 우리 속으로 돌아가는 감정이고 그것의 주체는 바로 '우리'이다. 동정심이 인간관계에서 차이와 거리를 제거하는 반反정치적인 감정이라면, 슬픔은 서로 마주 보면서도 자신이 주체임을 인식하는 감정이다. 함석헌의 사상에서 고난이 생명의 근본원리이면서도 자유의 원리인 까닭은 바로 여기에 있다. 수난과 고난을 통해 인간은 자유의 가치를 인식하고 이렇게 자신의 자유를 인식한 자들은 서로의 마음을 울린다[共鳴].

칠흑같이 어두운 시대에도 희망의 불이 반짝일 수 있는 것은 슬픔을 기름 삼아 자신을 태울 수 있는 용기 있는 사람들이 항상 있어서이다. 아렌트가 『어두운 시대의 사람들Men in Dark Times』(1968년 출간)에서 가장 어두운 시대에도 인간은 무언가 밝은 빛을 기대할 권리를 지니는데, 그러한 밝은 빛은 이론이나 개념에서보다는 오히려 불확실하면서 깜박이는 약한 불빛에서 나올 수 있으며, 그 빛은 몇몇의 남녀들이 그들의 삶과 일 속에서 지상에 주어진 그들의 시간을 훨씬 넘어서 모든 환경을 떠나 불 밝힌 것이라고 말한 것도 이와 비슷하다.

다만 주체라는 표현이 아렌트와 다른 듯 보이지만 김상봉이 말하는 주체는 서로주체이다. 『서로주체성의 이념』(2007년 출간)에서 김상봉은 "서로주체성이란 만해와 다석과 함석헌 그리고 소월과 윤동주가 예비한, 자기상실 속에서의 자기실현이라는 이념을 철저히 개념적인 사유의 차원에서 구체화하기 위해 우리가 제시한 새로운 주체성의 이념"(233쪽)이라 정의한다. "누구도 주인이 아니고 누구도 하인이 아니며, 모두가 다스리는 주인이고 모두가 섬기는 하인"(233쪽)이 되는 서로주체성의 경지는 아렌트가 말한 '비지배non-rule'와도 닮았다.

　그리고 함석헌에게도 정치와 자유는 떨어질 수 없는 관계였다.『사상계』1967년 2월호에 쓴「저항의 철학」이란 글에서 함석헌은 "사람은 저항하는 거다. 저항하는 것이 곧 인간이다. 저항할 줄 모르는 것은 사람이 아니다. 왜 그런가? 사람은 인격이요 생명이기 때문이다. 인격이 무엇인가? 자유하는 것 아닌가? 우선 나는 나다 하는 자아의식을 가지고, 나는 나를 위한 것이다 하는 자주하는 의지로서, 내 뜻대로 내 마음껏, 나를 발전시켜 완전에까지 이르자는 것이 인격"이라고 주장했다. 자유하는 존재이기에 인간은 저항하는 존재이기도 하다. 자유를 인간 본연의 것으로 보지 않는 아렌트의 관점이 함석헌과 다른 듯하지만, 함석헌의 '나'는 서구의 개인주의에서 강조되는 고립된 개인이 아니다. 함석헌의 개인은 사회적인 개인이었다. 1963년 7월 16일자『조선일보』에 쓴「삼천만 앞에 울음으로 부르짖는다」라는 글에서 함석헌은 "여러분 무조건 뭉쳐라, 복종해라, 하는 독재자의 말에 속지 마십시오. 우리는 개성을 가져야 합니다. 우리는 하나가 돼야 하지만 그 하나는 분통에 들어가서 눌려서 꼭 같은 국수발로 나오는 밀가루 반죽 같은 하나는 아닙니다. 우리의 하나는 개성으로 하는 하나입니다. 3천만에서 2천 999만 9천 999가 죽는 일이 있어도 남은 한 알 속에서 다시 전체를 찾고 살려낼 수 있는, 하나 속에 전체가 있고 전체 속에 하나가 있는 그런 개성적 하나입니다"라고 주장했다.

　즉 개인이지만 개인에만 머물러서는 안 되는 것이 바로 인간이다. 함석헌은『들사람 얼』(1985년 출간)에서 자신을 바꾸고 초월하지 않으면서 혁명을 할 수 없다고 강조했다. 자기 자신도 변화시키지 못하는 사람이 세상을 변화시킨다는 것은 불가능하고 "자기부정을 못 하고 제가 사람인 줄만 알고, 제가 심판자·개혁자·지도자인 의식만 가지고 제가 스스로 죄수요 타락자요 어리석은 자임을 의식 못 하는 사람은 혁명 못 한다. 혁명은 누구를, 어느 일을 바로잡는 것이 아니라 명命을 바로잡는 일, 말씀 곧 정신, 역사를 짓는 전체 그것을 바로잡는 일이다"(28쪽)라고 강조했다. 자유를 찾아나서는 길은 자신의 자유가 타자와의 관계 속에서 구성되는 것임을 깨닫는 과정이고 동료시민과의 우정을 키우는 과정이기도 하다. 그래서 자유는 나를 위한 것이지만 너를 위한 것이기도 하다. 하나가 되는 건 하나가 전체를 지배하거나 하나가 전체를 대변하는 것이 아니다. 아렌트가 지적하듯이 다양한 존재들이 공통의 세계에 서 있음을 느끼고 자각할 때 정치의 영역이 만들어지고 자유가 실현될 수 있다. 함석헌도 이런 타자성과 자유의 관계를 잘 인식하고 있었다.

박재순은 『함석헌의 철학과 사상』(2012년 출간)에서 "함석헌 사상의 중심은 나를 찾고 세우는 데 있다. '나'를 잃는 것이 모든 고난과 간난의 근본 원인이고 죄다"(43쪽)라고 말한다. 생명의 기본원리가 스스로 생각하고 스스로 행동하는 것인데, 나를 잃으면 생명과 정신이 파괴되기 때문이다.

아렌트와 함석헌의 유사성이 드러나는 또 다른 지점은 활동을 바라보는 관점이다. 아렌트가 '활동적 삶vita activa'을 말하며 인간 활동을 노동·작업·행위에서 찾았다면, 함석헌은 생명의 특성을 맞춤[適應]·대듦[拒否]·지어냄[創造], 세 가지에서 찾았다. 『생각하는 백성이라야 산다』에서 함석헌은 이 세 특성을 다음과 같이 설명한다. 좀 길지만 유사성을 찾을 수 있는 대목이니 인용해보자.

먼저, 삶은 맞춤[適應]이다. 살았다 할 때 우리는 어쩔 수 없이 터전[境]을 보게 된다. 어디를 향하거나 언제나 그 터는 있다. 둘째, 생명은 대듦[拒否]이다. 맞춰감으로만 보면 생명은 순전히 수동적이다. 그러나 생명은 결코 수동이 아니다. 맞추어 가려는 성질 밑에는 힘 있는 능동적인 것이 늘 움직이고 있음을 알 수 있다. 순전한 받아들임만이라면 우리가 말하는 무생물밖에 있을 수 없다. 맞추어 간다는 것은 사실은 밖에서 오는 힘의 지배를 받지 않으려는 힘이 속에 있기 때문이다. 그렇게 보면 생명은 대듦이라고 보아야 옳다. 변하는 가운데서 변하지 않으려 하는 것이 생명이다. 생명은 자기주장이다. 나는 나대로 하자는 힘이 생명이다. 온 세계에 대하여 나는 나다, 나는 너와는 다르다 하는 것이 생명이다. 그러므로 삶은 스스로 따로 함[自別]이다. 무한대의 우주에 대하여 나는 나다, 나는 너의 한 부분만은 아니다 하고 맞섬으로 생명은 거룩한 것이다. 셋째, 생명은 지어냄[創造]이다. 맞춤 뒤에 대듦이 있듯이 대드는 바탈[性] 뒤에는 끊임없이 새것을 지어내려는 줄기찬 힘이 움직이고 있다. 생명은 자람이요, 피어남이요, 낳음이요, 만듦이요, 지어냄이요, 이루잠이다. 하나님은 나타내[啓示, 實現]는 이다. 절대의 뜻[意]이다. 끊일 줄을 모르는, 다할 줄을 모르는 의욕이다. 의욕보다도 의미다. 의미기 때문에 의지요, 의의다. 그것은 영원히 된 것[完成]이면서 또 영원히 되자는, 되고 있는 것[未完成]이다. 오늘날의 여러 가지 사조는 직접으로 간접으로 베르그송의 생명철학의 영향을 입지 않은 것이 없을 것이다. 그는 창조적

진화를 써내어서 알짬가짐[純粹持續]을 말하고 달려나감[躍進]을 말하였다. 알짬가짐이란 아무런 환경의 건드림을 받지 않고 제대로 제 속에서 솟아나는, 힘이라 할까 뜻이라 할까 이름 지을 수 없는 그 무엇의 제 바탈로 피어 나가는 일이다. 그 본체 되는 것을 그는 elan vital이라 불렀는데 요컨대 알짬 되는 생명이다. 그것은 끊임없이 변해 나가지만 원인 결과의 법칙으로 설명할 수 있는 것이 아니다. 원인이요 결과요 하면 벌써 바깥의 건드림을 받는 것이기 때문에 그것은 참이 아니다. 이것은 로케트처럼 제 스스로 터져남[爆發]으로 나가는 나감이다. 구름 속에서 구름이 피어나듯이 생명은 피어나는 것이다. 그러면 우리말에 피[血]라는 말은 재미있는 말이다. 피[發]는 것이 피다. 그것은 우리 할아버지들의 생명철학을 알려주는 말이다. 피는 것이므로, 터져나는 것이므로 '이제는' '옛'의 껴붙은 것이 아니다. 그러므로 나중에 말할 것이지만 '새[新]' 것이다. 그렇기 때문에 껴붙지 않은 껴붙음[不連續의 連續]이다. 달려감, 뛰어감이다.

　　　　　　　　　　　　　　　　　　　－『생각하는 백성이라야 산다』, 181~184쪽

　아렌트에게는 죽을 수밖에 없는 인간이 불멸성을 추구할 수 있는 공간이 공론장이라면, 함석헌에게는 제 바탈(본성)을 끊임없이 실현하며 피어나는 것이 바로 생명이고 능동적인 삶이다. 활동적 삶과 피어나는 생명은 유사성을 지니고 있다.

　생명이란 이렇게 자유롭고 저항하는 새로운 존재이기에 정치가 중요하다. "함석헌은 씨울이 혁명의 주인공이 되고, 정치의 주역이 되게 하라고 역설"했고 민중을 다스리는 것이 정치가 아니라 민중이 정부를 다스리는 것, "스스로 하는 민의 종합 행동이 정치"(『함석헌의 철학과 사상』, 116쪽)라고 주장했다. 함석헌은 플라톤의 유토피아를 비판하면서, 지금은 철학자가 아니라 "길거리에서 웅성거리는 생활꾼이 나라를 하고, 임금질을 하는 때"(117쪽)라고 주장했다. 그런데 새로운 사회는 단지 민중이 앞장을 섰다고 해서 실현되지 않는다. 민중이 참 나를 찾고 서로를 마주할 때 씨올이 주인 되는 세상이 실현된다. 내가 '나'라야 '나라'가 바로 서는 것이다.

함석헌은 『씨올의 소리』 1976년 1·2월호에 쓴 「세계 구원의 꿈」이란 글에서 연방국가로의 이상도 표현한다. 동남아시아의 작은 국가들이 공동체를 만들어 탈민족주의, 탈국가주의에 앞장서야 하고 "우리 이상대로 한다면 세계가 한 나라가 되고 그다음 각 지역별로 자치하는 공동체가 생겨나는 것이지만, 세계적으로 이루어지기 전 우선 그 중간 과정으로 몇 개의 연방이 있어서 마치 미합중국 모양으로 대소에 관계없이 한 표의 권리를 가지고 연합해 나가야 할 것"이라 주장했다. 한반도 땅에서 세계공화국이란 원대한 꿈을 품었던 사상가가 바로 함석헌이었다.

이렇게 비슷한 점도 있지만 정치에 관한 구상에서 아렌트와 함석헌은 다른 점도 있다. 아렌트와 달리 함석헌에게는 기독교라는 벗어날 수 없는 틀이 있었다. 함석헌은 종교와 정치의 원리가 서로 다르다고 봤지만 그 둘이 서로 부대낄 수밖에 없는 시기가 있다고 봤다. 『생각하는 백성이라야 산다』에서 함석헌은 정치가 수평의 인간을 지향한다면 종교는 수직의 운동을 지향하기에 "정치와 종교의 관계나 그 비비댐은 균형을 취해서, 타협해서 될 것이 아니"(141쪽)라고 말했다.

그렇지만 정치와 종교의 "목적하는 바는 다 같이 '하나됨'에 있다"(142쪽)며 관련성을 인정한다. 반면에 아렌트는 신의 왕국과 현실의 왕국이라는 이분법 때문에 세계를 잃어버리고 진리만을 인정하는 기독교가 근본적으로 반反정치적인 속성을 가지고 있다며 선을 분명하게 그었다.

그리고 아렌트가 시민에서 대중으로의 전환을 안타까워했다면, 함석헌은 이 모순을 담은 '씨올'이란 개념을 유영모로부터 받아들였다. 아직은 어리석고 못나 부정적인 존재이지만 그 속에 얼을 품고 있어서 소중할 수밖에 없는 씨올은 주체의 전환가능성을 내포하는 개념이다. 아렌트가 형체 없이 모여 있는 대중을 비판했듯이 함석헌은 지금 이대로는 전체주의를 극복할 수 없다고 말했다. 하지만 전체주의를 궁극적으로 무너뜨리고 정치를 부활시킬 이들도 바로 이 대중이다. 그래서 함석헌은 이런 민중의 바다로 내려가야만 제대로 된 변화를 가져올 수 있다고 누누이 강조했다. "그 믿음, 그 사상이 정말 큰 것, 정말 높은 것, 정말 성한 것이 되려면 민중의 바다로 내려가야 한다. 그러면 거기서 단번에 증발이 되어 구름으로 된다. 시냇물이 정말 강산의 초목을 살리려면 한번 하늘에 올라가 비로 되어 퍼붓지 않으면 아니되고, 하늘에 오르려면 골짜기 그늘 밑 돌 틈에 있어서는 될 수가 없고, 반드시 저 흙탕물 이는 돌을 거쳐 바다로 가야만 하는 것을 잊어서는 아니된다", "어떤 이론도, 어떤 도덕도, 어떤 운동도, 씨올의 밸 고분지 밑까지 내려가지 않고는 역사의 진행을 서두르는 폭풍을 일으킬 수 없다"(『들사람 얼』, 242~243쪽). 함석헌은 민중의 곁을 지키는 우직한 '바보새'를 자처하며 우직하게 자기 자리를 지켰다.

함석헌은 아직 씨올의 단계에 있기에 행위자의 활동이라 부르기 어려운 움직임을 '꿈틀거림'이라 불렀다. 앞서 봤듯이 꿈틀거림은 슬픔과 마찬가지로 수동적이지만 능동적인 행위이다. 『생각하는 백성이라야 산다』를 보면, 그 꿈틀거림이 무엇을 의미하는지가 더 잘 드러난다. "그 꿈틀이 무서운 꿈틀이다. 그것은 사나운 겨울바다, 같은 권세 밑에 갇히는 민중의 꿈이다. 그러나 그 꿈이 터지고야 마는 봄이 온다. 삶은 절대이기 때문에 터지고야 만다. 말도 못 하고 죽는 민중의 꿈틀거림은 생生의 항의抗議다. 삶의 외침이다. 삶의 음성이기 때문에 하나님의 명령이다. 말씀이다. 역사의 길이다. 내가 이름 없는 민중이라도 민중이기 때문에 내 안에 하나님의 말씀이 있다."(20쪽) 결국 꿈틀거릴 때 나는 나 개인이 아니라 전체와 연결되고, 나의 존재를 공적인 세계 속에 놓을 수 있다. 함께 모여 꿈틀거리는 것만큼 우리는 세계를 구성할 수 있다.

안타까운 일이지만, 1960~1970년대 민주화 운동에서 함석헌이 맡은 역할은 매우 중요했는데, 1980~1990년대의 맑스-레닌주의에 기초한 사회운동은 함석헌의 사상을 중요하게 생각하지 않았다. 그러면서 함석헌의 사상은 점점 시민의 기억에서 사라졌고 혁명을 지속시킬 자유와 정치에 관한 사유도 위축되었다.

3
우리 시대에 정치를 부활시킬 방법은?

그렇다면 우리 시대에 자유를 실현하고 정치를 활성화시킬 방법은 무엇일까? 공적인 사안에 관심을 가지고 참여하고 정당이나 시민사회단체 같은 결사체에 가입해서 적극적으로 자신을 드러내고 행동하는 것, 이런 모범답안은 이미 여러 차례 논의되었다. 하지만 관계가 이미 파괴된 시대에, 관계망의 복구를 외치지만 끼리끼리의 관계망, 사회학자 엄기호의 『단속사회』(2014년 출간)의 표현을 빌면 '편'의 사회가 되어버린 한국사회에서 용기를 내는 건 쉽지 않다.

여전히 그런 활동들이 중요하고 필요하지만 한국사회가 아직도 박정희, 박근혜 정권을 겪고 있다는 건 우리가 전체주의에서 완전히 빠져나오지 못했음을 뜻한다. 그렇다면 우리는 지금 당장의 정치적인 성과보다 파괴된 세계를 복구하고 정치적인 자유를 지속시킬 수 있는 방법을 찾아야 한다.

그런데 이런 과제는 과거보다 더 어려운 조건에 놓여 있다. 미국의 사상가 셸던 월린S. Wolin은 『이것을 민주주의라고 말할 수 있을까? *Democracy Incorporated*』(2010년 출간)에서 미국사회를 '전도된 전체주의 inverted totalitarianism'라 규정한다. 과거의 전체주의와 달리 전도된 전체주의는 폭력적인 성향보다 "기업권력 시대의 정치적 등장을, 그리고 시민들의 정치적 탈동원화"(10쪽)를 의미한다. 월린은 기업권력의 부상이 가장 큰 특징이라 보면서 "전도된 전체주의는 대개 그 어떤 특정 지도자들에게도 의존적이지 않고, 제 생존을 위해 그 어떤 개인의 카리스마도 필요로 하지 않는다. 차라리 이것의 모델은 기업의 '수

장', 즉 기업의 CEO인 것"(85쪽)이라고 주장한다. 이 전체주의는 노골적인 폭력이나 수용소보다 은밀한 배제와 "무력한 상태로 남아 있는 한 반대파들을 강제로 억압하지 않으면서 전체주의적 권력을 행사"(102쪽)한다. 그리고 "다운사이징downsizing, 구조조정, 거품 붕괴, 괴멸된 노동조합, 빠른 속도로 무용지물화되는 노동기술, 해외로의 고용 이동 등 단지 공포만이 아니라 공포의 경제와 통제 시스템을"(118쪽) 무기로 삼는다. 규제완화를 무기로 삼는 현대의 전도된 전체주의는 "정부의 사회보장 프로그램들을 유지·확대하는 일에 목숨이 달려 있는 가난한 유권자들의 삶을 약화"시키고, 이들은 "단지 경제적으로만 타격을 받는 것이 아니라 이 과정 속에서 탈정치화된다"(305~306쪽). 기업권력이라는 말을 아렌트는 받아들이기 어렵겠지만 경제가 인간의 삶을 지배하는 시대임은 분명하다. 더구나 기업과 정부의 합작은 시민 개개인의 활력을 위축시키고 시민사회의 활성화를 가로막는다. 살아남기 위해 자기 앞가림에 급급한 사회에서 정치는 부활하기 어렵다. 한국의 상황도 이와 별로 다르지 않다.

월린의 전체주의 개념이 아렌트의 전체주의 개념과 정확히 일치하는 건 아니지만, 월린의 주장은 아렌트의 우려가 우리 시대에 더 깊어졌음을 뜻한다. 사회가 정치를 파괴시킨 상황 말이다. 그래서 우리 시대의 정치 부활은 예전보다 더욱더 어려운 숙제이다. 국가와 기업이 고립을 권장하고 공통세계를 파괴한 곳에서 다시 세계를 재건해야 하기 때문이다. 더구나 무주공산無主空山, 무풍지대無風地帶가 아니라 주인이 되고자 하는 이도 너무 많고 온갖 바람이 부는 이곳에서 말이다.

어렵지만 한 가지 분명한 것은 이런 과제를 정치인들에게만 맡길 수는 없다는 점이다. 그렇다면 필요한 건 아렌트가 말했듯이 공적인 장에 기꺼이 나서려는 용기와 그 용기를 쓸 곳이다. 일단은 권력의 무대를 장악하는 것보다 권력 구조를 새로 짜는 일이 먼저이다. 김종철 『녹색평론』 발행인은 『경향신문』 2014년 10월 15일자에 쓴 「희망의 정치, 개헌, '시민의회'」라는 칼럼에서 "오늘날 우리가 겪는 거의 모든 고통과 억울함, 불행과 갈등, '희망 없음의 느낌'은 본질적으로 정치가 올바르게 작동하지 않기 때문"이고 "평균적 시민의 상식에도 못미치는 이런 어리석은 생각으로 문제 해결은커녕 분쟁과 갈등을 조장하고, 갈수록 세상을 위험에 빠뜨"린다며 주류 정치가들의 문제를 지적한다. 그런데도 대다수 시민은 "이런 선거제도, 이런 정당정치를 혁파하지도 못하고, 혁파해야 한다는 생각도 별로 하지 않은 채 그저 비통한 심정으로 불의不義가 횡행하는 세상에서 고통과 슬픔의 나날을 참고 지내고 있다". 따라서 이런 문제를 근본적으로 바로잡으려면 "헌법과 선거제도를 진정으로 '민주공화국'의 정신에 부합하도록 고쳐야" 하고, 이 작업은 국회의원이나 직업 정치꾼이 아니라 "능동적인 시민들로 구성된 '시민의회'가 주체가 되어 만들"어야 한다고 주장한다.

이 시민의회의 구체적인 구성은 칼럼에서 밝혀지지 않아 시민의회가 헌법과 선거법을 개정하는 일시적인 역할을 맡는 것인지, 국가와 시민 생활에 영향을 미치는 주요 정책들을 다루는 상설 기구로 남을지는 분명하지 않다. 하지만 앞서 살폈듯이 헌법개정을 정치인들의 손에, 정치적인 이해관계의 협상에만 맡겨 놓지 말아야 한다는 점은 분명하다.

사실 시민의회의 모델이 될 만한 방법들은 이미 다양하게 소개되어 있다. 공청회, 합의회의, 시민배심원제도, 공론조사, 시나리오 워크숍, 협력적 의사결정 제도collaborative problem solving 등 다양한 형태가 존재한다. 다양한 이해관계자들이 참여해서 심도 깊은 토의deliberation를 통해 자신의 선호를 드러내고 타인의 선호를 듣고 전문가의 조언을 받으며 공공정책을 결정하는 과정들은 전 세계에서 이미 다양한 형태로 설계되고 실천되어 왔다. 무작위로 추출되어 선발random sampling된 위원들이 참여하는 이런 과정들은 기존의 대의민주주의와 직접민주주의라는 대립 구도를 넘어설 수 있도록 설계되었다. 다만 이런 과정들은 특정한 사안이나 어떤 분쟁을 염두에 두고 만들어지기에 일시적이다.

그런 점에서 김상준은 『미지의 민주주의』(2011년 출간)에서 갈등이 예상되는 공공정책을 심의할 시민의회를 구성하자고 제안한다. 시민의회는 일회적이지만 소집과 운영을 담당할 시민의회 운영위원회를 상설화시키고 운영위원회는 임명직과 선출직을 적절히 섞어서 구성한다. 오현철도 「토의민주주의와 시민의회: 브리티시 컬럼비아 사례를 중심으로」(『시민사회와 NGO』 2010년 발표)에서 소규모 토론포럼을 대규모 공론장에 적용시킨 사례로 캐나다의 브리티시 컬럼비아 주를 꼽았다. 연령·성·지역 분포를 고려한 뒤 무작위로 선출된 시민의원들이 주의원을 선출하는 선거법안을 작성하는 어려운 과제를 받았고, 11개월 동안 거의 매주 모여 토의를 한 후 선거법안을 확정해서 주민투표에 회부했다. 비록 이 법안은 주민투표에서 부결되었지만 시민의회라는 실험은 성공적이었다고 한다. 오현철은 시민의회를 비판하는 사람들의 걱정에도 "시민의회의 토의는 시민들의 다양하고 생생한 경험을 토대로, 이슈를 다시 프레임하고, 토론 용어들을 재조망하고, 정책 옵션들을 평가하는 새로운 기준을 개발하였다"고 긍정적으로 평가한다.

그렇다면 한국에서도 헌법개정을 논의하는 과정에 시민의회와 같은 기구를 만들면 어떨까? 물론 지금의 한국정치는 기득권에게 장악되어 있어, 기득권 스스로가 어떤 변화를 모색하지 않는 이상 별다른 대안을 찾기 어렵다. 누가 고양이 목에 방울을 달까? 언제나 논의는 여기서 한계에 부딪친다.

이렇게 한계에 부딪친다고 아무런 가능성도 남아 있지 않은 건 아니다. 남은 가능성은 적지만, 나와 우리가 서로 의견을 나누며 하나의 의지를 품을 때 세상 전체를 바꾸지는 못할지라도, 한국사회 전체를 바꾸지는 못할지라도, 우리는 조금씩 바뀔 것이고, 그러면 우리가 발 딛고 선 세상은 이미 조금은 바뀐 세상, 공통성을 회복하는 세상이 될 것이다. 만약 시민들의 모임assembly이 강해지면 그것이 제도정치의 의회보다 약하다고 평가할 이유는 없다.

세상의 변화를 나의 변화와 분리시킬 때 우리는 '정치의 단절'을 경험한다. 사실 이런 단절은 기득권층에게 강요당한 생각이기도 한데, 이제는 이런 생각에서 벗어나야 한다. 아렌트는 이런 단절을 극복하라고 계속 주문한다. 권력은 나와 무관하게 구성될 수 없다.

노력해도 아무것도 변하지 않는다는 냉소의 근원은 자기 자신의 힘이 매우 약하다는 생각 때문이기도 하다. 내가 강한 사람이라고 생각하면 뭔가 바꿔보려 할 텐데 내가 약하다고 여기니 나서지 않으려 한다. 내가 약하니 저 부패한 인간들에게 지배를 당해도 어쩔 수 없다고 생각하는 것이다. 시민의 자신감과 자긍심이 짓밟히고 너덜너덜 해져 있는 것이다. 이런 사람들이 늘어날수록 정치는 무의미해지고 위험해진다. 위험하다고 말하는 이유는 이런 냉소가 냉소로만 끝나지 않고 주변 사람들에 대한 폭력으로 이어지기 때문이다.

내가 못 나서면 다른 사람이 나설 때 격려하고 북돋워주는 것이 아니라, 그렇게 나서는 사람을 가로막고 시기하고 왕따를 시킨다. 어느 순간 자기 자신도 이 시스템을 지키는 하나의 부속품이 되어버린 것이다. 그렇지만 아렌트는 "인간사의 영역인 세계를 일반적이고 '자연적인' 황폐화에서 구하는 기적은 결국 탄생성"(『인간의 조건』, 247쪽)이라 말한다. 그렇다. 어찌 보면 우리가 지금 태어나 이 세상에 사는 것 자체가 기적이고 그 자체로 세상은 구원을 받고 있다. 인간은 기계나 부품이 아니다. 인간은 고유함을 가진 다양한 존재들이다. 어떻게 살아야 한다는 기준을 벗어나고 거부하는 것에서 정치의 가능성이 새로이 싹튼다.

예전에는 공동체 속에서 자라고 배우는 것 자체가 하나의 정치과정이었다. 하지만 지금 우리에게는 이런 정치문화가 없다. 태어나면서 자연스럽게 습득되는 과정이 없는 것이다. 그러면 어떻게 해야 할까? 성장의 문화가 사라졌다면 다시 사람을 성장시킬 수 있는 교육이 필요하다. 아렌트나 함석헌 등이 교육을 강조한 이유도 이런 이유일 것이다. 다만 그런 교육은 학교라는 제한된 공간이 아니라 일상적인 삶에서 실현되어야 할 것 같다.

배움이라고 해서 이것이 어떤 특정한 방향성을 반드시 가져야 하는 건 아니다. 외려 배움은 방향보다 서로의 목소리에 더욱더 귀를 기울이는 것일 수 있다. 그러니 내 앞가림 하기도 바쁜 시기라고 얘기하지 말고, 내 앞만이 아니라 다른 사람의 앞과 뒤를 살펴야 한다. 이런 살핌과 배움이 모이면 공통의 삶이 구성될 수도 있다. 예를 들어, 지금이야말로 농민운동과 노동자운동이 만나야 할 때이다. 도시에서 계속 비정규직·일용직 노동을 하며 살 게 아니라 농촌에서 땅을 일구며 살 수 있는 기회도 필요하지 않을까? 그렇게 보면 노동운동의 중요한 이슈는 땅과 종자를 지키는 농민운동이어야 한다. 그리고 도시빈민이나 노동자의 상당수가 일자리를 찾아 도시로 온 농민이라는 점을 감안하면, 노동자의 조건은 농민운동의 중요한 사안이기도 하다. 또한 노동자의 일상이 공장이나 사무실에서만 이루어지지 않고 생활공간에서도 이루어지니 노동운동과 주민운동, 풀뿌리운동의 거리도 멀지 않아야 한다. 이런 만남이 가능하려면 서로를 바라볼 때 조금 더 자세를 낮추고 그 목소리에 귀를 기울여야 한다.

앞서 살폈던 것처럼 슬픔과 고난도 정치의 가능성을 열 수 있다. 매일 참사가 터지는 한국사회이니 그만큼 만나고 헤어지며 세계를 복원하고 정치를 활성화시킬 계기들은 있다. 다만 한국에서는 애도가 정치로 연결되지 못하고 개별화된 슬픔으로만 가둬진다. 그래서 문제가 반복되는 것이기도 한데, 이런 사건들을 정치로 이어가는 것을 마치 정치적인 악용이나 금기처럼 생각하는 습관에서 벗어나야 한다.

사실 새로움에 너무 집착하지 않는다면 새로운 가능성은 이미 현실에서 나타나고 있기에, 필요한 것은 그 가능성을 온몸으로 밀어붙이는 실천이다. 그리고 최선보다 차선이 낫다고 자조하며 스스로 대안을 피하는 짓을 그만두는 결단이다. 찍을 사람이 없다고 투덜거리지 말고 아예 투표를 거부해 버리자. 볼 만한 프로그램이 없다며 미디어를 탓하지 말고 아예 미디어를 내 삶에서 치워버리자. 외부에서 나를 조종하는 것들을 조금씩 떠나보내자. 심리학자 라이히W. Reich가 『작은 사람들아, 들어라Listen, Little Man』(1948년 출간)에서 "올바르게 생각하고 주의를 부드럽게 환기시키는 내면의 목소리에 귀를 기울여라. 당신 인생은 스스로 다스리는 것이다. 당신의 인생을 다른 어느 누구에게도 맡기지 말라. 적어도 당신이 선출한 총통에게는 맡기지 말라. 자기 자신이 되어라!"(65쪽)라고 말한 것도 이런 뜻이 아니었을까? 권위주의 사회의 특징을 "청년이 스스로의 현실 생활에 대해 의식을 지니지 않고, 그리하여 멍청하게 무위도식하거나 맹목적으로 복종한다는 것"에서 찾았던 라이히는 "자신의 욕구를 의식하고 가장 강력하고 가장 지속적인 열정 형태, 즉 삶의 쾌락을 발전시"(『성혁명』, 312쪽)키라고 충고했다.

그리고 꿈이 이루어지는 것을 보지 못한다 해도 "꿈을 현실로 만들려는 열망을 가졌다는 것은 아주 훌륭한 일"이고 "마음속에 꿈을 간직하고 있다는 것 자체가 유익한 것"이라는 킹 목사의 말이나 "변화는 어렵다. 그러나 이루어질 가능성만 있다면, 그것이 가장 길다운 길"이라는 하워드 진의 말은, 현실의 무게가 버거워 무릎을 꿇었다 한들 머리를 조아리며 현실을 인정해 버리지는 말자는 것이다. 세계를 포기하면 정치도, 그 무엇도 지속될 수 없다. 한국처럼 위험한 사회에서는 더더욱 그렇다.

따라서 혼자 웅크리지 말고 더 많은 사람들을 만나고 그들의 삶에 공감하며 더 많은 이야기를 나눠야 한다. 문제를 추상화시키면서 자신이 그 복잡하고 어려운 문제에 대한 답을 가지고 있다는 사람들을 믿어서는 안 된다. 사회를 바꾸는 데 어찌 모범답안이나 정답이 있을까? 다른 관점으로 바라볼 수 있다는 얘기는 반갑지만, 옳다 그르다의 관점으로 접근하는 사람들은 위험하다. 누구나 정치에 훈수를 둘수 있지만, 아무도 자신의 생각을 정답이라 주장해서는 안 된다. 정답이 보이지 않는 상황에서 답을 찾아가는 '과정'이 정치이기 때문이다.

아렌트의 생각처럼, 지구상에는 추상적인 인간이 아니라 구체적인 사람들이 거주한다. 그런 의미에서 다원성은 지구의 법칙이다. 서로 다르기에 우리는 만나야 하고, 그런 만남이 자유를 가능하게 한다. 타자의 얼굴을 맞댈 때에만 우리는 정치를 활성화시킬 수 있다.

『공화국의 위기』

Arendt, Hannah, Crises of the Republic, 1972.

양심적 병역거부자와는 달리 불복종하는 시민은 한 집단의 구성원이고 싶든 좋든 간에 이 집단은 자발적 결사체를 구성해온 정신과 동일한 원리로 구성된다. 최근의 논쟁에서 가장 큰 오류로 보이는 가정은 우리가 주관과 개인의 양심에 따라 법과 공동체의 관습에 맞선 개인들을 상대하고 있다는 가정이다. 시민불복종을 옹호하는 사람과 비난하는 사람 모두가 이런 생각을 하고 있다. 사실 우리는 '침묵'하지는 않지만 의견을 말하지 않는 듯 보이는 다수파에 맞서는 조직된 소수파를 다루고 있다. 그리고 나는 이런 다수파들이 소수파의 압력을 받으며 놀랄 정도로 분위기와 의견을 바꿔왔다는 점에 반대 의견을 낼 수 없다. 이런 점에서 보면 법률가들, 즉 변호사, 판사, 다른 법조인들이 주로 최근의 논쟁들을 주도해 왔다는 점은 불행한 일이라 할 수 있다. 왜냐하면 분명히 법률가들은 불복종하는 시민을 개인적인 범법자가 아니라 한 집단의 구성원으로 인정하는 것을 특히 힘들어 하고, 그래서 [불복종하는 시민을] 법정에 선 잠재적인 피고인으로 여기기 때문이다. 개인의 형벌을 정하는 것에는 관심을 가지나 다른 모든 것들, 즉 피고인이 다른 사람들과 공유하고 법정에서 말하려 하는 의견이나 시대정신에는 무관심한 것이 소위 법원의 본성이다. 법원이 유일하게 죄로 인정하지 않는 범죄자는 양심적 병역거부자이고, 법원이 유일하게 집단적인 신념으로 인식하는 것은 소위 '음모'이다. 음모란 말은 시민불복종의 경우 완전히 오해를 불러일으키는 비난인데, 왜냐하면 음모는 '함께 호흡할' 뿐 아니라 비밀을 지킬 것을 요구하기 때문이다. 그런데 시민불복종은 공개적으로 이루어진다. 시민불복종이 미국 법률의 정신과 공존할 수 있다 하더라도, 불복종을 미국 법률체계로 통합시키거나 순전히 법적인 근거로 정당화하는 어려운 과제는 금지되는 듯하다. (…) [따라서] 우리의 정치제도 속에 시민불복종을 정착시키는 일이 이런 법적인 판단의 궁극적인 실패를 구제할 가장 훌륭한 가능성을 가진 방법일 수 있다.

— 『공화국의 위기』, 98~99쪽

아렌트는 불복종하는 시민이 개인으로 행동하지 않고 집단적으로 자신들의 뜻을 밝히려는 능동적인 공동체 구성원이라 본다. 모든 시민은 스스로의 주인이자 노예이기에 시민불복종은 헌법의 가장 중요하고 우선적인 조항으로 인정될 수 있다. 만일 정부가 시민을 속이고 부패하는 등 헌법을 파괴한다면 그것은 현 상태에 대한 암묵적 합의를 철회하는 것이므로, 시민의 불복종은 헌법정신을 실현하려는 시민의 권리로 인정되어야만 한다.

시민불복종을 옹호하는 사람들 사이에서도 퍼져 있는 잘못된 생각은 불복종 시민을 개인적인 범법자로 여기게 만들고, 법원은 불복종 시민을 이런 시민권을 위해 싸우는 결사체로 인정하지 않으려 한다. 따라서 아렌트는 시민불복종 행위에 대한 정치적 판단을 일방적으로 법원에 위임하면 안 된다고 주장한다. 결국 사법체계는 스스로의 근거를 부정하는 시민불복종을 받아들일 수 없기 때문에, 아렌트는 정치제도 내에 시민불복종을 보장하는 방안을 마련하고 복종하지 않는 시민들이 자유로이 목소리를 낼 수 있도록 보장해야 한다고 주장한다. 또한 아렌트는 시민불복종이 '결사의 자유'라는 소중한 헌법상의 권리와 동일한 것임을 강조한다.

시민불복종은 정부가 제정한 명령이나 법률을 의도적으로 어기는 행위이다. 몰라서 어기는 것이 아니라 알면서도 어긴다는 점에서, 법의 처벌을 피하는 게 아니라 그 처벌에 정면으로 대응한다는 점에서 시민불복종 운동은 다른 사회운동과도 다르다. 악법도 법이라는 식으로 따라서는 도저히 변화를 기대할 수 없고 합법적인 방식으로는 정부와 아무런 합의점도 찾을 수 없을 때, 그리고 정부가 합법적인 과정을 밟지만 사회적인 상식이나 정의감에 비추어 볼 때 도저히 받아들일 수 없는 일을 추진할 때 시민들이 불복종을 공개적으로 선언하고 이에 저항할 수 있다. 시민불복종을 처음 개념화했던 사상가 헨리 데이비드 소로우H. D. Thoreau는 「시민정부에 대한 저항Resistance to Civil Government」(1866년 발표)이라는 글에서 "우리는 먼저 인간이어야 하고, 그 다음에 국민이어야 한다고 나는 생각한다. 법에 대한 존경심보다는 먼저 정의에 대한 존경

심을 기르는 것이 바람직하다"며 시민불복종을 인간의 기본권이라 주장
했다.

한국에서도 다양한 사례들을 찾을 수 있다. 대표적인 예로 2000년
'총선시민연대'의 낙천·낙선운동은 시민불복종을 운동의 핵심적인 전
략으로 내세웠다. '총선시민연대'는 국회의원 선거운동이 시작되기도 전
에 공천 반대 명단을 발표해서 해당자가 정당의 공천을 받지 못하게 했
고 공천 이후에는 낙천대상자를 상대로 낙선운동을 전개했다. 그러면서
낙천·낙선운동은 공직선거와 부정선거방지법에서 선거기간 중 노동조
합을 제외한 단체의 선거운동을 금지한 제87조, 낙선운동을 금지한 제
58조, 사전선거운동을 금지한 제59조를 정면으로 위반했다. 이 외에 병
역거부자들의 입대 거부, 1986년에 시작된 KBS시청료납부 거부운동,
'한국납세자연맹'의 자동차세 불복종운동, 2009년 교육부의 학력진단
평가를 거부했던 교사들의 운동, 밀양과 청도 주민들의 송전탑건설 반
대운동, 제주도 강정마을 해군기지 반대운동 등이 시민불복종의 사례
로 얘기된다.

아렌트 원서

Arendt, Hannah, *The Origins of Totalitarianism*, Harcourt Brace Jovanovich, 1951.

———, *The Human Condition*, The University of Chicago Press, 1958.

———, *Between Past and Future*, The Viking Press, 1968.

———, *Eichmann in Jerusalem: A Report on the Banality of Evil*, Penguin Books, 1963.

———, *On Revolution*, The Viking Press, 1963.

———, *Men in Dark Times*, Harcourt, Brace and World, 1968.

———, *Crises of the Republic*, A Harvest Book, 1972.

———, *The Life of the Mind: Thinking*, Harcourt Brace Javanovich, 1978.

———, *Essays in Understanding 1930-1954*, Harcourt Brace Jovanovich, 1994.

———, *The Promise of Politics*, Schocken Books, 2005.

그 외의 책들

가라타니 고진, 『트랜스크리틱: 칸트와 마르크스 넘어서기』, 송태욱 옮김, 한길사, 2005.

권명아, 『음란과 혁명: 풍기문란의 계보와 정념의 정치학』, 책세상, 2013.

김삼웅, 『저항인 함석헌 평전: 싸우는 평화주의자 함석헌의 거대한 생애와 사상』, 현암사, 2013.

김상봉, 『나르시스의 꿈: 서양정신의 극복을 위한 연습』, 한길사, 2002.

――――, 『도덕교육의 파시즘: 노예도덕을 넘어서』, 길, 2005.

――――, 『서로주체성의 이념: 철학의 혁신을 위한 서론』, 길, 2007.

――――, 『기업은 누구의 것인가: 철학, 자본주의를 뒤집다』, 꾸리에, 2012.

김상준, 『미지의 민주주의: 신자유주의 이후의 사회를 구상하다』, 아카넷, 2011.

김선욱, 『한나 아렌트 정치판단이론』, 푸른숲, 2002.

나오미 클라인, 『쇼크 독트린: 자본주의 재앙의 도래』, 김소희 옮김, 살림Biz, 2008.

대안지식연구회 엮음, 『인문정치와 주체: 역사, 이론, 그리고 현실』, 열린길, 2012.

더글러스 러미스, 『경제성장이 안되면 우리는 풍요롭지 못할 것인가』, 김종철·이반 옮김, 녹색평론사, 2002.

레베카 솔닛, 『이 폐허를 응시하라』, 정해영 옮김, 펜타그램, 2012.

로버트 팩스턴, 『파시즘: 열정과 광기의 정치 혁명』, 손명희·최희영 옮김, 교양인, 2005.

박재순, 『함석헌의 철학과 사상』, 한울아카데미, 2012.

베네딕트 앤더슨, 『상상의 공동체: 민족주의의 기원과 전파에 대한 성찰』, 윤형숙 옮김, 나남, 2003.

브루스 커밍스, 『브루스 커밍스의 한국현대사』, 김동노·이교선·이진준·한기욱 옮김, 창비, 2001.

빌헬름 라이히, 『작은 사람들아, 들어라』, 일월서각, 1991.

────, 『성혁명』, 윤수종 옮김, 새길, 2000.

사이토 준이치, 『민주적 공공성: 하버마스와 아렌트를 넘어서』, 윤대석·류수연·윤미란 옮김, 이음, 2009.

서경식, 『디아스포라 기행: 추방당한 자의 시선』, 김혜신 옮김, 돌베개, 2006.

셸던 월린, 『이것을 민주주의라고 말할 수 있을까?: 관리되는 민주주의와 전도된 전체주의의 유령』, 우석영 옮김, 후마니타스, 2013.

손낙구, 『부동산 계급사회』, 후마니타스, 2008.

아리스토텔레스, 『니코마코스 윤리학』, 이창우·김재홍·강상진 옮김, 이제이북스, 2006.

────, 『정치학』, 천병희 옮김, 숲, 2009.

알랭 바디우, 『투사를 위한 철학: 정치와 철학의 관계』, 서용순 옮김, 오월의봄, 2013.

알렉산드르 솔제니친, 『이반 데니소비치, 수용소의 하루』, 이영의 옮김, 민음사, 1998.

엄기호, 『단속사회: 쉴 새 없이 접속하고 끊임없이 차단한다』, 창비, 2014.

오르테가 이 가세트, 『대중의 반역』, 황보영조 옮김, 역사비평사, 2005.

이사야 벌린, 「자유의 두 개념」, 『이사야 벌린의 자유론』, 박동천 옮김, 아카넷, 2006.

제프리 골드파브, 『작은 것들의 정치』, 이충훈 옮김, 후마니타스, 2011.

조르조 아감벤, 『호모 사케르: 주권 권력과 벌거벗은 생명』, 박진우 옮김, 새물결, 2008.

────, 『아우슈비츠의 남은 자들: 문서고와 증인』, 정문영 옮김, 새물결, 2012.

파울루 프레이리, 『페다고지』, 남경태 옮김, 그린비, 2009.

────, 『희망의 교육학』, 교육문화연구회 옮김, 아침이슬, 2002.

프리모 레비, 『이것이 인간인가』, 이현경 옮김, 돌베개, 2007.

플라톤, 『소크라테스의 대화록』, 최현 옮김, 집문당, 1995.

───, 『국가·정체』, 박종현 옮김, 서광사, 1997.

───, 『소크라테스의 변론, 크리톤, 파이돈, 향연』, 천병희 옮김, 숲, 2012.

하승우, 『민주주의에 反하다』, 낮은산, 2012.

───, 『풀뿌리민주주의와 아나키즘: 삶의 정치 그리고 살림살이의 재구성을 향해』,
이매진, 2014.

학술단체협의회 기획, 배성인 외 공저, 『유신을 말하다』, 나름북스, 2013.

함석헌, 『들사람 얼』, 한길사, 2001(4쇄).

───, 『생각하는 백성이라야 산다』, 생각사, 1979(셋째 판).

함석헌기념사업회 엮음, 『끝나지 않은 강연: 함석헌 미간행 강연 유고집』, 삼인, 2001.

6월민주항쟁기념사업회·민주화운동기념사업회, 『6월항쟁을 기록하다』, 민주화운동
기념사업회, 2007.

Constant, Benjamin, "The Liberty of Ancients Compared with that of Moderns",
Constant: Political Writings, trans. Biancamaria Fontana, Cambridge University Press,
1988.

Hobbes, Thomas, *Leviathan*, Collier Macmillan Publisher, 1974.

아렌트의 정치

한나 아렌트의 정치이론과 한국사회

초판 1쇄 발행 2015년 8월 24일

지은이 권정우·하승우

펴낸이 오은지
책임편집 **변홍철**
디자인 박대성
펴낸곳 도서출판 한티재 등록 2010년 4월 12일 제2010-000010호
주소 42087 대구시 수성구 달구벌대로 492길 15 전화 053-743-8368 팩스 053-743-8367
전자우편 hantibooks@gmail.com 블로그 www.hantibooks.com

ⓒ 권정우·하승우 2015
ISBN 978-89-97090-49-5 03300

책값은 뒤표지에 있습니다.
이 책 내용의 일부 또는 전부를 이용하려면 반드시 저작권자와 한티재의 서면 동의를 받아야 합니다.

이 도서의 국립중앙도서관 출판예정도서목록(CIP)은 서지정보유통지원시스템 홈페이지(http://seoji.nl.go.kr)와
국가자료공동목록시스템(http://www.nl.go.kr/kolisnet)에서 이용하실 수 있습니다.
(CIP제어번호: CIP2015021492)